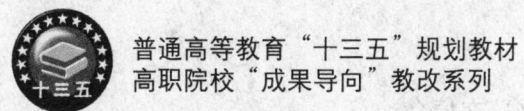

普通高等教育"十三五"规划教材
高职院校"成果导向"教改系列

# ERP 沙盘模拟

王 欢 孙海涛／主编

祝伯红／副主编

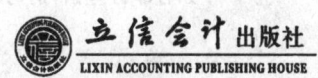

图书在版编目(CIP)数据

ERP沙盘模拟/王欢,孙海涛主编. —上海:立信会计出版社,2018.6(2020.1重印)
普通高等教育"十三五"规划教材
ISBN 978-7-5429-5838-9

Ⅰ.①E… Ⅱ.①王… ②孙… Ⅲ.①企业管理—计算机管理系统—高等学校—教材 Ⅳ.①F270.7

中国版本图书馆 CIP 数据核字(2018)第 181432 号

策划编辑　　赵志梅
责任编辑　　赵志梅
封面设计　　南房间

## ERP 沙盘模拟

| 出版发行 | 立信会计出版社 | | |
|---|---|---|---|
| 地　　址 | 上海市中山西路 2230 号 | 邮政编码 | 200235 |
| 电　　话 | (021)64411389 | 传　真 | (021)64411325 |
| 网　　址 | www.lixinph.com | 电子邮箱 | lixinaph2019@126.com |
| 网上书店 | http://lixin.jd.com | | http://lxkjcbs.tmall.com |
| 经　　销 | 各地新华书店 | | |
| 印　　刷 | 上海肖华印务有限公司 | | |
| 开　　本 | 787 毫米×1092 毫米 | 1/16 | |
| 印　　张 | 11.5 | | |
| 字　　数 | 276 千字 | | |
| 版　　次 | 2018 年 6 月第 1 版 | | |
| 印　　次 | 2020 年 1 月第 2 次 | | |
| 印　　数 | 3101—6200 | | |
| 书　　号 | ISBN 978-7-5429-5838-9/F | | |
| 定　　价 | 32.00 元 | | |

如有印订差错,请与本社联系调换

# preface 前言

高职高专的教育目标是培养技术技能人才,注重学生的实践动手能力、职业岗位能力、创新能力和解决实际问题能力的培养。本教材基于"成果导向"的教育理念,以学生为中心,突出实践,注重实操,将企业运营所处的内部和外部环境抽象为一系列的规则,由学生组成相互竞争的模拟企业,通过模拟企业运营的关键环节,使学生在分析市场、制定战略、营销策划、组织生产、财务管理等一系列活动中了解企业的管理规律,对企业资源的管理过程有一个实际的体验。这种体验式的教学方式,极大地提高了学生的学习兴趣和参与的热情,同时也高效率地加强了学生对所学专业理论知识的理解、拓展与应用。

本教材以用友手工物理沙盘+新商战电子沙盘为蓝本,讲解了模拟企业的基本规则、初始状态、关键操作、战略管理以及成果分析,以清晰的步骤引导学生进行模拟企业经营,非常适合沙盘课程初学者。

本教材共包含五个学习情境。

学习情境一,ERP沙盘模拟企业创建。了解ERP沙盘模拟的作用,根据模拟企业中各岗位的职责自行选取队员,组建各自的模拟企业。

学习情境二,手工沙盘模拟。认识手工沙盘教具,学习手工沙盘模拟经营的规则,通过用友手工沙盘模拟经营,从而感性认知企业,深入体会各岗位职责。

学习情境三,新商战电子沙盘模拟。由手工沙盘模拟升级为电子沙盘模拟,电子沙盘模拟是企业经营模拟软件系统,模拟企业经营的规则及订单可以自由设置。通过电子沙盘的操作,学会更加灵活地经营企业。

学习情境四,企业战略管理。阐述企业战略及企业战略管理的意义;阐述企业战略制定的过程;依据沙盘企业规则撰写沙盘企业战略规划;依据战略规划撰写沙盘企业1~6年财务预算。

学习情境五,企业运营与成果分析。依据特定沙盘企业数据,编制市场预测分析表、生产及采购计划表、产能计算表等；正确计算偿债能力、营运能力及盈利能力指标；根据经营数据准确进行杜邦分析与评价。

附录：模拟企业经营工具表、课程大纲及各学习情境的评量表。

本教材由一批长期工作在高职高专沙盘教学一线的教师编写而成，企业人员负责指导，由黑龙江职业学院王欢、孙海涛任主编，祝伯红任副主编，陈晨、陈博雅任参编。

本教材具体编写分工如下：学习情境一、学习情境三由王欢编写，学习情境二由孙海涛编写，学习情境四由祝伯红编写，学习情境五由陈晨、陈博雅共同编写。全书由王欢负责总体构架设计、修改、补充和定稿。

本教材在编写过程中得到了立信会计出版社有关领导和编辑的大力支持与帮助，在此一并表示感谢。由于编者水平有限，书中难免出现错误和不足，敬请广大读者和同仁给予批评指正。

编 者

## contents 目录

**学习情境一　ERP 沙盘模拟企业创建** ················· 1
　学习子情境一　ERP 沙盘简介 ························· 2
　学习子情境二　模拟企业角色设置 ····················· 7
　学习子情境三　分组创建模拟企业 ····················· 9

**学习情境二　手工沙盘模拟** ························· 14
　学习子情境一　手工沙盘教具介绍 ···················· 15
　学习子情境二　手工沙盘模拟规则 ···················· 17
　学习子情境三　手工沙盘模拟运行 ···················· 28

**学习情境三　新商战电子沙盘模拟** ··················· 62
　学习子情境一　新商战电子沙盘操作准备工作 ·········· 63
　学习子情境二　新商战电子沙盘模拟规则 ·············· 80
　学习子情境三　新商战电子沙盘模拟操作 ·············· 95

**学习情境四　企业战略管理** ························ 116
　学习子情境一　初识企业战略 ······················· 117
　学习子情境二　企业战略管理 ······················· 117
　学习子情境三　沙盘企业战略的制定 ················· 120

**学习情境五　企业运营与成果分析** ·················· 124
　学习子情境一　企业营销策略与成果分析 ············· 125
　学习子情境二　企业生产运作策略及采购策略与成果分析 · 129
　学习子情境三　筹资策略与成果分析 ················· 132
　学习子情境四　企业盈利模式与成果分析 ············· 135
　学习子情境五　企业综合财务分析 ··················· 136

1

# 附录

附录1　企业战略制定表格(1~6年) ······ 140
附录2　各年现金预算 ······ 141
附录3　各年生产计划表 ······ 142
附录4　各年采购计划表 ······ 144
附录5　沙盘模拟应用表格 ······ 146
附录6　沙盘企业报表分析 ······ 168
附录7　会计专业培养目标及能力指标表 ······ 171
附录8　ERP沙盘模拟课程大纲 ······ 172
附录9 ······ 173

# 学习情境一

# ERP 沙盘模拟企业创建

## 教学目标

### 知识
1. 能诠释 ERP 沙盘模拟的作用。
2. 能描述相应岗位的职能定位。

### 技能
3. 能根据小组成员特点组建合理的人员团队。

### 素养
4. 树立团队合作意识,培养自主学习能力。

# 学习子情境一　ERP沙盘简介

在各种军事演练或工程建造过程中,我们常常可以看到一个用泥沙、兵棋和其他材料堆制的地形模型。人们利用这种模型可以直观地看清地形、地貌,认清形势,规划方案,这种模型就是我们所说的沙盘。那么,沙盘是如何运用到企业的经营管理之中的呢?

## 一、沙盘的含义

对于沙盘,其实我们并不陌生。在电视上,我们经常可以看见叱咤风云、挥斥方遒的将军在沙盘面前指挥千军万马。在日常生活中,房地产开发商通常会制作小区规划沙盘,以利于房屋销售。这些沙盘都清晰地模拟了真实的地形、地貌或格局,使其服务的对象不必亲临现场,也能对相关情况了然于胸,从宏观的角度审视所处的环境,从而运筹帷幄、决胜千里。

沙盘是在木盘里用沙土做成的地形模型。沙盘不仅在现代战争中经常使用,在我国古代冷兵器作战时,沙盘就已经开始使用了。据《后汉书·马援列传》记载,东汉建武八年(公元32年),汉光武帝征讨陇西的隗嚣,召名将马援商讨进军战略。马援对陇西一带的地理情况很熟悉,就用米堆成一个与实地地形相似的模型,从战术上作了详尽的分析。光武帝刘秀看后,高兴地说:"敌人尽在我的眼中了!"马援"聚米为山"是此战取胜的重要原因之一,这在古今战争史上是一个创举,是中国历史上最早的军事沙盘的雏形。

沙盘在国外最早出现于1811年。当时,普鲁士国王腓特烈·威廉三世的文职军事顾问冯·莱斯维茨,用胶泥制作了一个精巧的战场模型,用颜色把道路、河流、村庄和树林表示出来,用小瓷块代表军队和武器,陈列在波茨坦皇宫里,用来进行军事游戏。后来,莱斯维茨的儿子利用沙盘、地图表示地形、地貌,用各种标志表示军队和武器的配置情况,按照实战方式进行策略谋划。这种"战争博弈"就是现代沙盘作业的雏形。19世纪末和20年代初,沙盘主要用于军事训练,第一次世界大战后,才开始在其他领域中得到运用。

## 二、沙盘的分类

### (一)按照沙盘的用途分类

1. 军事沙盘

军事沙盘是指根据地形图、航空照片或实地地形,按一定的比例尺,用泥沙、兵棋等制作的,用来模拟战场的地形及武器装备的部署情况,结合战略与战术的变化来进行推演的模型。

2. 建筑沙盘

建筑沙盘是应用最广泛的沙盘形式,主要用于建筑施工和项目展示,方便向他人介绍项目整体规划和建设效果,提供感性和直接认知,增进对项目的了解。

3. 教学沙盘

教学沙盘是一组为配合课程教学开发的特定用途的教具。从经济管理领域来看,企业经营管理沙盘包括了企业要素、市场要素和规则要素三部分。

### (二) 按照沙盘的载体不同分类

#### 1. 物理沙盘

物理沙盘又称手工沙盘,即运用各种替代标志在模拟盘面上推演的工具。其特点是生动直观,便于了解;其缺点是在实际推演过程中,很难进行精确监控,物理沙盘如图1-1所示。

图1-1 物理沙盘

#### 2. 电子沙盘

电子沙盘是运用软件技术在计算机上实现推演的工具,与物理沙盘相比,电子沙盘更为抽象,但在推演过程中具有很强的规范性,便于实现精确的整体控制。例如,国际企业管理挑战赛(GMC)所使用的仿真模拟系统、北京大学王其文教授开发的"企业竞争模拟"系统、用友新道公司开发的创业者和商战平台等都是典型的电子沙盘。电子沙盘如图1-2所示。

## 三、ERP沙盘模拟的含义

ERP(Enterprise Resource Planning)是企业资源计划的简称,它以管理会计思想为核心,主要宗旨是对企业所拥有的人、财、物、信息、时间和空间等资源进行综合平衡和优化管理,协调企业各管理部门,围绕市场导向开展业务活动,提高企业的核心竞争力。企业内部资源包括厂房、设备、物料以及资金和人力资源等,外部资源则包括企业上游的供应商和下游的客户资源等。企业要想获得持续的发展,对资源的合理规划与运用是关键中的关键。企业资源计划的实质就是如何在资源有限的情况下,合理组织企业的生产,力求实现利润最大、成本最低。可以说企业的生产经营过程也就是对企业资源的管理过程。企业资源计划

图 1-2　电子沙盘

就是针对企业的物资资源管理、人力资源管理、财务资源管理、信息资源管理各个环节,把企业的物流、人流、资金流、信息流统一起来进行管理,将客户需要和企业内部的生产经营活动以及供应商的资源整合在一起,为企业决策层提供参谋,以降低产品成本、提高作业效率及合理运营资金。

ERP 沙盘模拟即企业资源计划沙盘模拟,起源于瑞典,它是针对代表先进的现代企业经营与管理技术的 ERP 系统所设计的角色体验的实验平台。也就是说,ERP 沙盘模拟以某个企业为模拟对象,将企业运营所处的内外部环境抽象为一系列的规则,把企业实际运营的关键环节,如战略规划、资金筹集、市场营销、产品研发、生产组织、物资采购等活动在手工沙盘或电子沙盘中进行模拟运作——设计为课程的主体内容,把企业运营所处的内外部环境抽象为一系列的规则,由受训者组成若干个相互竞争的模拟企业,每个受训者在模拟企业中都担任一定的角色,如 CEO(首席执行官)、COO(首席运营官)、CFO(财务主管)、营销主管、生产主管、采购主管、人力资源主管等,通过模拟企业 6 年的经营并进行对抗(竞赛),使受训者在分析市场、制定战略、营销策划、组织生产、财务管理和人员考核等一系列活动中,领悟科学管理的规律,提升管理能力,并深刻体会理论联系实际的重要性。

## 四、ERP 沙盘模拟的作用

沙盘模拟作为一种体验式的教学方式,是继传统教学及案例教学之后的一种教学创新模式。借助 ERP 沙盘模拟,可以强化学生的管理知识,训练管理技能,全面提高学生的综合素质。沙盘模拟教学融理论与实践于一体、集角色扮演与岗位体验于一身,可以使学生在参与、体验中完成从知识到技能的转化。

### (一)多方位拓展知识体系

ERP 沙盘模拟是对企业经营管理的全方位展现,它需要同学们综合运用自己学习过的各种管理思想和财务技能知识。通过 ERP 沙盘模拟体验,可以使同学们将原有的理论知识融入实践之中并在以下几方面获益。

1. 战略管理

成功的企业一定有着明确的企业战略,包括产品战略、市场战略、竞争战略及资金运用战略等。从最初的战略制定到最后的战略目标达成,经过几年的模拟,经历迷茫、挫折、探索,学生将学会用战略的眼光看待企业的业务和经营,保证业务与战略的一致,在未来的工作中更多地获取战略性成功而非机会性成功。

2. 营销管理

市场营销就是企业用价值不断来满足客户需求的过程。企业所有的行为、所有的资源无非是要满足客户的需求。通过模拟企业几年中的市场竞争对抗,学生将学会如何分析市场、关注竞争对手、把握消费者需求、制定营销战略、定位目标市场、有效实施销售计划,最终达成企业战略目标。

3. 生产管理

在沙盘模拟过程中,把企业的采购管理、质量管理统一纳入生产管理领域,则新产品的研发、物资的采购、生产运作管理、品牌建设等一系列决策问题就自然地呈现在同学们面前,它跨越了专业分隔、部门壁垒,同学们将充分运用所学知识,积极地思考,在不断的成功与失败中获取新知。

4. 财务管理

在沙盘模拟过程中,团队成员将清晰地掌握资产负债表、利润表的结构,掌握资本流转如何影响损益,解读企业经营的全局,预估长短期资金的需求;以最佳方式筹资,控制融资成本,提高资金使用效率,理解现金流对企业经营的影响。

5. 人力资源管理

从岗位分工、职位定义、沟通协作、工作流程到绩效考评,沙盘模拟中每个团队经过初期组建、短暂磨合,逐渐形成团队默契,完全进入协作状态。在这个过程中,各自为战导致的效率低下、无效沟通引起的争论不休、职责不清导致的秩序混乱等情况,可以使学生深刻地理解局部最优不等于总体最优的道理,学会换位思考。明确只有在组织的全体成员有着共同愿景、朝着共同的绩效目标努力、遵守相应的工作规范、彼此信任和支持的氛围下,企业的经营才能取得成功。

6. 基于信息管理的思维方式

通过 ERP 沙盘模拟,学生可以真切地体会到构建企业信息系统的紧迫性。企业信息系统如同飞行器上的仪表盘,能够时刻跟踪企业的运行状况,对企业业务运行过程进行控制和监督,及时为企业管理者提供丰富的可用信息。通过沙盘信息化体验,学生可以感受到企业信息化的实施过程及关键点,从而合理规划企业信息管理系统,为企业信息化做好观念和能力上的铺垫。

(二) 全面提高学生的综合素质

除了上述知识能力的拓展外,ERP 沙盘模拟作为企业经营管理仿真教学系统,还十分有利于学生的综合素质训练,通过集角色扮演与岗位体验于一身,可以使学生在参与、体验中获得以下几方面的素质培养。

1. 树立共赢理念

市场竞争是激烈的,也是不可避免的,但竞争并不意味着打败同行对手。寻求与合作伙伴之间的双赢、共赢才是企业发展的长久之道,这就要求企业知己知彼,在市场分析、竞争对手分析上做足文章,在竞争中寻求合作,企业才会有无限的发展机遇。

2. 全局观念与团队合作

通过 ERP 沙盘模拟对抗课程的学习,学生可以深刻体会到团队协作精神的重要性。在企业运营这样一艘大船上,总经理是舵手、财务主管保驾护航、营销主管冲锋陷阵……在这里,每一个角色都要以企业发展最优为出发点,各司其职,相互协作,才能赢得竞争,实现目标。

3. 保持诚信

诚信是一个企业的立足之本、发展之本。诚信原则在 ERP 沙盘模拟课程中体现为对"游戏规则"的遵守,如市场竞争规则、产能计算规则、生产设备购置以及转产等具体业务的处理。保持诚信是学生立足社会、发展自我的基本素质。

4. 个性与职业定位

每个个体因为拥有不同的个性而存在,这种个性在 ERP 沙盘模拟对抗中会显露无遗。不同学生有不同的性格,或大胆激进,或稳重仔细,或缺乏独立精神,这些特点会体现在模拟企业运营过程中的每一步。因此,通过 ERP 沙盘模拟运营,每个同学能了解自己的个性特点,找到与自己性格匹配、能够胜任的角色,或是取长补短以完善自我。

5. 感悟人生

在激烈的市场竞争和企业经营风险面前,是"轻言放弃"还是"坚持到底",这不仅是一个企业可能面临的问题,更是一个人需要抉择的人生问题。在 ERP 沙盘模拟中,同学们经历了一个从理论到实践再到理论的上升过程,把自己亲身经历的宝贵实践经验转化为全面的理论模型。学生借助 ERP 沙盘推演自己的企业经营管理思路,每一次基于现场的案例分析以及基于数据分析的企业诊断,都会使学生受益匪浅,达到磨炼商业决策敏感度、提升决策能力及长期规划能力的目的。

【案例】

假设毕业后小明和好朋友开了一家饭店,一天中午小明接到一个订餐电话:"老板,晚上我想请几个同事吃饭,要订一个包间,请问还有位置吗?"(订货意向)

小明说:"有的,请问几位?几点来?想吃什么菜?"

客人说:"6 个人,我们晚上 7 点左右到,要一箱啤酒、烤鸭、番茄炒蛋、凉菜、蛋花汤……你看可以吗?"(商务沟通)

小明说:"没问题,我会准备好的。"(订单确认)

记录下需要做的菜单(Master Production Schedule,简称 MPS 计划),具体要准备的东西:鸭、酒、番茄、鸡蛋、调料……(Bill of material,简称 BOM,物料清单),发现需要:1 只鸭子,1 箱瓶酒,10 个鸡蛋……(BOM 展开),炒蛋需要 6 个鸡蛋,蛋花汤需要 4 个鸡蛋(共用物料)。打开冰箱一看(库房),只剩下 2 个鸡蛋(缺料)。

卖鸡蛋的小贩说:"1 个 1 元,半打 5 元,1 打 9.5 元。"

小明说:"我只需要 8 个,但这次买 1 打。"(经济批量采购)

小明说:"这有一个坏的,换一个。"(验收、退料、换料)

准备、洗菜、切菜、炒菜……(工艺线路),厨房中有燃气灶、微波炉、电饭煲,做烤鸭可能来不及(产能不足),于是打算在隔壁的餐厅里买现成的(产品委外)。

过了一会儿,门铃响了。"老板,这是您要的烤鸭。请在单上签字。"(验收、入库、转应付账款)

> 忙碌一天过后,你疲惫地躺在沙发上,发现了一个问题,店里的人手不足,下一步要招聘服务员了。(人员不足)
> 
> 让我们一起走进沙盘世界,开启属于你的沙盘之旅吧!

# 学习子情境二　模拟企业角色设置

## 一、企业组织结构

任何一个企业都有与企业类型相适应的组织结构。企业组织机构是企业全体职工为实现企业目标,在管理工作中进行分工协作,在职务范围、责任、权利方面形成的结构体系,如图1-3所示。

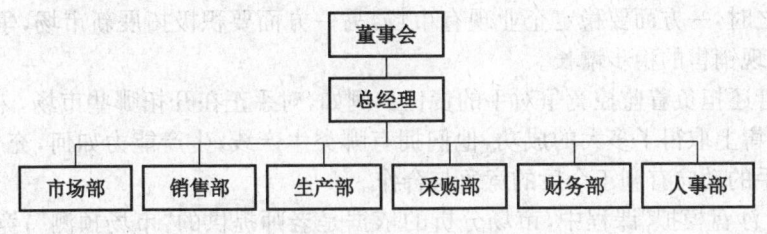

图1-3　企业组织结构

企业经营管理涉及企业的战略制定与执行、市场营销、采购与生产管理、财务管理等多项内容。在企业中,这些职能是由不同的业务部门履行的,企业经营管理过程也是各部门协同工作,共同努力实现企业目标的过程。

## 二、企业角色设置

在企业创建之初,任何一个企业都要建立合理的组织结构,组织结构是保证企业正常运转的基本条件。在"企业经营沙盘模拟"训练中,采用了简化的企业组织结构,企业组织有几个主要角色代表,包括:CEO(首席执行官/总经理)、COO(首席运营官)、CFO(财务主管)、市场主管、营销主管/销售主管、生产主管、采购主管、人力资源主管、商业情报人员/商业商谍和其他角色等。

**1. CEO(首席执行官/总经理)**

CEO负责制定和实施公司总体战略与年度经营计划;主持公司的日常经营管理工作,实现公司经营管理目标和发展目标。现代企业的治理结构分为股东会、董事会和经理班子三个层次。

在"企业经营沙盘模拟"训练中,省略了股东会和董事会,企业所有的重要决策均由CEO带领团队成员共同决定,如果大家意见相左,由CEO拍板决定;作出有利于企业发展的战略决策是CEO的最大职责,同时,CEO要负责控制企业按流程运行,在训练中还要特别关注每个人是否能胜任其岗位。

### 2. COO（首席运营官）

在实际企业中，COO是个重要的角色，负责组织、协调企业的日常运营活动。在本训练中，COO协助CEO控制企业按流程运行，起着盘面运行监督的作用。

此角色为可选角色，在受训者人数较少时可不设。

### 3. CFO（财务主管）

在企业中，财务与会计的职能常常是分离的，他们有着不同的目标和工作内容。会计主要负责日常现金收支管理，定期核查企业的经营状况，核算企业的经营成果，制定预算及对成本数据的分类和分析。财务的职责主要是负责资金的筹集、管理；做好现金预算，管好、用好资金。如果说资金是企业的血液，财务部门就是企业的心脏。财务主管要参与企业重大决策方案的讨论，如设备投资、产品研发、市场开拓、ISO资格认证、购置厂房等。公司进出的任何一笔资金，都要经过财务部门。

在受训者较少时，将上述两大职能归并到财务主管身上，统一负责对企业的资金进行预测、筹集、调度与监控。在受训者人数允许时，增设主管会计（财务主管助理）分担会计职能。

### 4. 市场主管

分析市场环境，把握市场机会，制定公司市场营销战略和实施计划；对企业市场营销计划进行监督和控制；负责企业营销组织建设与激励工作；负责企业竞争对手分析。在全球市场广泛开放之时，一方面要稳定企业现有市场，另一方面要积极拓展新市场，争取更大的市场空间，以实现销售的稳步增长。

市场主管还担负着监控竞争对手的责任。例如，对手正在开拓哪些市场，未涉足哪些市场，他们在销售上取得了多大的成功，他们拥有哪类生产线，生产能力如何，充分了解市场、明确竞争对手的动向有利于今后的竞争与合作。

在"ERP沙盘模拟"课程中，市场分析的依据是老师提供的"市场预测"；竞争对手是课程中划分的其他几个企业组织。

### 5. 营销主管/销售主管

企业的利润是由销售收入带来的，销售实现是企业生存和发展的关键。营销主管所担负的责任主要是实现销售。为此，营销主管应结合市场预测及客户需求制订销售计划，有选择地进行广告投放，取得与企业生产能力相匹配的客户订单，与生产部门做好沟通，保证按时交货给客户，监督货款的回收，进行客户关系管理。

营销主管还可以兼任商业间谍的角色和任务，因为他最方便监控竞争对手的情况。比如，对手正在开拓哪些市场，未涉足哪些市场，他们在销售上取得了多大的成功，他们拥有哪类生产线，生产能力如何等。充分了解市场，明确竞争对手的动向可以有利于今后的竞争与合作。

### 6. 生产主管

生产主管是企业生产部门的核心人物，对企业的一切生产活动进行管理，并对企业的一切生产活动及产品负最终的责任。生产主管既是生产计划的制定者和决策者，又是生产过程的监控者，对企业目标的实现负有重大的责任。他的工作是通过计划、组织、指挥和控制等手段实现企业资源的优化配置，创造最大经济效益。

在"企业经营沙盘模拟"训练中，生产主管负责指挥生产运营过程的正常进行，生产设备的维护与设备变更处理、管理成品库等工作。在本训练中，生产能力往往是制约企业发展的重要因素，因此生产主管要有计划地扩大生产能力，以满足市场竞争的需要。

### 7. 采购主管

采购是企业生产的首要环节。采购主管负责各种原料的及时采购和安全管理，确保企业生产的正常进行;负责编制并实施采购供应计划,分析各种物资供应渠道及市场供求变化情况,力求从价格上、质量上把好第一关,为企业生产做好后勤保障;进行供应商管理;进行原材料库存的数据统计与分析。

在"企业经营沙盘模拟"训练中,采购主管负责制订采购计划,与供应商签订供货合同,监督原料采购过程并按计划向供应商付款,管理原料库等具体工作,确保在合适的时间点,采购合适品种及数量的物资。

8. 人力资源主管

21世纪,国家经济的核心是企业,企业的核心是人才,人才是现代企业竞争的核心竞争力。一流的企业是由一流的人组成的,优秀的产品是优秀的人做出来的,人力资源是企业的第一资源。人力资源主管负责企业的人力资源管理工作,具体包括企业组织架构设计、岗位职责确定、薪酬体系安排、组织人员招聘、考核等工作。

在"企业经营沙盘模拟"训练中,原来没有设定此角色。但经过多轮训练,我们觉得有必要增设此角色,特别是在受训者人数比较多的情形下,对每个受训者的参与度与贡献度进行考评,提交CEO最终作出组内排名,作为学生训练成绩评定的重要依据之一。

9. 商业情报人员/商业间谍

知己知彼,方能百战百胜;闭门造车是不行的。商业情报工作在现代商业竞争中有着非常重要的作用,不容小觑。在受训者人数较少时,此项工作可由营销主管承担;在人数较多时,可设专人协助营销主管来负责此项工作。

10. 其他角色

在受训者人数较多时,可适当增加财务助理、CEO助理、营销助理、生产助理等辅助角色,特别是财务助理很值得设。为使这些辅助角色不被边缘化,应尽可能明确其所承担的职责和具体任务。

各角色的具体任务如图1-4所示。

| 总经理 | 财务主管 | 营销主管 | 生产主管 | 采购主管 |
|---|---|---|---|---|
| • 制定发展战略<br>• 竞争格局分析<br>• 经营指标确定<br>• 业务策略制定<br>• 全面预算管理<br>• 管理团队协同<br>• 企业绩效分析<br>• 业绩考评管理<br>• 管理授权与总结 | • 日常财务记账和登账<br>• 向税务部门报税<br>• 提供财务报表<br>• 日常现金管理<br>• 企业融资策略制定<br>• 成本费用控制<br>• 资金调度与风险管理<br>• 财务制度与风险管理<br>• 财务分析与协助决策 | • 市场调查分析<br>• 市场进入策略<br>• 品种发展策略<br>• 广告宣传策略<br>• 制订销售计划<br>• 争取订单与谈判<br>• 签订合同与过程控制<br>• 按时发货应收款管理<br>• 销售绩效分析 | • 产品研发管理<br>• 管理体系认证<br>• 固定资产投资<br>• 编制生产计划<br>• 平衡生产能力<br>• 生产车间管理<br>• 产品质量保证<br>• 成品库存管理<br>• 产品外协管理 | • 编制采购计划<br>• 供应商谈判<br>• 签订采购合同<br>• 监控采购过程<br>• 到货验收<br>• 仓储管理<br>• 采购支付决策<br>• 与财务部协调<br>• 与生产部协同 |

图1-4 各角色的具体任务

# 学习子情境三 分组创建模拟企业

## 一、学生分组

### (一)分组方法

将一个教学班的学生分为六组(每组一般六七人),这样教学现场就组成了6个相互竞争的模拟企业。分组方法多种多样,也可参照以下两种方法。

1. 按一定规律分组团队

如按学号1、7、13、19、25、31等为一个团队,2、8、14、20、26、32等为又一个团队,依次类推,3、9、15、21、27、33等为一个团队,4、10、16、22、28、34等为一个团队,5、11、17、23、29、35等为一个团队,6、12、18、24、36等为一个团队。

2. 自由组合

由学生自主决定与谁一组,但要注意每组人数要均衡。

(二) 角色分工

每个企业首先推选出本企业的CEO,CEO发表就职演说。在CEO的带领下,确定营销主管、生产主管、采购主管、财务主管各职能角色。各角色对自己的岗位职责建立清晰的认识。

注意:

★ 如果教学班人数较多,可以将营销职能拆分为市场和销售两个职能,将财务职能拆分为财务和会计(或会计和出纳)两个职能;教学班人数不足30人时,可以由1人兼任多个角色。

★ 在几年的经营过程中,可以进行角色互换,从而体验角色转换后考虑问题的出发点的相应变化,也就是学会换位思考。

在企业中有不同的业务部门,各部门的职能不同,但要协同运作,共同实现企业的经营目标。在手工沙盘活动中同样设置了对应于市场部、生产部、研发部、财务部、人事部等职能部门对应的盘面,再现了企业运营的所有关键环节,包括市场营销、生产组织、产品研发、战略规划、财务管理等,是一个生产型企业的缩影。各职能部门座位如图1-5所示。

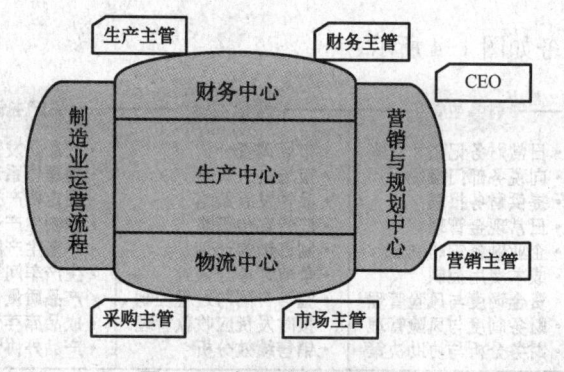

图1-5 各职能部门座位图

## 二、创建模拟企业

### (一) 企业命名

由CEO带领小组其他成员为企业命名,请为你们的企业取一个响亮的名字。同时,思考模拟经营的产品和经营理念。

### (二) 企业愿景与使命

1. 企业愿景

企业愿景是指企业所描述的关于未来成就的理想化定位和生动性蓝图。它是个梦想,可以通过长期的努力最终变成现实；它是一种信念，可以强化和改善人们对企业的承诺和责任感；它是一种期待，可以促使员工去获得一种值得努力付出的满意性结果。

企业愿景具有以下几个作用：

（1）激励性。企业愿景是组织对未来的一种甜蜜的梦想。

（2）挑战性。企业愿景是组织对未来状态渴望的一种心智图像。

（3）引导性。企业战略的制定、企业战略目标体系的分解、企业经营业务的确定都应当始终不离开企业愿景所指引的努力方向。

例如，美国运通（American Express）的愿景是成为全球最受人尊敬的服务品牌；通用汽车（GM）的愿景是成为客户满意的行业领先者；中国移动的愿景是成为卓越品质的创造者。

### 2. 企业使命

企业使命是指企业生产经营的总方向、总目的、总特征和总体指导思想。它反映了企业的价值观和企业力求为自己树立的形象，揭示了本企业与其他企业在目标上的差异，界定了企业的主要产品和服务范围，以及企业试图去满足的顾客需求。

例如，高新技术产业领域的公司定义其使命以产品为导向，定义为"生产计算机"；以市场为导向，则定义为"向顾客提供最先进的办公设备，满足顾客提高办公效率的需要"。

### 3. 企业愿景与企业使命的关系

从广义上分析，企业愿景和企业使命可以认为具有相同的内涵，两者是等同的，所以，现实中经常被混用。但是，从狭义上分析，企业愿景侧重于从企业自身的角度来描绘组织未来的形象定位；而企业使命则更侧重于从市场上消费者的角度来阐述企业战略性定位，是指企业区别于其他类型组织而存在的原因或目的，是企业在经济社会中独立担当的角色和责任。例如，世界金融集团（WFG）的愿景是引领金融革命；使命是为家庭创造财富。

## （三）企业经营的本质

企业是指从事商品生产、流通和服务等活动，为满足社会需要和盈利，进行自主经营、自负盈亏，具有法人资格的经济组织。

经营是指企业以市场为对象，以商品生产和商品交换为手段，为了实现企业的目标，使企业的投资、生产、销售等经济活动与企业的外部环境保持动态均衡的一系列有组织的活动。

企业管理的目标可概括为生存和盈利。

### 1. 企业生存

企业在市场上生存下来的基本条件：一是以收抵支，二是到期还债。这从另一个角度告诉我们，如果企业出现以下两种情况，就将宣告破产：

（1）资不抵债。如果企业所取得的收入不足以弥补其支出，导致所有者权益为负时，企业破产。

（2）现金断流。如果企业的负债到期，无力偿还，债权人会来敲你的门，企业就会破产。

### 2. 企业盈利

企业经营的本质是股东权益最大化，即盈利。而从利润表中的利润构成中不难看出盈利的主要途径：一是扩大销售（开源），二是控制成本（节流）。

#### 1）扩大销售

利润主要来自销售收入，而销售收入由销售数量和产品单价两个因素决定。提高销售数量有以下方式：扩张现有市场，开拓新市场；研发新产品；扩建或改造生产设施，提高产能；合理加大广告投放力度，进行品牌宣传。

提高产品单价受很多因素制约,但企业可以选择单价较高的产品进行生产。

2) 控制成本

产品成本分为直接成本和间接成本。

直接成本主要包括构成产品的原料费和人工费。在沙盘模拟中,原料费由产品 BOM 结构决定,在不考虑替代材料的情况下没有降低的空间;用不同生产线生产同一产品的加工费也是相同的,因此产品的直接成本是固定的。

从节约成本的角度,不妨把间接成本区分为投资性支出和费用性支出两类。投资性支出包括购买厂房、投资新的生产线等,这些投资是为了扩大企业的生产能力而必须发生的;费用性支出包括营销广告、贷款利息等,通过有效筹划是可以节约一部分的。

创建模拟企业

企业名称:＿＿＿＿＿＿＿＿＿＿＿＿＿＿＿＿＿＿＿＿＿＿＿＿＿＿＿＿＿＿＿＿

企业使命:＿＿＿＿＿＿＿＿＿＿＿＿＿＿＿＿＿＿＿＿＿＿＿＿＿＿＿＿＿＿＿＿

企业目标:＿＿＿＿＿＿＿＿＿＿＿＿＿＿＿＿＿＿＿＿＿＿＿＿＿＿＿＿＿＿＿＿

＿＿＿＿＿＿＿＿＿＿＿＿＿＿＿＿＿＿＿＿＿＿＿＿＿＿＿＿＿＿＿＿＿＿＿＿＿＿

企业口号和展示动作:＿＿＿＿＿＿＿＿＿＿＿＿＿＿＿＿＿＿＿＿＿＿＿＿＿＿

＿＿＿＿＿＿＿＿＿＿＿＿＿＿＿＿＿＿＿＿＿＿＿＿＿＿＿＿＿＿＿＿＿＿＿＿＿＿

请各组成员根据你们的企业定位为自己的企业设计一款广告。

**【案例】**

团 队 精 神

众所周知,微软公司使数以百计的雇员成了百万富翁。可是,许多人在取得了经济独立之后,却仍继续留在微软工作。在某些人看来(那种"我若中了六合彩,首先就向老板辞职"之人),这些百万富翁,大概是发了神经。的确,大多数人认为发财就等于取得了辞职的资格证书。但是,事实证明,微软公司的百万富翁们并不那样认为,如果你知道了微软公司的工作条件并非舒适安逸,你就会觉得雇员们的这种献身精神难能可贵。在这里,一周工作 6 天,每周的工作时数还会过百。微软公司也并非以其高额津贴出名。相反,它却以"吝啬"著称。据该公司的一位前任副总裁透露,多年以来,董事长比尔·盖茨因公出差时,总是自己开车去机场,而且坐的是二等舱。

那么,是什么神奇的吸引力,竟使这帮百万富翁(甚至包括一两亿富翁)不是因为自己经济的需要而如此卖命地工作呢?答案只有一个,那就是,完全超越了自我的团体意识。这种团体意识,已在微软公司落地生根。微软人认为,他们不属于自己,而是从属于某种特别的东西——微软这个团体。以下就是董事长比尔·盖茨在谈到这种文化之时,所讲的一段话:"这种企业文化营造了一种氛围,在这种氛围中,开拓性思维不断涌现,员工的潜能得到充分发挥。我们微软公司所形成的氛围是,你不但拥有整个公司的全部资源,同时还拥有一个能使自己人显身手、发挥重要作用的小而精的班组或部门。每一个人都有自己的主见,而能使这些主见变成现实的则是微软这个团体。我的策略一向是,聘用有活力、具有创新精神的顶尖人才,然后把权力和责任连同资源(人、财、物),一并委托给他们以便使他们出色地完成任务。"

这种团体意识,绝非微软公司所独有。类似于这种把个人归属于集体的团体意识,是其他公司都在刻意追求和培养的。这种意识,使雇员们工作热情更高、工作体验更深,从而也使他们的生活更具价值。当我询问富兰克·英格利(Shiva公司首席执行官)这种报效公司的精神是如何在Shiva公司发扬光大并充分显示其威力时,富兰克这样说:只有协同合作才能制造出一种触动人类心灵深处的某种东西。这种东西可能与传统大家庭的破裂有关系。如今,我们不能再像从前那样,可以分享自己家庭或部落成员的喜怒哀乐,因为我们不再是初来美洲大陆的拓荒者,更不是西西里岛上一道开荒种地、在田园里共同抚养子女的农民。那些日子已经一去不复返了。即使我们尚有家庭,也只不过是中小家庭。所以,人们备感孤独,以至于竟从内心深处发出了"同甘共苦、精神共享"的呐喊。对于强于自身之物的依附心理,是人类的天性。最常见的满足这种心理需求的办法,就是与他人联合起来去分享共同的利益。然而,当今社会要做到这一点,已日趋困难。如今的世界纷繁无序,我们的家庭东搬西迁,居无定所。这种游牧式的生活,使我们越来越不可能形成并依附于某个固定的社区或群落。因此,人们就很自然地将满足这一需要的人类需求转向了他们的工作环境。

　　当时,富兰克的那番话使人感到不舒服。我在想,这些公司是不是在占雇员的便宜?他们不是在利用现代生活中人们所固有的那种孤独感去迫使雇员们卖命工作吗?然而富兰克认为,对这种团体需求的满足,是对工业时代公司内部那种非人工作环境的彻底改善。对此,他这样评论:"我们提供给人们的是尝试积极开展合作的机会。我的信条是:信任、多样化和权力下放。我们也知道如何做到进退自如。这些才是人们生活中真正重要的东西。总之,我们与同事们在一起的时间远远超过了与自己配偶在一起的时间。"

　　在富兰克看来,"团体"是对人类基本需求的满足而不是剥夺。公司要求做到的是:每位员工从各自的工作中得到的不单单是钱财,而是更多的东西——乐趣,要乐在其中!请注意,千万莫将精英们所提倡的这种团体意识作为一种利他主义。事实上,他们的做法的确是一种非常切合实际的举措。信息时代的竞争特点决定了他们必须花更长的时间投身于工作。在工作中,如果他们专长不能得以发挥,自身的价值就得不到充分体现,他们就无法从工作中得到乐趣。因此,他们也就不会心甘情愿地努力工作。精英们对此十分清楚。所以,他们认为最重要的,是让人们感觉到自己真正置身于一个彼此相互尊敬、相互信任、志同道合、宛如一个大家庭似的团体之中。换言之,除非雇员们都感到自己亦为团体之一员;否则,生产效率就难以保持。

# 学习情境二
## 手工沙盘模拟

### 🎯 教学目标

**➔ 知识**
1. 能熟识各自岗位规则。
2. 能阐述内部流程及控制涉及的表格种类。

**➔ 技能**
3. 能模仿操作手工沙盘各工具。

**➔ 素养**
4. 培养逻辑思维能力,习惯计算机处理数据。

# 学习子情境一　手工沙盘教具介绍

## 一、沙盘教具

ERP沙盘模拟教学以一套沙盘教具为载体。沙盘教具主要包括:沙盘盘面6张,代表6个相互竞争的模拟企业,沙盘盘面全图如图2-1所示。

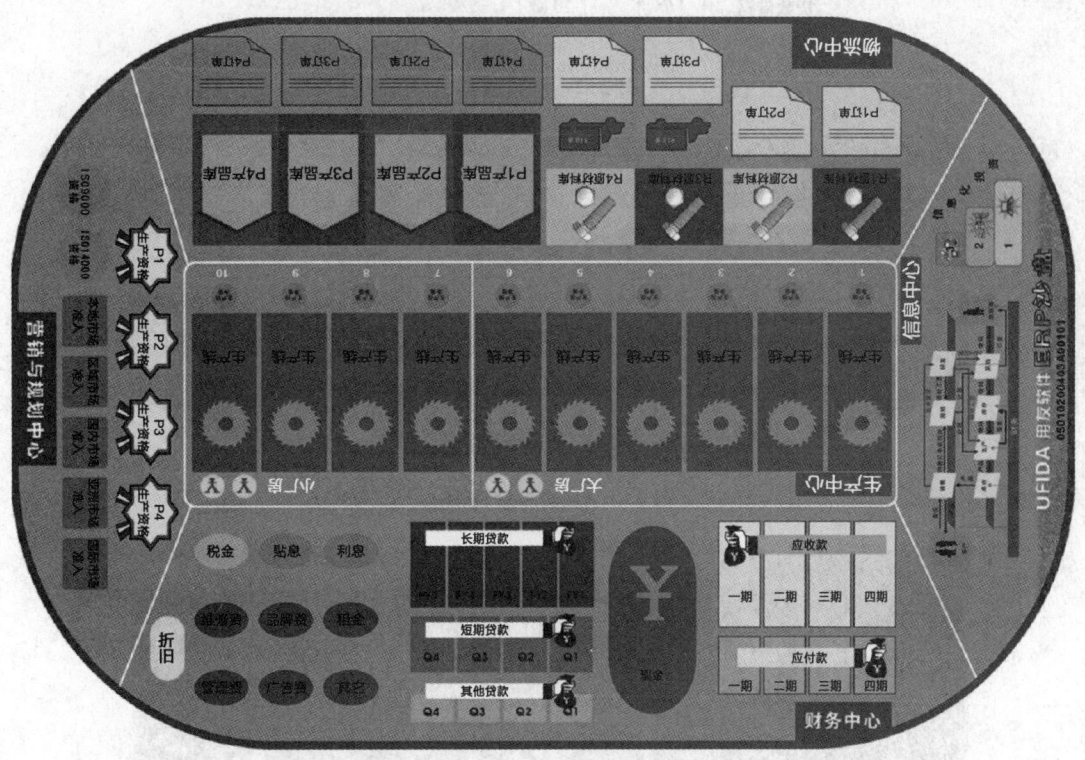

图2-1　沙盘盘面全图

沙盘教具还包括:4种原材料,红色表示原材料R1,黄色表示原材料R2,蓝色表示原材料R3,绿色表示原材料R4;灰色表示钱币,1个钱币代表1 M;空桶若干个,每个空桶的容量是20,当把空桶放置在原料订单处则表示下1个订单,当把空桶放置在长短期贷款处则表示贷款20 M,如图2-2所示。

## 二、四大职能中心

沙盘盘面按照制造企业的职能部门划分了四个职能中心,分别是营销与规划中心、生产中心、物流中心和财务中心,如图2-3至图2-6所示。

各职能中心覆盖了企业运营的所有关键环节:战略规划、市场营销、生产组织、采购管理、库存管理和财务管理等,是一个制造企业的缩影,具体功能如表2-1所示。

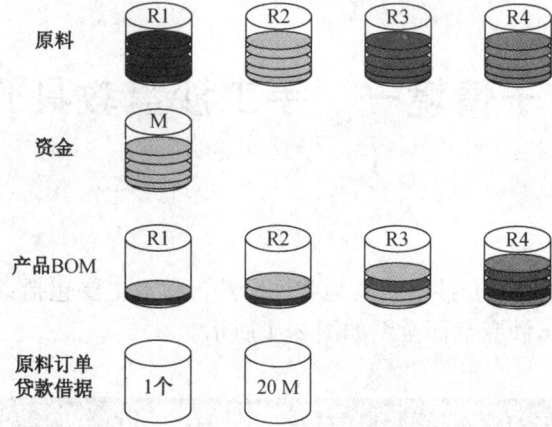

图 2-2　沙盘教具

图 2-3　营销与规划中心

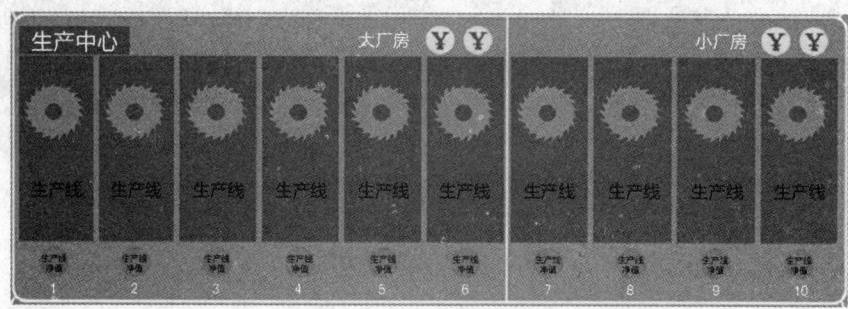

图 2-4　生产中心

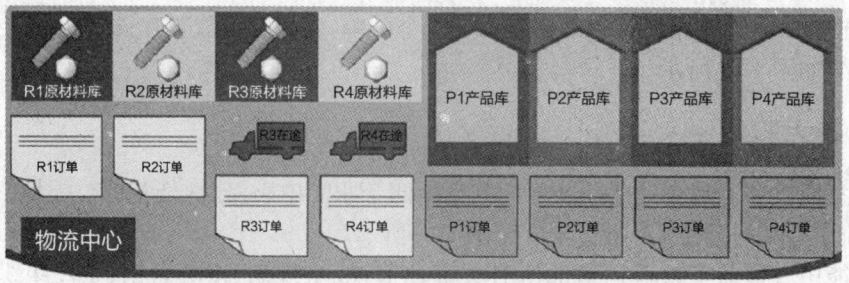

图 2-5　物流中心

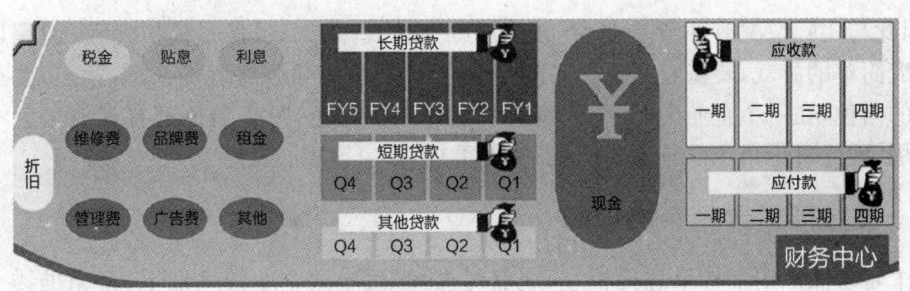

图 2-6 财务中心

表 2-1　　　　　　　　　　　四大职能中心的功能

| 职能中心 | 企业运营的关键环节 | 主要职能 | 简要说明 | 备 注 |
|---|---|---|---|---|
| 营销与规划中心 | 战略规划 市场营销 | 市场开拓规划 | 确定企业需要开发哪些市场,可供选择的有区域市场、国内市场、亚洲市场和国际市场 | 市场开拓完成换取相应的市场准入证 |
| | | 产品研发规划 | 确定企业需要研发哪些产品,可供选择的有 P1 产品、P2 产品、P3 产品和 P4 产品 | 产品研发完成换取相应的产品生产资格证 |
| | | ISO 认证规划 | 确定企业需要争取获得哪些国际认证,包括 ISO9000 质量认证和 ISO14000 环境认证 | ISO 认证完成换取相应的 ISO 资格证 |
| 生产中心 | 生产组织 | 厂房两种 | 沙盘盘面上设计了大厂房和小厂房,大厂房内可以建 6 条生产线;小厂房内可以建 4 条生产线 | 已购置的厂房由厂房右上角摆放的价值表示 |
| | | 生产线标识 | 共有手工生产线、半自动生产线、全自动生产线、柔性生产线,不同生产线生产效率及灵活性不同 | 表示企业已购置的设备,设备净值在"生产线净值"处显示 |
| | | 产品标识 | 四种:P1 产品、P2 产品、P3 产品、P4 产品 | 表示企业正在生产的产品 |
| 物流中心 | 采购管理 库存管理 | 采购提前期 | R1、R2 原料的采购提前期为 1 个季度;R3、R4 原料的采购提前期为 2 个季度 | |
| | | 原材料库四个 | 分别用于存放 R1、R2、R3、R4 原料,每个价值 1 M | |
| | | 原料订单 | 代表与供应商签订的订货合同,用放在原料订单处的空桶数量表示 | |
| | | 成品库四个 | 分别用来存放 P1 产品、P2 产品、P3 产品、P4 产品 | |
| 财务中心 | 会计核算 财务管理 | 现金库 | 用来存放现金,现金用灰币表示,每个价值 1 M | |
| | | 银行贷款 | 用放置在相应位置上的空桶表示,每桶表示 20 M | 长期贷款按年;短期贷款按季度 |
| | | 应收/应付账款 | 用放置在相应位置上的装有现金的桶表示 | 应收账款和应付账款都是分账期的 |
| | | 综合费用 | 将发生的各项费用置于相应区域 | |

# 学习子情境二　手工沙盘模拟规则

学习规则是比较枯燥的,却是必需的。只有懂得规则,才能游刃有余。因此,我们要有以下几点认识:第一,我们是在经营模拟企业,为了运营方便而将内外部环境简化为一系列规则,因此与实际情况有一定差别,不必在规则上较真;第二,虽然是模拟经营,但是切不可将它当成简单的游戏,要将它当成真实的企业来经营,要有争强好胜的斗志;第三,要正确对待自己的角色,在一个企业中,每个人都担任着不同的角色,每个角色都有其他角色不可替代的作用,因此每个角色都是重要的,都值得重视,都应该用心做好。

## 一、总经理需要领会的规则

一个管理团队内部如果意见相左,观点对立,必然导致企业效率低下,互相推诿。总经理要领导其管理团队,树立共同的愿景和目标,作出所有企业级的重要决策。

### (一) 目标制定与达成

总经理要负责带领团队成员确定经营目标,并努力达成。

### (二) ISO 认证

随着后期市场竞争越来越激烈,顾客的质量意识不断提高,对产品的 ISO9000 和 ISO14000 认证将有更多的需求。若企业无对应的 ISO 认证,则无法获取对 ISO 有需求的顾客订单。ISO 的研发如表 2-2 所示。

表 2-2　　　　　　　　　　ISO 认证情况表

| ISO 认证体系 | 投资规则 | 时间 | 总费用 |
| --- | --- | --- | --- |
| ISO9000 | 1 M/年 | 2 年 | 2 M |
| ISO14000 | 1 M/年 | 3 年 | 3 M |

注意:
★ ISO 认证,只能在每年第 4 季度操作。
★ 两项认证投资可同时进行或延期,不允许加速投资,相应投资完成后领取 ISO 资格证。
★ 认证投资计入当年综合费用。

### (三) 破产处理

总经理要关注本企业的所有者权益,当某组权益为负(指当年结束系统生成资产负债表时所有者权益为负数)或现金断流时(权益和现金可以为零),企业破产。若企业破产总经理有着不可推卸的责任。

### (四) 企业各职能岗位考核

为了奖优罚劣,必须明确每个岗位的考核要求,最好细化和量化。对各职能岗位的考核可参考各职能岗位考核标准如表 2-3 所示。

表 2-3　　　　　　　　　　各职能岗位考核标准

| 岗位 | 考评项目 | 考评标准 |
| --- | --- | --- |
| 总经理 | 运行记录 | 台账正确、及时、完整 |
| | 目标制定与达成 | 经营目标制定与业绩达成相一致 |
| | 流程控制 | 保证企业经营流程顺畅 |
| | 管理授权与考评 | 授权合理,分配合理 |
| | 能力建设与团队管理 | 注重人员能力提升,团队协作高效 |

(续表)

| 岗位 | 考评项目 | 考评标准 |
|---|---|---|
| 市场/营销主管 | 运行记录 | 台账正确、及时、完整 |
| | 市场分析与销售预测 | 分析报告、销售计划与执行 |
| | 广告投放 | 广告投放合理 |
| | 按时交货给客户 | 按时交货 |
| | 应收款管理 | 及时催收应收款 |
| 生产主管 | 运行记录 | 台账正确、及时、完整 |
| | 生产计划制订与执行 | 开工计划及执行,保证供货 |
| | 产能计算 | 及时提供正确的产能数据 |
| | 产品研发与设备投资 | 投资时机把握,投资过程管理 |
| | 生产成本控制 | 正确核算生产成本 |
| 采购主管 | 运行记录 | 台账正确、及时、完整 |
| | 采购计划制订 | 制订与生产计划适配的采购计划 |
| | 采购计划执行管理 | 及时下订单、收料付款 |
| | 保证物料供应 | 保证生产所需物料供应 |
| | 原料库存管理 | 每季度零库存 |
| 财务主管 | 运行记录 | 台账正确、及时、完整 |
| | 现金预算与计划执行 | 制订与业务匹配的资金计划,不出现资金缺口 |
| | 财务报告 | 及时、正确 |
| | 融资管理 | 融资方式合理、低成本 |
| | 费用/折旧管理 | 正确计算并支付各项费用 |

**注意:**

★ ISO9000 标准是国际标准化组织 ISO 颁布的在全世界范围内通用的关于质量管理和质量保证方面的标准,它不是指一个标准,而是一组标准的统称。该标准使质量管理的方法实现了程序化、标准化和科学化。实施 ISO9000 质量管理体系标准意义包括:提高企业管理水平,提高工作效率,降低质量成本;提高企业的综合形象及产品的可信度,以此争市场、保市场、争名牌;消除对外合作中的非关税壁垒,使企业顺利进入国际市场。

★ ISO14000 环境管理系列标准是国际标准化组织编制的环境管理体系标准,其标准号从 14001 到 14100,共 100 个,这些标准号统称为 ISO14000 系列标准。ISO14000 环境管理系列标准顺应国际环境保护的发展,融合了世界上许多发达国家在环境管理方面的经验,依据国际经济与贸易发展的需要而制定,是一套完整的、操作性很强的体系标准。它的基本思想是预防和减少环境影响,持续改进环境管理工作,消除国际贸易中的技术壁垒。对于企业而言其作用体现在:企业实施 ISO14000 标准是占领国内外市场的需要;是节约能源,降低消耗,减少环保支出,降低成本的需要;政府的环境政策给企业带来压力;是企业走向良性和长期发展的需要;是企业履行社会责任的需要。

## 二、市场主管需要领会的规则

市场是企业进行产品营销的场所,标志着企业的销售潜力。企业的生存和发展离不开市场这个大环境。谁赢得市场,谁就赢得了竞争。市场是瞬息万变的,变化增加了竞争的对抗性和复杂性。

市场包括:本地市场、区域市场、国内市场、亚洲市场、国际市场,如图2-7所示。

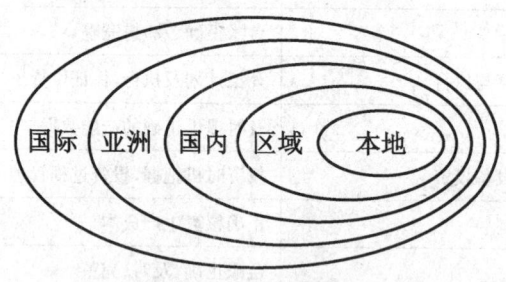

图2-7 市场示意图

### (一)市场开发

在进入某个市场之前,企业一般需要进行市场调研、选址办公、招聘人员、做好公共关系、策划市场活动等一系列工作。而这些工作均需要消耗资源——资金及时间。由于各个市场地理位置及地理区划不同,开发不同市场所需的时间和资金投入也不同,在市场开发完成之前,企业没有进入该市场销售的权利。

开发不同市场所需的时间和资金投入如表2-4所示。

表2-4　　　　　　　开发不同市场所需的时间和资金投入

| 市场 | 投资规则 | 时间 | 总费用 |
| --- | --- | --- | --- |
| 本地 | 直接拥有 | 无 | 无 |
| 区域 | 1M/年 | 1年 | 1M |
| 国内 | 1M/年 | 2年 | 2M |
| 亚洲 | 1M/年 | 3年 | 3M |
| 国际 | 1M/年 | 4年 | 4M |

**注意:**

★ 各市场开发可同时进行。
★ 资金短缺时可随时中断或终止投入。
★ 开发费用按开发时间平均支付,不允许加速投资。
★ 市场开拓完成后,领取相应的市场准入证。

### (二)市场准入

当某个市场开发完成后,该企业就取得了在该市场上经营的资格(取得相应的市场准入证),此后就可以在该市场上进行广告宣传,争取客户订单了。

## （三）市场预测

在"ERP 沙盘模拟"课程中,市场预测是各企业能够得到的关于产品市场需求预测的唯一可以参考的有价值的信息,对市场预测的分析与企业的营销方案策划息息相关。市场预测对所有企业而言是公开透明的。在市场预测中要包括近几年关于行业产品市场的预测资料,包括各市场、各产品的总需求量、价格情况、客户关于技术及产品的质量要求等,如图2-8所示。

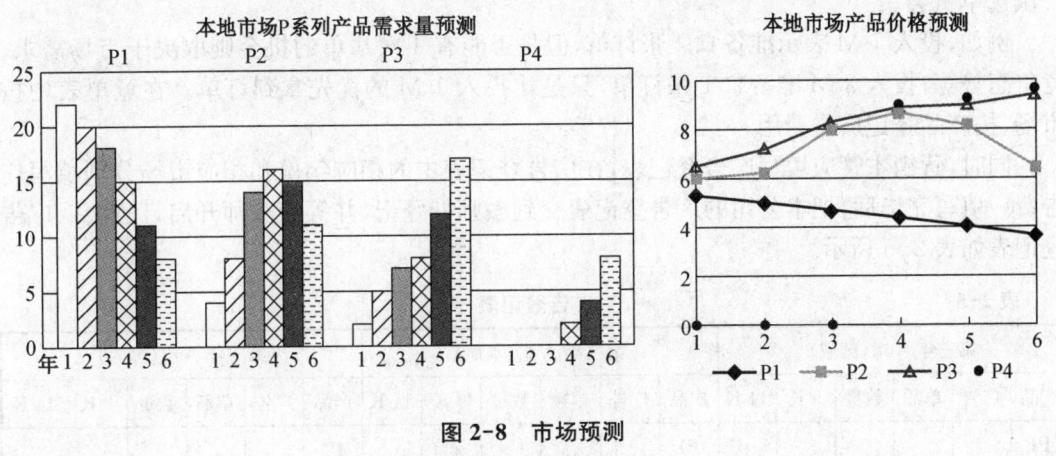

图 2-8　市场预测

图 2-8 是第 1～第 6 年本地市场 P 系列产品预测资料,由左边的柱形图和右边的折线图构成。

柱形图中的横坐标代表年,纵坐标上标注的数字代表产品数量,各产品下方柱形的高度代表该产品某年的市场预测需求总量。折线图标识了第 1～第 6 年 P 系列产品的价格趋向,横坐标表示年,纵坐标表示价格。

在市场预测中,除了直观的图形描述外,还可用文字形式加以说明,其中尤其需要注意客户关于技术及产品的质量要求等细节。

市场主管也会通过实地调查或其他途径了解同行业竞争对手的情况。竞争对手分析有利于企业合理利用资源,开展竞争与合作。

**注意:**

★ 市场细分(Market segmentation)是企业根据消费者需求的不同,把整个市场划分成不同的消费者群的过程。其客观基础是:消费者需求的异质性。进行市场细分的主要依据是异质市场中需求一致的顾客群,实质就是在异质市场中求同质。

★ 可以说市场细分的目标不是为了分解,而是为了聚合,即在需求不同的市场中把需求相同的消费者聚合到一起。当然,细分市场并不是企业的目的,不能为了细分而细分,市场也不是划分得越细越好。

## 三、营销主管需要领会的规则

市场预测和客户订单是企业制订生产计划的依据。每年年初各企业的营销主管与客户见面并召开销售会议,投放广告。根据市场地位产品广告投入、市场广告投入、市场需求以及竞争态势,按顺序选择订单。

## （一）投放广告

为了让客户了解企业，了解企业的产品和服务，企业会投入大量的资金和人力用于品牌和产品宣传，以争取到尽可能多的客户订货。为此，要策划营销方式、广告展览、公共关系、客户访问等一系列活动。在"ERP沙盘模拟"课程中，企业在营销环节所作的种种努力体现在"广告费"项目上，并以价值为具体表现载体。

广告是分市场、分产品投放的，投入1 M有一次选取订单的机会，以后每多投2 M增加一次选单机会。

例如，投入7 M表示准备拿4张订单，但是否能有4次拿单的机会则取决于市场需求、竞争态势等；投入2 M准备拿1张订单，只是比投入1 M的优先拿到订单。在竞单表中按市场、按产品登记广告费用。

同时，营销主管应填写广告登记表，在广告登记表中的相应年份和相应市场分别填写广告费。填写完毕后，把本公司的广告登记表交到教师处登记，并等待教师开启订货会。广告登记表如表2-5所示。

表2-5　　　　　　　　　　　　　　广告登记表

| 第三年A组（区域） | | | | | 第三年A组（本地） | | | | | 第三年A组（国内） | | | | |
|---|---|---|---|---|---|---|---|---|---|---|---|---|---|---|
| 产品 | 广告 | 单额 | 数量 | 9 K | 14 K | 产品 | 广告 | 单额 | 数量 | 9 K | 14 K | 产品 | 广告 | 单额 | 数量 | 9 K | 14 K |
| P1 | | | | | | P1 | | | | | | P1 | | | | | |
| P2 | | | | | | P2 | | | | | | P2 | | | | | |
| P3 | | | | | | P3 | | | | | | P3 | | | | | |
| P4 | | | | | | P4 | | | | | | P4 | | | | | |

**注意：**

★ 竞单表中设有9K（代表"ISO9000"，下同）和14K（代表"ISO14000"，下同）两栏。这两栏中的投入不是认证费用，而是取得认证之后的宣传费用，该投入对整个市场所有产品有效。

★ 如果希望获得标有"ISO9000"或"ISO14000"的订单时，必须在相应的栏目中投入1 M广告费。

## （二）参加订货会

每年年初举办客户订货会，各企业派销售主管参加。订货会分市场召开，依次为本地市场、区域市场、国内市场、亚洲市场和国际市场。每个市场又是按照P1、P2、P3、P4的顺序逐一进行。选单顺序根据以下原则排定：

（1）先根据该市场该产品广告（如本地P1）投放金额从多至少依次选单。

（2）如果有两个或两个以上的组在该市场该产品广告投放金额相等，则根据当年该市场内所有产品广告投放总金额从多至少依次选单。

（3）如果当年该市场内所有产品广告投放总金额仍相等，则根据上一年该市场内所有产品销售总额从多至少依次选单。

（4）如果上一年该市场内所有产品销售总额仍相等，则根据当年广告投放的先后顺序依次选单。

（5）第一轮选单结束后如果还有订单剩余，该市场该产品广告大于等于3 M的组可以进行第二轮选单;第二轮选单结束后如果还有订单剩余,该市场该产品广告大于等于5 M的组可以进行第三轮选单;以此类推。

### (三) 把握客户订单

#### 1. 订单信息

市场需求用客户订单卡片的形式表示,如图2-9所示。卡片上标注了市场、产品、产品数量、单价、订单价值总额、账期、特殊要求等要素。

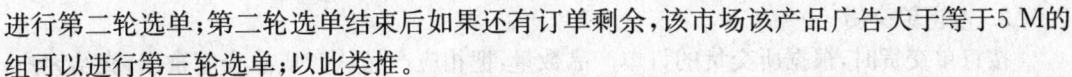

图 2-9 客户订单

如果没有特别说明,普通订单可以在当年内任一季度交货。如果由于产能不够或其他原因,导致本年不能交货,企业为此应受到相应处罚。

卡片上标注有"加急!!!"字样的订单,必须在第一季度交货,延期罚款处置同上所述。

因此,营销主管接单时要考虑企业的产能。当然,如果其他企业乐于合作,不排除委外加工的可能性。

**注意:**

★ 订单上的账期代表客户收货时货款的交付方式。若为0账期,则应现金付款;若为3账期,则代表客户付给企业的是3个季度到期的应收账款。

★ 如果订单上标注了"ISO9000"或"ISO14000",那么要求生产单位必须取得了相应认证并投放了认证的广告费,两个条件均具备,才能得到这张订单。

★ 客户订货会结束后,销售主管需要将客户订单登记在订单登记表中,以备按订单记录市场、产品、数量、收入、成本、毛利等基本信息,为今后的销售分析提供基础数据,订单登记表如图2-6所示。

表 2-6　　　　　　　　　　订单登记表

| 订单号 | | | | | | | | 合计 |
|---|---|---|---|---|---|---|---|---|
| 市场 | | | | | | | | — |
| 产品 | | | | | | | | — |
| 数量 | | | | | | | | |
| 账期 | | | | | | | | — |
| 交货期 | | | | | | | | — |
| 销售额 | | | | | | | | |
| 成本 | | | | | | | | |
| 毛利 | | | | | | | | |
| 罚款 | | | | | | | | |

## 2. 按订单交货

按订单交货时,根据所交货的订单产品数量,把相应产品从产成品仓库拿出,交给客户,换回应得销售收入,交给财务主管。如果该订单是 0 账期,财务主管直接把收到的灰币放入现金区;否则,根据订单应收款账期的情况放入应收款相应账期处。

## 3. 订单违约处理

所有订单要求在本年度内完成(按订单上的产品数量和交货期交货)。如果订单没有完成,则视为违约订单,按下列条款加以处罚:

(1)分别按违约订单销售总额的 25%(四舍五入)计算违约金,并在当年第 4 季度结束后扣除,违约金记入综合费用区中的"其他"项。

(2)违约订单一律收回。

### 四、生产主管需要领会的规则

#### (一)厂房购买、出售与租赁

厂房分为两种,即大厂房和小厂房,大厂房可容纳 6 条生产线,小厂房可容纳 4 条生产线。厂房不提折旧。

厂房可以是购买或是租赁,出售厂房计入 4Q 应收款,购买后将购买价放在厂房价值处,厂房不提折旧;租赁厂房的租金,放在综合费用区的"租金"项,厂房相关信息如表 2-7 所示。

表 2-7　　　　　　　　　　厂房购买、出售与租赁

| 厂房 | 买价 | 租金 | 售价 | 容量 |
|---|---|---|---|---|
| 大厂房 | 40 M | 5 M/年 | 40 M | 6 条生产线 |
| 小厂房 | 30 M | 3 M/年 | 30 M | 4 条生产线 |

#### (二)生产线购买、转产与维修、出售

不同类型生产线的主要区别在于生产效率和灵活性。生产效率是指单位时间生产产品的数量;灵活性是指转产新产品时设备调整的难易性。有关生产线购买、转产与维修、出售的相关信息如表 2-8 所示。

表 2-8　　　　　　　　　　生产线购买、转产与维修、出售

| 生产线类型 | 购买价格 | 安装周期 | 生产周期 | 转产周期 | 转产费用 | 维修费 | 残值 |
|---|---|---|---|---|---|---|---|
| 手工生产线 | 5 M | 无 | 3Q | 无 | 无 | 1 M/年 | 1 M |
| 半自动生产线 | 8 M | 2Q | 2Q | 1Q | 1 M | 1 M/年 | 2 M |
| 全自动生产线 | 16 M | 4Q | 1Q | 2Q | 4 M | 1 M/年 | 4 M |
| 柔性生产线 | 24 M | 4Q | 1Q | 无 | 无 | 1 M/年 | 6 M |

## 1. 投资新生产线

投资新生产线时按照安装周期平均支付投资,全部投资到位后的下一周期可以领取产品标识,开始生产。资金短缺时,任何时候都可以中断投资。

## 2. 生产线转产

生产线转产是指生产线转而生产其他产品。例如,半自动生产线原来生产 P1 产品,如

果转产P2产品,需要改装生产线,因此需要停工一个周期,并支付1M转产费用。

3. 生产线维修

当年在建的设备不用支付维护费,如果设备已建成并已投入使用则需要交纳维护费;当年已售出的生产线不用支付维护费。

注意:

★ 已建成但当年未投入生产的设备也需要交纳维护费。

4. 计提折旧

固定资产在长期使用过程中,实物形态保持不变,但因使用、磨损及陈旧等原因会发生各种有形和无形的损耗;固定资产的服务能力随着时间的推移逐步消逝,其价值也随之发生损耗。企业应采取合理的方法,将其损耗分摊到各经营期,记作每期的费用。

注意:

★ 固定资产的成本随着逐期分摊,转移到它所生产的产品中去,这个过程称为计提折旧。

生产线从建成的当年起开始计提折旧,折旧方法采用平均年限法。其计算公式为:

$$每年折旧额＝(原值－残值)÷使用年限$$

因为折旧额的计算结果可能出现小数,本着平均年限法的精髓——均衡计提折旧的原则,四种类型生产线在可使用年限内每年应计提的折旧如表2-9所示。

表2-9　　　　　　　　　　折旧表

| 生产线 | 原值 | 残值 | 可使用年限 | 1 | 2 | 3 | 4 |
|---|---|---|---|---|---|---|---|
| 手工生产线 | 5 | 1 | 4 | 1 | 1 | 1 | 1 |
| 半自动生产线 | 8 | 2 | 4 | 2 | 2 | 1 | 1 |
| 全自动生产线 | 16 | 4 | 4 | 3 | 3 | 3 | 3 |
| 柔性生产线 | 24 | 6 | 4 | 5 | 5 | 4 | 4 |

注意:

★ 所有设备的可使用年限均为4年。

★ 4年折旧计提完成后,若继续使用,不再计提折旧,待设备出售时按残值出售。

★ 当年建成的生产线不计提折旧。

★ 当年未使用、不需要的固定资产,照样计提折旧。

5. 生产线出售

出售生产线时,如果生产线净值小于残值,将生产线净值直接转到现金库中;如果生产线净值大于残值,从生产线净值中取出等同于残值的部分置于现金库,将差额部分计入综合费用的其他项。

(三)产品研发

不同技术含量的产品,需要投入的研发时间和研发投资是有区别的,如表2-10所示。

表 2-10　　　　　　　　　　　产品研发需要投入的时间及研发费用

| 产品 | P2 | P3 | P4 | 说　　　明 |
|---|---|---|---|---|
| 研发时间 | 4Q | 5Q | 6Q | 各产品可同步研发；按研发周期平均支付研发投资；资金不足时可随时中断或终止；全部投资完成的下一周期方可开始生产 |
| 研发投资 | 4 M | 5 M | 6 M | 某产品研发投入完成后，可领取产品生产资格证 |

### (四) 产品生产

产品研发完成后，可以接单生产。生产不同的产品需要的原料不同，各种产品所用到的原料及数量，如表 2-11 所示。

表 2-11　　　　　　　　　　　P 系列产品的 BOM 结构

| P1 | P2 | | P3 | | P4 | | |
|---|---|---|---|---|---|---|---|
| R1 | R1 | R2 | 2R2 | R3 | R2 | R3 | 2R4 |

每条生产线同时只能有一个产品在线。产品上线时需要支付加工费，不同生产线的生产效率不同，但需要支付的加工费是相同的，均为 1 M。

**注意：**

★ BOM(Bill of material)即物料清单。它是产品结构文件，它不仅罗列出某一产品的所有构成项目，同时也要指出这些项目之间的结构关系，即从原材料到零件、组件，直到最终产品的层次隶属关系。每个制造企业都有物料清单，在化工、制药和食品行业可能被称为配方、公式或包装说明，但说的都是同样的事情，即如何利用各种物料来生产产品。

产能的计算分两种情况：

一是年初有在制品的生产线，企业产能计算公式为：

$$某生产线的年产能 = 4 \div 生产周期$$
$$手工生产线产能 = 4 \div 3 \approx 1.3 (个/年)$$
$$半自动生产线产能 = 4 \div 2 = 2 (个/年)$$
$$全自动/柔性产能 = 4 \div 1 = 4 (个/年)$$

若某企业年初有 3 条手工生产线和 1 条半自动生产线，全部生产 P1 产品，年初各个生产线均有在制品，年初库存 P1 产品 3 个，试计算 P1 产品当年的产量和可供货的数量？

答：P1 产品当年产量 $= 3 \times 1.3 + 1 \times 2 = 6 (个)$

P1 产品当年可供货数量为：

$$年初库存量 + 当年产量 = 3 + 6 = 9 (个)$$

二是年初无在制品的生产线，企业产能计算公式为：

$$某生产线的年产能 = (4-1) \div 生产周期$$
$$手工生产线产能 = (4-1) \div 3 = 1 (个/年)$$
$$半自动生产线产能 = (4-1) \div 2 = 1.5 (个/年)$$
$$全自动/柔性产能 = (4-1) \div 1 = 3 (个/年)$$

若某企业当年新建成 1 条半自动生产线和 1 条全自动生产线，第三季度开始生产 P2 产品，计算当年 P2 产品的产量。

答：当年 P2 产品的产量＝[(4－2－1)÷2]＋[(4－2－1)÷1]＝1(个)

某产品当年可接单最大数量＝期初库存数＋本年产量

### 五、采购主管需要领会的规则

原料采购涉及两个环节,签订采购合同和按合同收料。签订采购合同时要注意采购提前期。R1、R2 原料需要一个季度的采购提前期；R3、R4 原料需要两个季度的采购提前期。货物到达企业时,必须照单全收,并按规定支付原料费或计入应付账款。

根据产能计算的结果进行原料订单的计算。一般经过四个步骤：生产排程,分解物料清单,计算产品所需原材料数量,确定所需订购原材料数量。

若某企业现有 1 条半自动生产线和 3 条手工生产线全部生产 P1 产品,年初企业库存有 1 个 R1 原料。试计算从本年共需订购多少 R1 原料？

计算过程如下：

第一步：进行生产排程。根据年初盘面,经过一个季度运营,更新以后生产线上的在制品情况如表 2-12 所示。

表 2-12    相关资料表一

| 时间 | 本年第 2 季度 | 本年第 3 季度 | 本年第 4 季度 | 次年第 1 季度 |
| --- | --- | --- | --- | --- |
| 手工生产线 1 | P1 | — | — | P1 |
| 手工生产线 2 | — | P1 | — | — |
| 手工生产线 3 | — | — | P1 | — |
| 半自动生产线 1 | P1 | — | P1 | — |

第二步：整理物料清单。根据 P1 产品的 BOM 分解出物料清单,如表 2-13 所示。

表 2-13    相关资料表二

| 时间 | 本年第 2 季度 | 本年第 3 季度 | 本年第 4 季度 | 次年第 1 季度 |
| --- | --- | --- | --- | --- |
| 手工生产线 1 | 1R1 | | | 1R1 |
| 手工生产线 2 | | 1R1 | | |
| 手工生产线 3 | | | 1R1 | |
| 半自动生产线 1 | 1R1 | | 1R1 | |

第三步：计算产品所需材料数量。根据表 2-13 计算出 R1 原料的数量,如表 2-14 所示。

表 2-14    相关资料表三

| 时间 | 本年第 2 季度 | 本年第 3 季度 | 本年第 4 季度 | 次年第 1 季度 |
| --- | --- | --- | --- | --- |
| R1 合计 | 2 | 1 | 2 | 1 |

第四步：确定所需订购材料数量。根据原料提前订购期可推出 R1 订购量,如表 2-15 所示。

表 2-15　　　　　　　　　　　　　相关资料表四

| 时　间 | 本年第 2 季度 | 本年第 3 季度 | 本年第 4 季度 | 次年第 1 季度 |
|---|---|---|---|---|
| R1 订购数 | 1 | 1 | 2 | 1 |

## 六、财务主管需要领会的规则

资金是企业的血液,是企业任何活动的支撑。在 ERP 沙盘模拟课程中,企业尚未上市,因此其融资渠道只能是银行借款、高利贷和应收账款贴现。表 2-16 列出了几种融资方式。

表 2-16　　　　　　　　企业可能的各项融资手段及财务费用

| 融资方式 | 规定贷款时间 | 最高限额 | 财务费用 | 还款约定 |
|---|---|---|---|---|
| 长期贷款 | 每年年末 | 上年所有者权益×2－已贷长期贷款 | 10% | 年底付息,到期还本 |
| 短期贷款 | 每季季初 | 上年所有者权益×2－已贷短期贷款 | 5% | 到期一次还本付息 |
| 高利贷 | 任何时间 | 与银行协商 | 20% | 到期一次还本信息 |
| 应收贴现 | 任何时间 | 根据应收账款额度按 1∶6 比例 | 1/7 | 贴现时付息 |

**注意：**

★ 无论长期贷款、短期贷款还是高利贷均以 20 M 为基本贷款单位。长期贷款最长期限为 5 年,短期借款及高利贷期限为 1 年,不足 1 年的按 1 年计息,贷款到期后返还。

★ 应收账款贴现随时可以进行,余额必须是 7 的倍数,不考虑应收账款的账期,每 7 M 的应收款交纳 1 M 的贴现费用,其余 6 M 作为现金放入现金库。

# 学习子情境三　手工沙盘模拟运行

实物沙盘的特点是直观性强,很适合初学者。在实物沙盘上的经营操作,有利于学生理解 ERP 系统。本着由简入难的原则,我们以某个已经运营了 3 年的企业即将迎来新的管理者为例,向大家介绍模拟企业经营的过程。

在 ERP 沙盘实训中,以季度(Q)为经营时间单位,1 年分成 4 个季度；一个灰币代表 1 M,红、黄、蓝、绿四种彩色币表示原材料,分别代表 R1、R2、R3 和 R4,灰币和彩币的组合代表产成品或在制品,以空桶代表原材料订单或贷款。

新管理层接手企业,需要有一个适应阶段,在这个阶段,需要与原有管理层交接工作,熟悉企业的工作流程。因此,在沙盘模拟中,设计了教学年。

## 一、手工沙盘初始盘面

下面我们按照步骤来设置企业行为模拟手工沙盘推演企业初始状态。

### (一)企业的基本情况

某企业长期以来一直专注于某行业 P1 产品的生产与经营,目前生产的 P1 产品在本地市场知名度很高,客户也很满意；同时企业拥有自己的厂房,生产设施齐备、状态良好。

最近,一家权威机构对该行业的发展前景进行了预测,认为P1产品将会从目前的相对低水平发展为一种高技术产品。为此,公司董事会及全体股东决定将企业交给一批优秀的新人去发展,他们希望新的管理层做到:投资新产品的开发,使公司的市场地位得到进一步提升;开发本地市场以外的其他新市场,进一步拓展市场领域;扩大生产规模,采用现代化生产手段,努力提高生产效率。

### (二) 企业初始状态设定

新的管理层在了解了股东的决定之后,应深入企业,进一步熟悉该企业目前的经营状况。

#### 1. 生产中心

(1) 企业目前拥有大厂房,价值 40 M(M 代表单位"百万元",下同)。

(2) 大厂房目前有 4 条生产线,即 3 条手工生产线和 1 条半自动生产线。4 条生产线已经计提了 1 年折旧,年初 3 条手工生产线的净值为 3 M/条,1 条半自动生产线的净值为 4 M 条。

(3) 年初,大厂房的生产线上一共有 4 个 P1 在产品,第 1 条手工生产线的 P1 处于该生产线的第 1 期,第 2 条手工生产线的 P1 处于该生产线的第 2 期,第 3 条手工生产线的 P1 处于该生产线的第 3 期,半自动生产线上的 P1 处于该生产线的第 1 期。生产中心初始设置如图 2-10 所示。

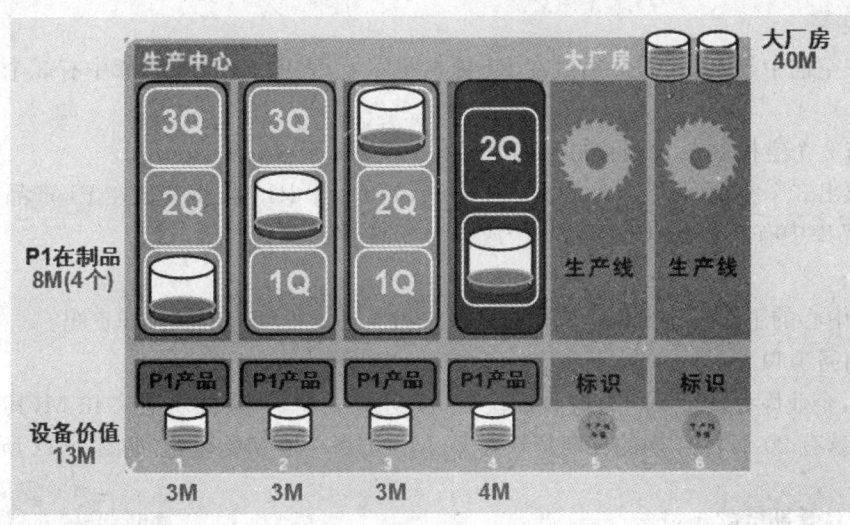

图 2-10 生产中心初始设置

**操作:**

☆ 大厂房价值处放满 2 桶灰币,即 40 个灰币,表示厂房价值 40 M。

☆ 大厂房的生产线处放置 3 条手工生产线和 1 条半自动生产线,在每条生产线的标识处放上"P1 产品"标识;在这 4 条生产线的净值处放 4 个空桶后,手工生产线净值处的空桶放 3 M/条,半自动生产线净值处的空桶放 4 M/条,表示生产线的净值分别为 3 M、3 M、3 M、4 M,因此生产线净值(设备价值)共计 13 M。

☆ 4 条生产线放置在 P1 产品处,每个 P1 在产品的构成为 1 个 R1 和 1 个灰币,放置在空桶以及生产线的不同生产期间上。P1 在产品的价值为 2 M/个,共计 8 M。

**思考:**

生产中心的工作应该由哪个岗位的人员来做?还记得相应的岗位职责吗?

2. 物流中心

年初,物流中心的 R1 原材料库中有 3 个 R1 原材料;去年的第 4 季度已经下了 2 个 R1 原材料订单;P1 产品库中有 3 个 P1 产成品。物流中心初始设置,如图 2-11 所示。

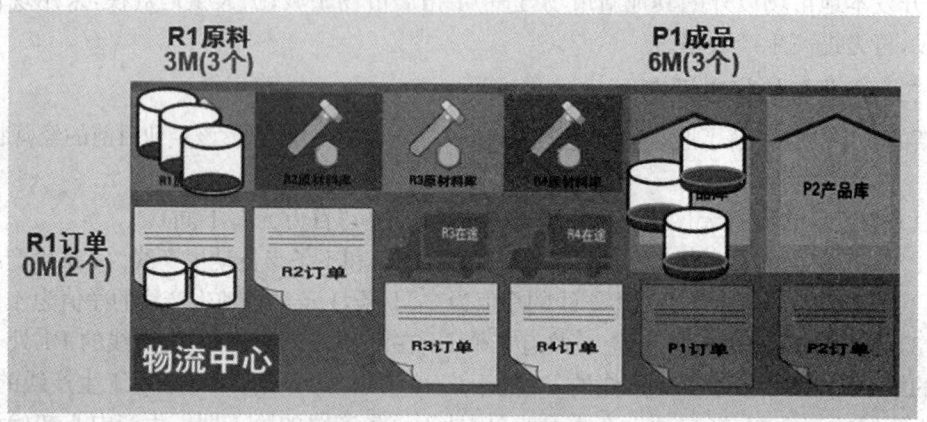

图 2-11 物流中心初始设置

操作:

☆ 在空桶中放入 3 个 R1 后放在 R1 原材料库上,表示 R1 原材料库中有 3 个 R1,价值为 3 M。

☆ 将 2 个空桶放在 R1 订单处,表示已有 2 个 R1 原料订单。

☆ 取出 3 个空桶,每个空桶中放入 1 个灰币和 1 个 R1 后,将其放在 P1 产品库上。表示 P1 产品库中有 3 个 P1 产成品,每个成本为 2 M,共计 6 M。

思考:

物流中心的工作应该由哪个岗位的人员来做?还记得相应的岗位职责吗?

3. 财务中心

年初,企业库存现金 20 M;应收账款 15 M,还有 3 期到账;长期贷款 40 M,其中 5 年期的长期贷款有 20 M,4 年期的长期贷款有 20 M。财务中心初始设置,如图 2-12 所示。

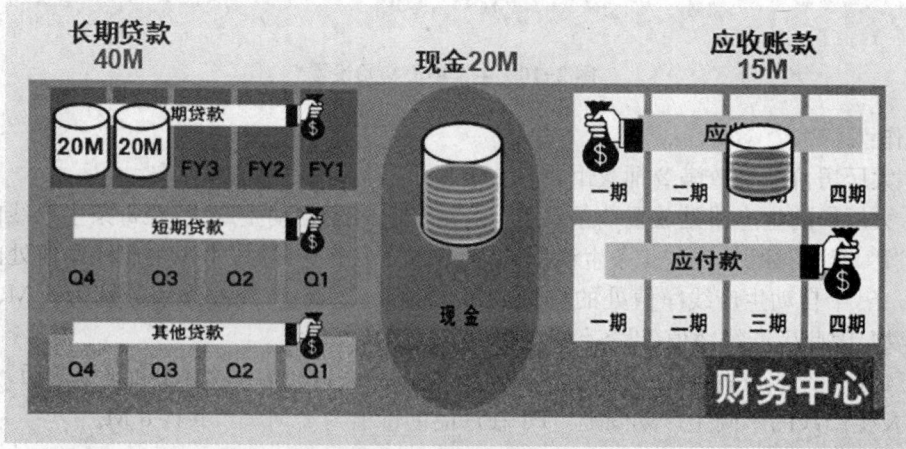

图 2-12 财务中心初始设置

操作:
☆ 在空桶中放入 20 个灰币后放在现金库中,表示库存现金的价值为 20 M。
☆ 在空桶内放入 15 个灰币后放在应收账款 3 期处,表示应收账款的价值为 15 M,到账的时间还有 3 期。
☆ 取 2 个空桶放在长期贷款的 FY5 和 FY4 处,表示长期贷款金额一共 40 M,还贷的时间分别还有 5 年和 4 年。

思考:
财务中心的工作应该由哪个岗位的人员来做?还记得相应的岗位职责吗?

4. 营销与规划中心

年初,企业已经取得 P1 的生产资格,取得了本地市场准入资格。营销与规划中心初始设置,如图 2-13 所示。

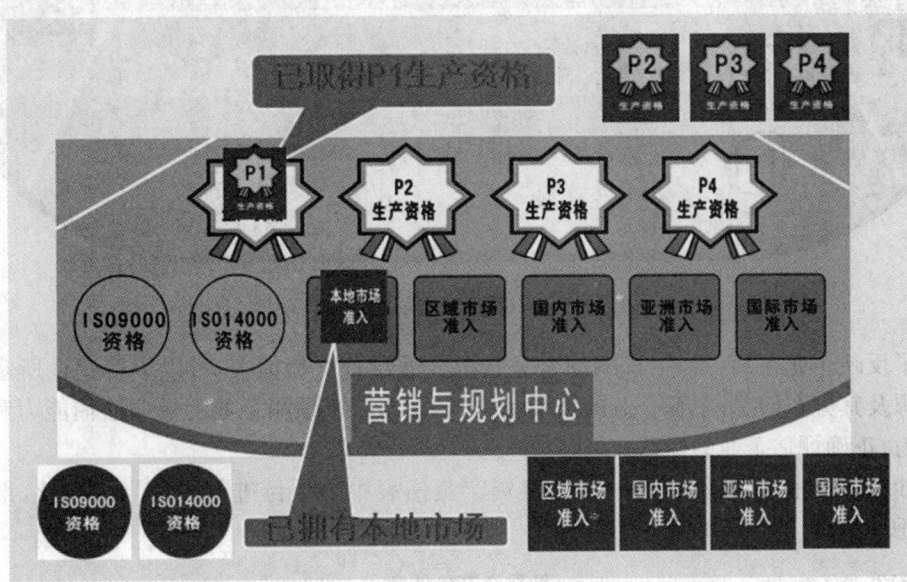

图 2-13 营销与规划中心初始设置

操作:
☆ 领取 P1 生产资格证后放在 P1 生产资格处,表示取得了 P1 生产资格。
☆ 领取本地市场准入证后放在本地市场准入处,表示取得了本地市场准入资格证。

思考:
营销与规划中心的工作应该由哪个岗位的人员来做?还记得相应的岗位职责吗?
手工沙盘初始盘面完成后,盘面教具分布情况,如图 2-14 所示。

(三) 企业财务状况

所谓财务状况,是指企业资产、负债、所有者权益的构成情况及其相互关系。企业财务状况由企业对外提供的主要财务报告——资产负债表来表述。资产负债表是根据资产、负债和所有者权益之间的相互关系,即"资产=负债+所有者权益"的恒等关系,按照一定的分类标准和一定的次序,把企业特定日期的资产、负债、所有者权益三项会计要素所属项目予以适当排列,并对日常会计工作中形成的会计数据进行加工、整理后编制而成的,其主要目

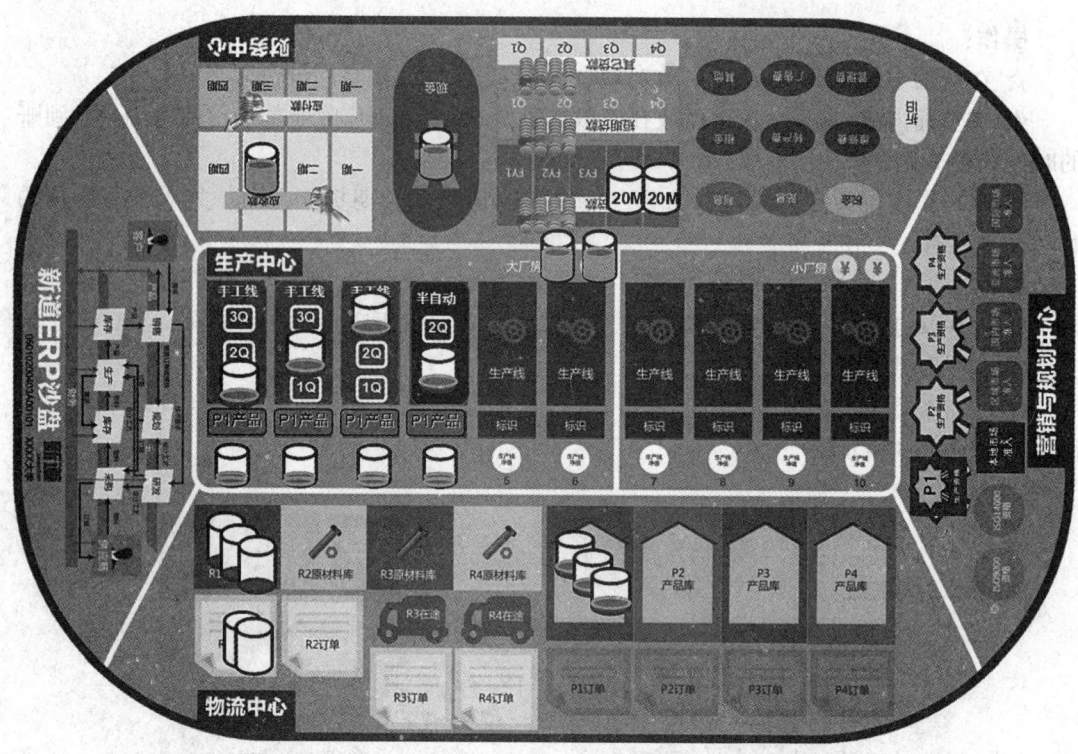

图 2-14　手工沙盘初始盘面

的是为了反映企业在某一特定日期的财务状况。通过资产负债表,可以了解企业所掌握的经济资源及其分布情况;了解企业的资本结构;分析、评价、预测企业的短期偿债能力和长期偿债能力;正确评估企业的经营业绩。

在沙盘模拟中,根据所涉及的业务对资产负债表中的项目进行了适当的简化,形成如表 2-17 所示的简易资产负债表。

表 2-17　　　　　　　　　简易资产负债表

资产负债表

编报单位:百万元

| 资　　产 | 期末数 | 负债和所有者权益 | 期末数 |
| --- | --- | --- | --- |
| 流动资产: | | 负债: | |
| 现金 | 20 | 长期负债 | 40 |
| 应收款 | 15 | 短期负债 | |
| 在制品 | 8 | 应付账款 | |
| 成品 | 6 | 应交税费 | 1 |
| 原料 | 3 | 一年内到期的长期负债 | |
| 流动资产合计 | 52 | 负债合计 | 41 |
| 固定资产: | | 所有者权益: | |
| 土地和建筑 | 40 | 股东资本 | 50 |
| 机器与设备 | 13 | 利润留存 | 11 |

(续表)

| 资　产 | 期末数 | 负债和所有者权益 | 期末数 |
|---|---|---|---|
| 在建工程 |  | 年度净利 | 3 |
| 固定资产合计 | 53 | 所有者权益合计 | 64 |
| 资产总计 | 105 | 负债和所有者权益总计 | 105 |

### （四）企业经营成果

企业在一定期间的经营成果表现为企业在该期间所取得的利润，它是企业经济效益的综合体现，由利润表（又称损益表）来表述。利润表是用来反映收入与费用相抵后确定的企业经营成果的会计报表。利润表的项目主要分为收入和费用两大类。

在沙盘模拟中，根据涉及的业务对利润表中的项目进行了适当的简化，形成如表2-18所示的简易利润表。

表2-18　　　　　　　　　　　　简易利润表

利润表

编报单位：百万元

| 项　目 | 本期数 | 对应利润表的项目 |
|---|---|---|
| 销售收入 | 36 | 主营业务收入 |
| 直接成本 | 14 | 主营业务收入 |
| 毛利 | 22 | 主营业务收入 |
| 综合费用 | 9 | 销售费用、管理费用 |
| 折旧前利润 | 13 |  |
| 折旧 | 5 | 利润表中的管理费用、销售费用已含折旧，这里折旧单独列示 |
| 支付利息前利润 | 8 | 营业利润 |
| 财务收入/支出 | 4 | 财务费用 |
| 其他收入/支出 |  | 营业外收入/支出 |
| 税前利润 | 4 | 利润总额 |
| 所得税 | 1 | 所得税 |
| 净利润 | 3 | 净利润 |

## 二、全年运营流程说明

### （一）年初操作

年初操作主要包括以下7项。

#### 1. 新年度规划会议

新年伊始，企业管理团队要制定或者调整经营策略，包括对生产经营、设备投资、营销策划等作出规划。

#### 2. 投放广告

企业要在激烈的竞争环境中生存、发展，必须要销售产品、获得盈利。对于沙盘模拟企业而言，销售产品的唯一途径就是参加产品订货会，争取销售订单。营销主管参加产品订货会需要在目标市场投放广告费，只有投放了广告费，企业才有资格在该市场争取订单。

### 3. 参加订货会/登记订单

每年年初,营销主管参加订货会以争取优质的订单,在订货会上,将根据企业的市场地位、广告投放量、销售额等分配客户订单。拿回订单后,营销主管负责在教学的"订单登记表"中逐一对订单进行登记。

### 4. 支付应交税

依法纳税是每个公民应尽的义务。企业在年初应支付上年应交的税金。企业按照上年资产负债表中"应交税费"项目的数值交纳税金。交纳税金时,财务主管从现金库中取出上一年度"利润表"中所列金额的灰币放到"财务中心"的"税金"位置上。若利润为负数,则不需交纳税金。

### 5. 支付长期贷款利息

如果企业有长期贷款,贷款利息是需要每年支付的,年利率为10%。财务主管从现金区取出现金,放置于盘面的"利息"处。

### 6. 更新长期贷款/归还长期贷款

财务主管将现有的长期贷款空桶向现金方向移动一格,代表长期贷款离到期近了1年,若移至现金库时,表示贷款到期,须向银行支付本金。

### 7. 申请长期贷款

在经营过程中,如果缺乏资金,正常的经营可能都无法进行,更谈不上扩大生产和进行无形资产投资了。因此,贷款尤为重要,每年年初可以申请长期贷款。

## (二)年中运营(季度操作)

沙盘企业日常运营应当按照一定的流程来进行,这个流程就是"总经理运营表或财务主管运营表"。"总经理运营表或财务主管运营表"中显示企业每个季度共有22项具体任务,在运行过程中必须按照先后顺序进行。根据其特点,我们把这些工作分别归入筹集资金、组织生产和其他日常事务三大主要任务中。

### 1. 筹集资金任务

(1)季初现金盘点。为了保证账实相符,企业应当定期对企业的资产进行盘点。盘点的方法主要采用实地盘点法,对沙盘盘面的"现金区"的现金进行清点,确定出实有数。

(2)更新短期贷款/还本付息。①更新短期贷款:如果企业有短期贷款,财务主管将空桶向现金方向移动一格。移至现金库时,表示短期贷款到期。②还本付息:短期贷款的还款规则是利随本清。短期贷款到期时,财务主管从现金区取出现金,"本金"还给银行,利息置于沙盘的"利息"处。

(3)申请短期贷款。在沙盘企业中,企业筹集资金的方式除了年初的长期贷款以外还有每季度的短期贷款。可申请的最高额度为:所有贷款不超过上一年所有者权益的2倍减去已贷长期贷款,最小额不低于20 M。

### 2. 组织生产任务

(1)原材料入库/更新原料订单。企业只有在前期订购了原材料,在供应商处登记了原材料采购数量的,才能购买原材料。供应商发出的订货已经运抵企业时,企业必须无条件接受货物并支付货款。每个季度,采购主管将原料订单区中的空桶向原料方向推进一格,到达原料库时,向财务主管申请原料款支付供应商,换取相应的原料。

(2)下原材料订单。采购主管根据订购计划,决定订购原料的品种和数量。购买原料必须根据采购的提前期提前在供应商处下原料订单,没有下订单不能购买。下原料订单不需要支付现金。

(3) 购买厂房。企业要生产产品,必须要有生产线;要新建生产线,必须先要有厂房。在教学年中,由于第一次接触,我们暂时设置厂房只能购买,不租用。

(4) 更新生产/完工入库。生产主管在每个季度更新生产。产品下线表示产品完工,将产品放置于相应的产品库内。

(5) 新建/在建/转产/变卖生产线。企业要提高产能,必须对生产线进行改造,包括新购、变卖等。新购的生产线安置在厂房空置的生产线位置;如果没有空置的位置,必须先变卖生产线。变卖生产线的目的主要是出于战略的考虑,如将手工生产线换成全自动生产线等。

(6) 开始下一批生产。更新生产/完工入库后,某些生产线的在制品已经完工,或者新生产线已经建成,可以考虑生产新产品。闲置的生产线仍然需要支付设备维护费、计提折旧,企业只有生产产品,并将这些产品销售出去,这些固定费用才能得到弥补。

(7) 更新应收款/应收款收现。企业销售产品经常会收到的是"欠条"——应收款。每个季度,企业应将应收款向现金库方向推进一格,表示应收款账期的减少。当应收款被推进现金库时,表示应收款到期,企业应持应收款凭条到银行处领取现金。

(8) 按订单交货。营销主管检查各成品库的成品数量是否满足客户订单要求,满足则把按照订单约定数量的产品给客户。客户则按订单上列明的条件支付货款。

(9) 产品研发投资。按照产品研发计划,营销主管向财务主管申请研发资金,按季置于相应产品生产资格的位置。产品研发可以中断投资,但不可以加速投资。如果产品研发投资完成,则可以领取相应产品的生产资格证放置在"生产资格"处。企业取得生产资格证后,从下一季度开始,可以生产该产品。

(10) 厂房——出售(买转租)/退租/租转买。在教学年中,由于第一次接触,我们暂时设置厂房不可以出售或租赁。

(11) 新市场开拓/ISO 资格投资。企业要扩大产品的销路必须开发新市场。不同的市场开拓需要的时间和费用是不相同的。同时,有的市场对产品有 ISO 资格认证要求,企业需要进行 ISO 资格认证投资。在沙盘企业中,每年开拓市场和 ISO 资格认证的费用只有在第四季度支付,计入当期的综合费用。

(12) 出售库存。当企业急需现金时,可以出售库存。原材料按 8 折计算,成品按成本计算,如果出现分数,则向下取整。

3. 其他日常事务

(1) 支付行政费用。管理费是企业为了维持运营发放的管理人员工资、必要的差旅费、招待费等。财务主管在每季季末一次性支付。

(2) 现金收支合计。财务主管统计本季度现金的收入和支出总额。

(3) 期末现金对账。财务主管盘点现金余额,并进行核对。

## (三) 年终运营

年终运营工作包括以下 5 项。

### 1. 交纳违约订单罚款

如果产能计算有误,有可能本年度不能交付客户订单,这样不仅信誉尽失,且要接受订单总额 25% 的罚款。

### 2. 支付设备维修费

在用的每条生产线需支付 1 M 的维修费,由财务主管取出相应的现金置于沙盘上的"维修费"处,同时做好现金收支记录。

### 3. 计提折旧

厂房不提折旧,设备按折旧表计提折旧,在建工程及当年新设备不提折旧。财务主管从设备价值中取出折旧费放置在沙盘上"折旧"处。

### 4. 市场开拓/ISO 认证投资

新市场开拓:财务主管取出现金放置在要开拓的市场区域,并做好现金支出记录。新市场开发完成,从教师那里领取相应的市场准入证。

ISO 认证投资:财务主管取出现金放置在要认证的区域,并做现金支出登记。认证完成,从教师那里领取 ISO 资格证。

### 5. 结账

经营了 1 年,到年终要做一次盘点,编制资产负债表和利润表。

## 三、内部流程及控制

计划制订之后,企业的日常运营将在 CEO 的领导下,按照企业运营表所指示的程序及顺序进行。企业应该对各年每个季度的要点进行记录,以便于核查、分析。

### (一) 记录企业运营情况

企业运营情况通过企业运营表反映,企业运营表中包括了各模拟企业进行日常运营时必须执行的工作任务及必须遵守的工作流程。

#### 1. 总经理、财务主管运营表

由 CEO 主持,按照工作内容及先后顺序开展工作,每执行完一项操作,CEO 在相应的方格内打"√"确认,以示完成;如果涉及现金收支业务,财务主管在相应方格内填写现金收支情况,如表 2-19 所示。

表 2-19　　　　　　　　　总经理、财务主管运营表

| | | | |
|---|---|---|---|
| 年初 | 新年度规划会议 | | |
| | 广告投放 | | |
| | 参加订货会选订单/登记订单 | | |
| | 支付应付税(25%) | | |
| | 支付长贷利息 | | |
| | 更新长期贷款/长期贷款还款 | | |
| | 申请长期贷款 | | |
| 1 | 季初盘点(请填余额) | | |
| 2 | 更新短期贷款/短期贷款还本付息 | | |
| 3 | 申请短期贷款 | | |
| 4 | 原材料入库/更新原料订单 | | |
| 5 | 下原料订单 | | |
| 6 | 购买/租用——厂房 | | |
| 7 | 更新生产/完工入库 | | |
| 8 | 新建/在建/转产/变卖——生产线 | | |

(续表)

| | 9 | 紧急采购(随时进行) | | | | |
|---|---|---|---|---|---|---|
| | 10 | 开始下一批生产 | | | | |
| | 11 | 更新应收款/应收款收现 | | | | |
| | 12 | 按订单交货 | | | | |
| | 13 | 产品研发投资 | | | | |
| | 14 | 厂房——出售(买转租)/退租/租转买 | | | | |
| | 15 | 新市场开拓/ISO资格投资 | | | | |
| | 16 | 支付管理费/更新厂房租金 | | | | |
| | 17 | 出售库存 | | | | |
| | 18 | 厂房贴现 | | | | |
| | 19 | 应收款贴现 | | | | |
| | 20 | 季末收入合计 | | | | |
| | 21 | 季末支出合计 | | | | |
| | 22 | 季末数额对账[(1)+(20)-(21)] | | | | |
| 年末 | 交纳违约订单罚款(25%) | | | | | |
| | 支付设备维护费 | | | | | |
| | 计提折旧 | | | | | ( ) |
| | 新市场/ISO资格换证 | | | | | |
| | 结账 | | | | | |

**2. 采购主管运营表**

按照工作内容及工作先后顺序,每执行完一项操作,采购主管在相应的方格内打"√"确认,以示完成;如果涉及原材料收发的业务,则在相应方格内填写具体数量,如表2-20所示。

表2-20　　　　　　　　　　　采购主管运营表

| 序号 | 任务清单 | 第1季度 | | | | 第2季度 | | | | 第3季度 | | | | 第4季度 | | | |
|---|---|---|---|---|---|---|---|---|---|---|---|---|---|---|---|---|---|
| | | R1 | R2 | R3 | R4 | R1 | R2 | R3 | R4 | R1 | R2 | R3 | R4 | R1 | R2 | R3 | R4 |
| 1 | 季初R盘点数量 | | | | | | | | | | | | | | | | |
| 2 | 原料入库/更新原料订单 | | | | | | | | | | | | | | | | |
| 3 | 下原料订单 | | | | | | | | | | | | | | | | |
| 4 | 更新生产/完工入库 | | | | | | | | | | | | | | | | |
| 5 | 开始下一批生产 | | | | | | | | | | | | | | | | |
| 6 | 按订单交货 | | | | | | | | | | | | | | | | |
| 7 | 本季R入库合计 | | | | | | | | | | | | | | | | |
| 8 | 本季R出库合计 | | | | | | | | | | | | | | | | |
| 9 | 季末R库存数量 | | | | | | | | | | | | | | | | |

**3. 生产主管运营表**

按照工作内容及工作先后顺序,每执行完一项操作,生产主管在相应的方格内打"√"确认,以示完成;如果涉及产品生产或完工的业务,则在相应方格内填写具体数量,如表2-21所示。

表 2-21　　　　　　　　　　　　　　生产主管运营表

| 序号 | 任务清单 | 第1季度 | | | | 第2季度 | | | | 第3季度 | | | | 第4季度 | | | |
|---|---|---|---|---|---|---|---|---|---|---|---|---|---|---|---|---|---|
| | | P1 | P2 | P3 | P4 | P1 | P2 | P3 | P4 | P1 | P2 | P3 | P4 | P1 | P2 | P3 | P4 |
| 1 | 季初 P 盘点数量 | | | | | | | | | | | | | | | | |
| 2 | 原料入库/更新原料订单 | | | | | | | | | | | | | | | | |
| 3 | 下原料订单 | | | | | | | | | | | | | | | | |
| 4 | 更新生产/完工入库 | | | | | | | | | | | | | | | | |
| 5 | 开始下一批生产 | | | | | | | | | | | | | | | | |
| 6 | 按订单交货 | | | | | | | | | | | | | | | | |
| 7 | 本季 P 入库合计 | | | | | | | | | | | | | | | | |
| 8 | 本季 P 出库合计 | | | | | | | | | | | | | | | | |
| 9 | 季末 P 库存数量 | | | | | | | | | | | | | | | | |

**4. 营销主管运营表**

按照工作内容及工作先后顺序,每执行完一项操作,营销主管在相应的方格内打"√"确认,以示完成;如果涉及产品入库或销售的业务,则在相应方格内填写具体数量,如表 2-22 所示。

表 2-22　　　　　　　　　　　　　　营销主管运营表

| 序号 | 任务清单 | 第1季度 | | | | 第2季度 | | | | 第3季度 | | | | 第4季度 | | | |
|---|---|---|---|---|---|---|---|---|---|---|---|---|---|---|---|---|---|
| | | P1 | P2 | P3 | P4 | P1 | P2 | P3 | P4 | P1 | P2 | P3 | P4 | P1 | P2 | P3 | P4 |
| 1 | 季初 P 盘点数量 | | | | | | | | | | | | | | | | |
| 2 | 原料入库/更新原料订单 | | | | | | | | | | | | | | | | |
| 3 | 下原料订单 | | | | | | | | | | | | | | | | |
| 4 | 更新生产/完工入库 | | | | | | | | | | | | | | | | |
| 5 | 开始下一批生产 | | | | | | | | | | | | | | | | |
| 6 | 按订单交货 | | | | | | | | | | | | | | | | |
| 7 | 本季 P 入库合计 | | | | | | | | | | | | | | | | |
| 8 | 本季 P 出库合计 | | | | | | | | | | | | | | | | |
| 9 | 季末 P 库存数量 | | | | | | | | | | | | | | | | |

**(二)登记订单情况**

订单登记表用于记录本年取得的客户订单。年初营销主管参加订货会,争取到客户订单。随后进行订单登记,填写订单登记表中的订单号、市场、产品、数量、账期、销售额项目。按订单交货时,登记成本项目,计算毛利项目。年末,如果有未按时交货的,在"未售"栏目中单独标注。订单登记表,如表 2-23 所示。

表 2-23　　　　　　　　　　　　　订单登记表

| 订单号 | | | | | | | | | 合计 |
|---|---|---|---|---|---|---|---|---|---|
| 市场 | | | | | | | | | — |
| 产品 | | | | | | | | | — |
| 数量 | | | | | | | | | — |
| 账期 | | | | | | | | | — |
| 交货期 | | | | | | | | | — |
| 销售额 | | | | | | | | | |
| 成本 | | | | | | | | | |
| 毛利 | | | | | | | | | |
| 罚款 | | | | | | | | | |

### （三）统计产品销售情况

利用产品核算统计表统计产品销售情况，产品核算统计表是按产品品种对销售情况的统计，是对各品种本年销售数据的汇总。本年销售的数据一般是订单登记表中合计数。产品核算统计表，如表 2-24 所示。

表 2-24　　　　　　　　　　　　　产品核算统计表

| | P1 | P2 | P3 | P4 | 合计 |
|---|---|---|---|---|---|
| 数量 | | | | | |
| 销售额 | | | | | |
| 成本 | | | | | |
| 毛利 | | | | | |

### （四）记录综合管理费用

综合管理费用明细表用于记录企业日常运营过程中发生的各项费用。对于市场准入开拓、ISO 资格认证和产品研发不仅要记录本年投入的总金额，还要在备注栏中说明明细。市场准入开拓、ISO 资格认证在备注栏中相关项目上打"√"确认；产品研发在对应项目后的括号中填写实际投入金额。综合管理费用明细表，如表 2-25 所示。

表 2-25　　　　　　　　　　　　　综合管理费用明细表

| 项　目 | 金　额 | 备　注 |
|---|---|---|
| 管理费 | | |
| 广告费 | | |
| 维修费 | | |
| 租金 | | |
| 转产费 | | |
| ISO 资格认证 | | □ISO9000　　□ISO14000 |
| 市场转入开拓 | | □区域　　□国内　　□亚洲　　□国际 |
| 产品研发 | | P2(　　)　　P3(　　)　　P4(　　) |
| 其他 | | |
| 合计 | | |

### （五）编制利润表

年末，要核算企业当年的经营成果，编制简易利润表。简易利润表中各项目的计算，如表 2-26 所示。

表 2-26　　　　　　　　　　　简易利润表的编制

利润表

编报单位：百万元

| 项　目 | 行次 | 本年数 | 数　据　来　源 |
|---|---|---|---|
| 销售收入 | 1 | | 产品核算统计表中的销售额合计 |
| 直接成本 | 2 | | 产品核算统计表中的成本合计 |
| 毛利 | 3 | | 第1行数据－第2行数据 |
| 综合费用 | 4 | | 综合管理费用明细表的合计数 |
| 折旧前利润 | 5 | | 第3行数据－第4行数据 |
| 折旧 | 6 | | 沙盘盘面费用区中的"折旧"数 |
| 支付利息前利润 | 7 | | 第5行数据－第6行数据 |
| 财务收入/支出 | 8 | | 借款、高利贷、贴现等支付的利息计入财务支出 |
| 其他收入/支出 | 9 | | 出租厂房的收入、购销原材料的收支 |
| 税前利润 | 10 | | 第7行数据＋财务收入＋其他收入－财务支出－其他支出 |
| 所得税 | 11 | | 第10行数据×25％ |
| 净利润 | 12 | | 第10行数据－第11行数据 |

**注意：**

★ 如果前几年净利润为负数，今年的盈利可用来弥补以前的亏损，可以减除的亏损至多为 3 年。

### （六）资产负债表

年末，要编制反映企业财务状况的资产负债表。简易资产负债表中各项目的计算，如表 2-27 所示。

表 2-27　　　　　　　　　　　简易资产负债表的编制

资产负债表

编报单位：百万元

| 资产 | 本年数 | 数据来源 | 负债和所有者权益 | 本年数 | 数据来源 |
|---|---|---|---|---|---|
| 流动资产： | | | 负债： | | |
| 　现金 | | 盘点现金库中的现金 | 长期负债 | | 长期负债减去1年内到期的长期负债 |
| 　应收账款 | | 盘点应收账款 | 短期负债 | | 盘点短期借款 |
| 　在制品 | | 盘点生产线上的在制品 | 应付账款 | | 盘点应付账款 |
| 　成品 | | 盘点成品库中的成品 | 应交税费 | | 根据利润表中的所得税填列 |
| 　原料 | | 盘点原料库中的原料 | 一年内到期的长期负债 | | 盘点1年内到期的长期借款 |

(续表)

| 资产 | 本年数 | 数据来源 | 负债和所有者权益 | 本年数 | 数据来源 |
|---|---|---|---|---|---|
| 流动资产合计 | | 以上五项之和 | 负债合计 | | 以上五项之和 |
| 固定资产: | | | 所有者权益: | | |
| 土地和建筑 | | 厂房价值之和 | 股东资本 | | 股东不增资的情况下为 50 |
| 机器和设备 | | 设备价值 | 利润留存 | | 上一年利润留存＋上一年利润 |
| 在建工程 | | 在建设备价值 | 年度净利 | | 利润表中的净利润 |
| 固定资产合计 | | 以上三项之和 | 所有者权益合计 | | 以上三项之和 |
| 资产总计 | | 流动资产合计＋固定资产合计 | 负债和所有者权益总计 | | 负债合计＋所有者权益合计 |

### 四、手工沙盘具体操作

在教学年中我们假设各个企业：不进行任何贷款、不投资新生产线、不进行产品研发、不购买新厂房、不开拓新市场、不进行 ISO 认证、每个季度 1 个 R1 原料的采购订单、生产继续进行。

### (一) 年初任务

年初任务详见年初任务清单，如表 2-28 所示。

表 2-28　　　　　　　　　　　年初任务清单

| 任务序号 | 任务名称 | 操作人 | 操 作 要 点 | 参考图示 |
|---|---|---|---|---|
| 年初任务一 | 召开新年度规划会议 | 总经理 | 制定发展战略，明确发展方向：<br>① 企业以生产 P1、P2、P3 还是 P4 为主？<br>② 市场应放在本地、区域、国内、亚洲还是国际市场？<br>③ 何时增大企业自身的产能？应增加多少条生产线？<br>在"总经理运营表"中"新年度规划会议"任务后打"√" | |
| | | 营销主管 | 制订销售计划：<br>① 销售什么产品？计划在什么市场销售？<br>② 如何投放广告？<br>③ 何时开发新市场？何时开发新产品？ | |
| | | 生产主管 | 制订生产计划：<br>① 生产什么产品？生产多少？安排何时生产？<br>② 现有生产设备下企业的产能是多少？<br>③ 根据发展规划购进设备后的产能又是多少？ | |
| | | 采购主管 | 制订采购计划：<br>根据生产计划，准确计算何时下原料订单？订什么原料？订多少？ | |
| | | 财务主管 | 制订资金计划：<br>① 根据销售计划准备好广告费、根据生产计划准备好加工费、根据采购计划准备好原料费、根据产能的扩大准备资金购买设备；<br>② 考虑债务到期偿还、管理费、设备维修费、市场开发费的支付等 | |
| 任务二 | 参加订货会、支付广告费、登记销售订单 | 财务主管 | ① 取出 1 M 现金交营销主管；<br>② 在"财务主管运营表"中"参加订货会,支付广告费"任务后注明"-1"；<br>③ 在"教学年综合费用明细表"中"广告费用"项目填"1 M"；<br>④ 在"财务主管运营表"中相应的任务后打"√" | |
| | | 营销主管 | ① 参加订货会，并取回一张销售订单；<br>② 将本年度的销售单登记到订单登记表中：市场,本地；产品,P1；数量,6；销售额,32 M；账期,两期 | |
| | | 总经理 | 在"总经理运营表"中相应的任务后打"√" | |

(续表)

| 任务序号 | 任务名称 | 操作人 | 操作要点 | 参考图示 |
|---|---|---|---|---|
| 任务三 | 支付应付税 | 财务主管 | ① 在现金区取出 1 M 现金放到"税金"处；<br>② 在"财务主管运营表"中"支付应付税"任务后注明"-1" | 图 2-15 支付应付税 |
| 任务四 | 支付长期贷款利息 | 财务主管 | ① 在现金区取出 4 M 现金放到"利息"处；<br>② 在"财务主管运营表"中"支付长贷利息"任务后注明"-4" | 图 2-16 支付长期贷款利息 |
| 任务五 | 更新长期贷款/归还长期贷款 | 财务主管 | 把"长期贷款区"上表示贷款的空桶向前推移一格。将第 4 年的长贷移入第 3 年对应的格内，第 5 年的长贷移入第 4 年对应的格内 | 图 2-17 更新长期贷款 |
| 任务六 | 申请长期贷款 | 财务主管 | 教学年不进行，在财务主管运营表相应任务后打"×" | |

年初运营参考图如图 2-15 至图 2-17 所示。

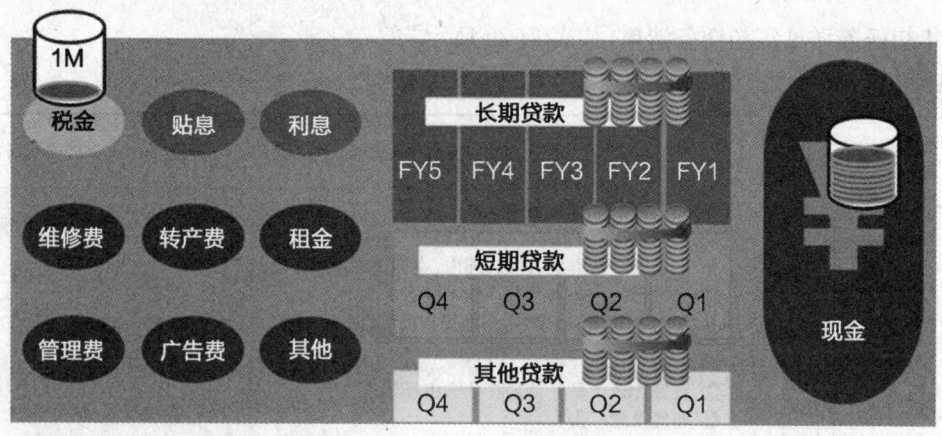

图 2-15 支付应付税

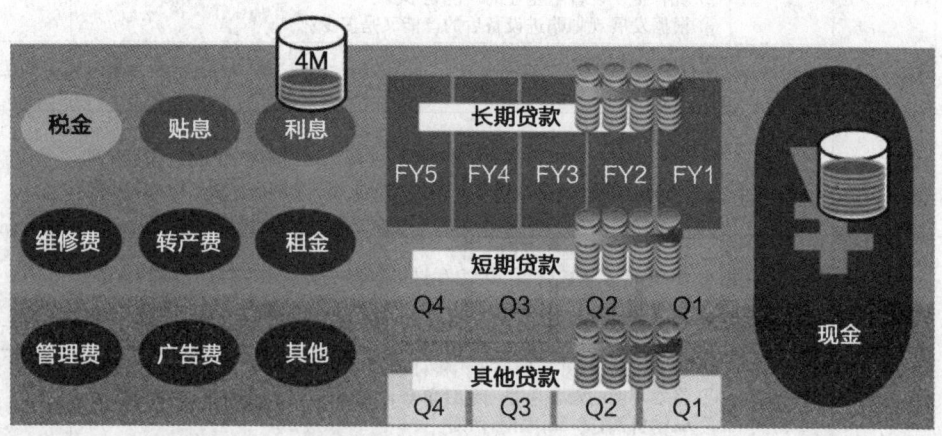

图 2-16 支付长期贷款利息

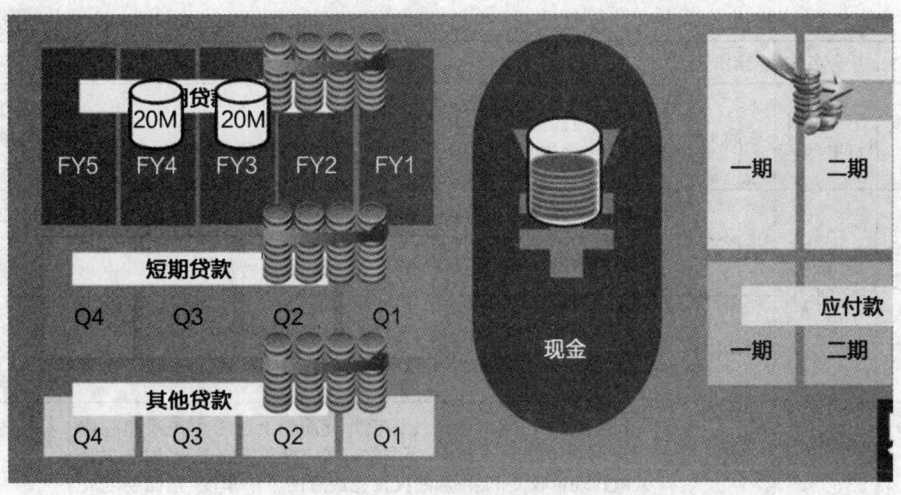

图 2-17　更新长期贷款

## (二) 年中任务

年中任务共包含四个季度,各季度运营任务清单及参考图示如下。

### 1. 第 1 季度运营

第 1 季度筹集资金任务清单,第 1 季度组织生产任务清单,如表 2-29 和表 2-30 所示。

表 2-29　　　　　　　　　　第 1 季度筹集资金任务清单

| 任务序号 | 任务名称 | 操作人 | 操作要点 | 参考图示 |
| --- | --- | --- | --- | --- |
| 第 1 季度任务一 | 季初现金盘点 | 财务主管 | 清点"现金区"的现金,并据实在"财务主管运营表"中填写现金余额"14" | |
| 第 1 季度任务二 | 更新短期贷款/还本付息 | 财务主管 | 把"短期贷款区"上表示贷款的空桶向前推移一格。若贷款到期,则应还本付息<br>(若教学年没有此项操作,在财务主管运营表相应任务打"×") | |
| 第 1 季度任务三 | 申请短期贷款 | 财务主管 | ① 向银行提出申请,与银行签署借款合同后,取得短期贷款并放置在盘面"现金区";<br>② 将空桶(一个空桶代表 20 M)放在盘面"短期贷款区"的 Q4(即第 4 季度);<br>③ 在账务主管运营表中相应任务处登记取得的借款数<br>(若教学年没有此项操作,在"财务主管运营表"相应任务后打"×") | |

表 2-30　　　　　　　　　　第 1 季度组织生产任务清单

| 任务序号 | 任务名称 | 操作人 | 操作要点 | 参考图示 |
| --- | --- | --- | --- | --- |
| 第 1 季度任务四 | 原材料入库/更新原料订单 | 财务主管 | 从现金库里取出 2 M 交采购主管,同时在"财务主管运营表"中记录"-2" | 图 2-18　更新原料库(第 1 季度) |
| | | 采购主管 | ① 将 2 M 交给供应商,买回 2 个 R1 原材料,放入 R1 原材料库;<br>② 在"采购主管运营表"中记录原材料 R1 的入库数量"2" | |
| 第 1 季度任务五 | 购买/租用厂房 | 财务主管 | 购买厂房,取出与厂房价值相等的现金放在"厂房"处<br>(若教学年没有此项操作,在"财务主管运营表"相应任务后打"×") | |

(续表)

| 任务序号 | 任务名称 | 操作人 | 操作要点 | 参考图示 |
|---|---|---|---|---|
| 第1季度任务六 | 下原料订单 | 采购主管 | ① 向供应商签订一个R1原材料订单；<br>② 在"采购主管运营表"中记录所下订单的数量"(1)" | 图2-19 下原料订单(第1季度) |
| 第1季度任务七 | 更新生产/完工入库 | 生产主管 | ① 将生产线上的在制品向前推移一格或完工入库；<br>② 1个P1产品完工，把产品移出P1生产线，交给营销主管；<br>③ 在"生产主管运营表"中记录在产品的入库数量"−1" | 图2-20 更新生产/完工入库(第1季度) |
| | | 营销主管 | ① 把1个P1产品移入P1产品库；<br>② 在"营销主管运营表"中记录产成品的入库数量"1" | 图2-20 更新生产/完工入库(第1季度) |
| 第1季度任务八 | 新建/在建/转产/变卖生产线 | 生产主管<br>财务主管 | ① 新建生产线：领取生产线标识并背面朝上放于生产线相应位置，在净值处放一空桶，每季放入相应投资额的现金，财务主管做好现金收支记录，全部投资完成后的下一季度，正面朝上放置生产标识，并领取准备生产的产品标识，可以开始生产；<br>② 变卖生产线：生产线净值等于残值，将净值转到现金库，其余现金(净值与残值的差额)放到费用区的"其他"，将计入综合管理费用明细表的"其他"，财务主管做好现金收支记录；<br>③ 转产：根据规则，半自动线和自动线需要1季的转产周期和2M的转产费用，支付完转产费后，才能更换原来的产品标识；财务主管做好现金收支记录<br>(若教学年没有此3项操作，在"财务主管运营表"相应任务后打"×") | |
| 第1季度任务九 | 紧急采购 | 采购主管<br>财务主管 | (若教学年没有此项操作，在"采购主管运营表"和"财务主管运营表"相应任务后打"×") | |
| 第1季度任务十 | 开始下一批生产 | 采购主管 | ① 从原材料库中取出1个R1原材料，交给生产主管；<br>② 在"采购主管运营表"上记录原材料出库数量1个R1为"−1" | 图2-21 开始下一批生产(第1季度) |
| | | 生产主管 | ① 把收到的R1原材料放在1条手工生产线上的第一格；<br>② 在"生产主管运营表"上记录在开始下一批生产P1数量"1" | 图2-21 开始下一批生产(第1季度) |
| | | 财务主管 | ① 从现金中取出1M，用于支付新上线产品加工费；<br>② 在"财务主管运营表"中对应工作任务填写现金减少"−1" | 图2-21 开始下一批生产(第1季度) |
| 第1季度任务十一 | 更新应收款/应收收现 | 财务主管 | ① 把"应收款区"上表示贷款的空桶向前推移一格。将三期的应收款移入二期的格内；<br>② 完成相应任务后，在"财务主管运营表"相应任务后打"√" | 图2-22 更新应收款(第1季度) |
| 第1季度任务十二 | 按订单交货 | 营销主管<br>财务主管 | 成品库中的数量满足订单需求的，营销主管可交货给客户，并在"营销主管运营表"中填写交货产品数量；<br>① 如果收到0账期的款项，则直接将收到的现金放入现金区，财务主管做好相应的现金收支记录；<br>② 如果收到应收款，则在一个空桶里放入应收款的资金数量，放在相应的应收账款的账期位置<br>(若教学年第1季产品库存不足，暂不交货，在"财务主管运营表"和"营销主管运营表"相应任务后打"×") | |
| 第1季度任务十三 | 产品研发投资 | 生产主管<br>财务主管 | 从现金库取出相应的现金(按季度分别投入)放在"营销与规划中心"的"生产资格"区域。财务主管做好现金收支记录<br>(若教学年没有此项操作，在"财务主管运营表"相应任务后打"×") | |

(续表)

| 任务序号 | 任务名称 | 操作人 | 操 作 要 点 | 参考图示 |
|---|---|---|---|---|
| 第1季度任务十四 | 厂房出售(买转租)/退租/租转买 | 财务主管 | (若教学年没有此项操作,在"财务主管运营表"相应任务后打"×") | |
| 第1季度任务十五 | 新市场开拓/ISO资格投资 | 营销主管财务主管 | 在现金库取出相应的现金放在相应的区域(按年分别投入),财务主管做好记录。投资完成后领取相应的资格证。每一年只有第4季度才可以进行操作<br>(若教学年没有此项操作,在"财务主管运营表"相应任务后打"×") | |
| 第1季度任务十六 | 出售库存 | 财务主管 | (若本规则没有此项操作,在"财务主管运营表"相应任务后打"×") | |
| 第1季度任务十七 | 填写各运营表 | 总经理财务主管采购主管生产主管营销主管 | 待有关主管完成相应任务后,在各自运营表中相应任务后打"√" | |

第1季度组织生产参考图如图2-18至图2-22所示。

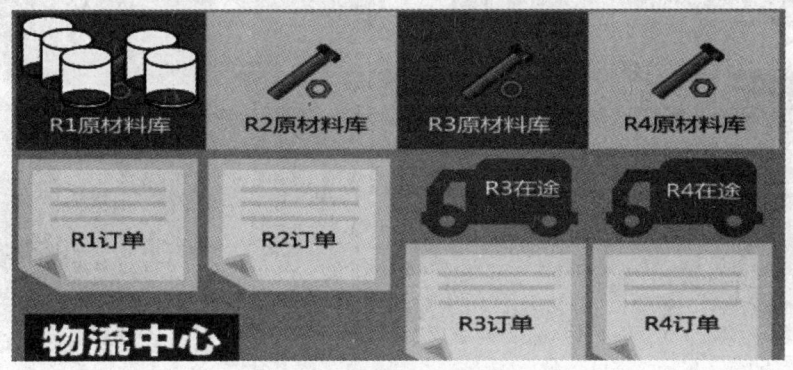

图2-18 更新原料库(第1季度)

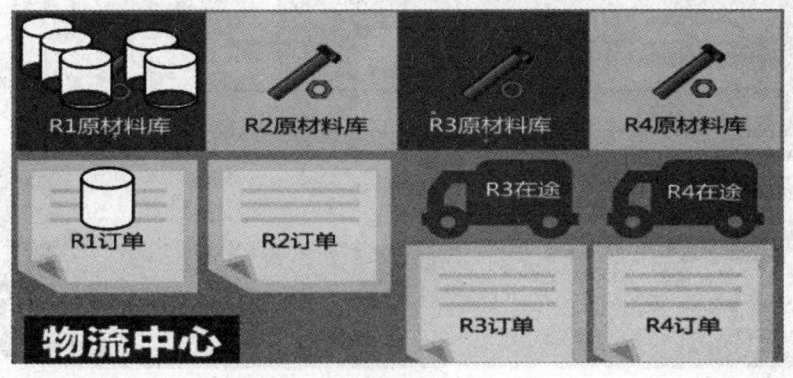

图2-19 下原料订单(第1季度)

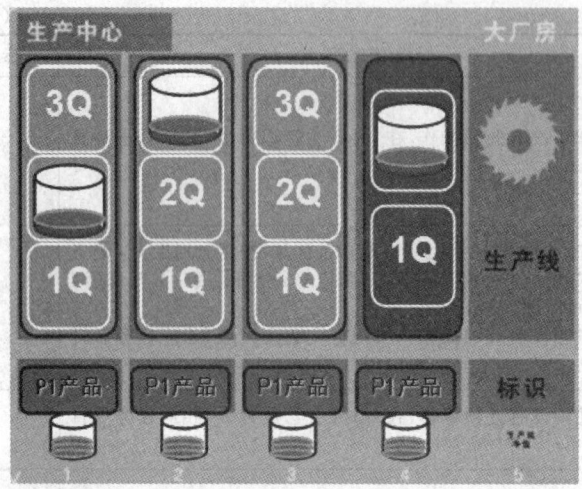

图 2-20 更新生产/完工入库(第 1 季度)

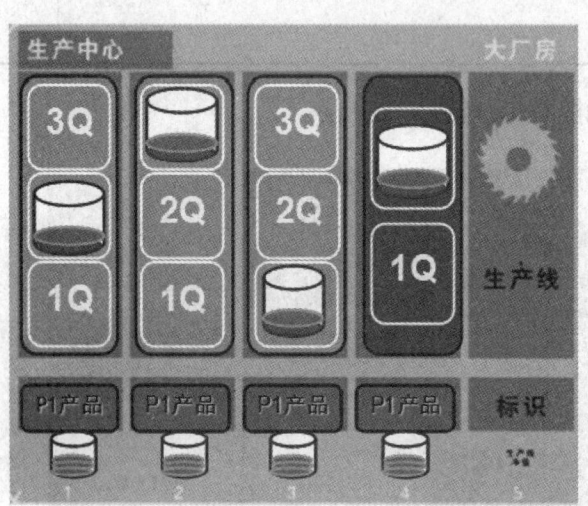

图 2-21 开始下一批生产(第 1 季度)

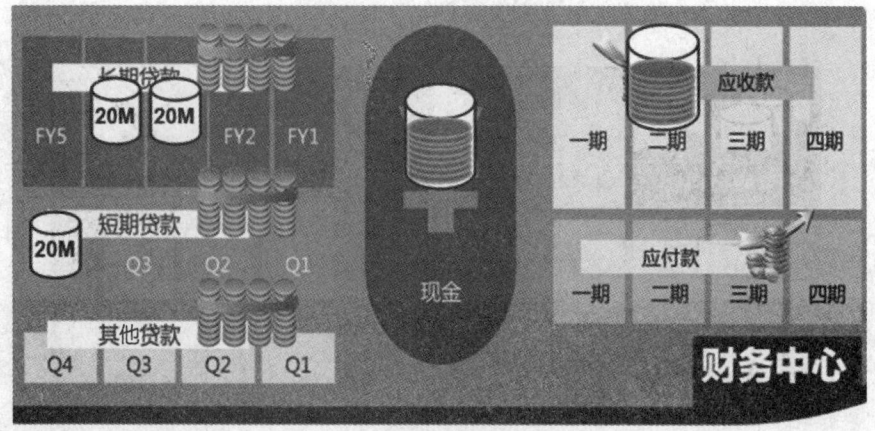

图 2-22 更新应收款(第 1 季度)

第1季度其他日常事务任务清单如表2-31所示。

表2-31　　　　　　　　　第1季度其他日常事务任务清单

| 任务序号 | 任务名称 | 操作人 | 操作要点 | 参考图示 |
| --- | --- | --- | --- | --- |
| 第1季度任务十八 | 支付行政管理费 | 财务主管 | 从"现金区"里取出1M放入"管理费"区域，并在财务主管运营表中相应任务后填写"-1" | 图2-23　支付行政管理费（第1季度） |
| 第1季度任务十九 | 现金收支合计 | 财务主管 | 计算出本季度现金收支的合计数 | |
| 第1季度任务二十 | 期末现金对账 | 财务主管 | 检查期末现金账面数和实际数是否相符：现金余额＝季初余额＋现金增加额－现金减少额 | |

第1季度其他日常事务参考图如图2-23所示。

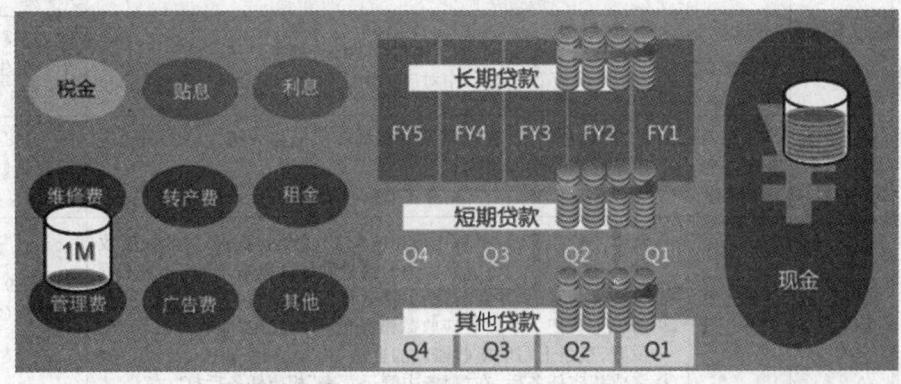

图2-23　支付行政管理费（第1季度）

### 2. 第2季度运营

顺利完成第1季度的运营后，以后每季度的运营根据年度计划重复"总经理运营表"中每个季度的任务，操作参照任务二中的"第一季度运营中的知识准备与业务操作"。在掌握了季度运营流程的基础上，从第2季度的运营开始，我们将在经营过程中就部分环节进行深入思考。

第2季度任务清单如表2-32所示。

表2-32　　　　　　　　　第2季度任务清单

| 任务序号 | 任务名称 | 操作人 | 操作要点 | 参考图示 |
| --- | --- | --- | --- | --- |
| 第2季度任务一 | 季初现金盘点 | 财务主管 | 清点"现金区"的现金，并在对应格内填写现金余额"10" | |
| 第2季度任务二 | 原材料入库/更新原料订单 | 财务主管 | 从现金库里取出1M交给采购主管，同时在"财务主管运营表"中记录"1" | 图2-24　更新原料库（第2季度） |
| | | 采购主管 | ①将1M交给供应商，买回1个R1原材料；<br>②在"采购主管运营表"中记录原材料的入库数量"1" | |
| 第2季度任务三 | 下原料订单 | 采购主管 | ①向供应商签订1个R1原材料订单；<br>②在"采购主管运营表"中记录所下订单的数量"（1）" | 图2-25　下原料订单（第2季度） |

(续表)

| 任务序号 | 任务名称 | 操作人 | 操作要点 | 参考图示 |
|---|---|---|---|---|
| 第2季度任务四 | 更新生产/完工入库 | 生产主管 | ① 将生产线上的在制品向前推移一格或完工入库；② 2个P1产品完工，把产品移出P1生产线，交给营销主管；③ 在"生产主管运营表"中记录在产品的入库数量"-2" | 图2-26 更新生产/完工入库（第2季度） |
|  |  | 营销主管 | ① 把2个P1产品移入P1产品库；② 在"营销主管运营表"中记录产成品的入库数量"2" | 图2-26 更新生产/完工入库（第2季度） |
| 第2季度任务五 | 开始下一批生产 | 采购主管 | ① 从原材料库中取出2个R1原材料，交给生产主管；② 在"采购主管运营表"上记录原材料出库数量2个R1"-2" | 图2-27 开始下一批生产（第2季度） |
|  |  | 生产主管 | ① 把收到的R1原材料放在1条手工生产线上的第一格；② 在"生产主管运营表"上记录在开始下一批生产数量2个P1"2" | 图2-27 开始下一批生产（第2季度） |
|  |  | 财务主管 | ① 从现金中取出2M，用于支付新上线产品加工费；② 在"财务主管运营表"中对应工作任务填写现金减少"-2" | 图2-27 开始下一批生产（第2季度） |
| 第2季度任务六 | 更新应收款/应收款收现 | 财务主管 | ① 把"应收款区"上表示贷款的空桶向前推移一格。将二期的应收款移入一期的格内。② 完成相应任务后，在"财务主管运营表"相应任务后打"√" | 图2-28 更新应收款（第2季度） |
| 第2季度任务七 | 按订单交货 | 营销主管 财务主管 | ① 营销主管在P1成品库中取出6个P1交给供应商，并收回应收款，交给财务主管；成品库中的数量满足订单需求的，营销主管可交货给客户，并在"营销主管运营表"中填写"-6"；② 财务主管把一个放着应收款纸条的空桶放在"应收款二期"的位置，纸条上写明应收账款的金额（32 M）和账期（2Q）；③ 完成相应任务后，在"财务主管运营表"相应任务后打"√" | 图2-29 按订单交货（第2季度） |
| 第2季度任务八 | 支付行政管理费 | 财务主管 | 从"现金区"里取出1 M放入"管理费"区域，在"财务主管运营表"中相应任务后填写"-1" | 图2-30 支付行政管理费（第2季度） |
| 第2季度任务九 | 现金收支合计 | 财务主管 | 计算出本季度现金收支的合计数，在对应工作任务栏据实填写 | |
| 第2季度任务十 | 期末现金对账 | 财务主管 | 检查期末现金账面数和实际数是否相符，在对应工作任务栏据实填写"6"（现金余额＝季初余额＋现金增加额－现金减少额） | |

第2季度运营参考图如图2-24至图2-30所示。

图2-24 更新原料库（第2季度）

图 2-25 下原料订单(第 2 季度)

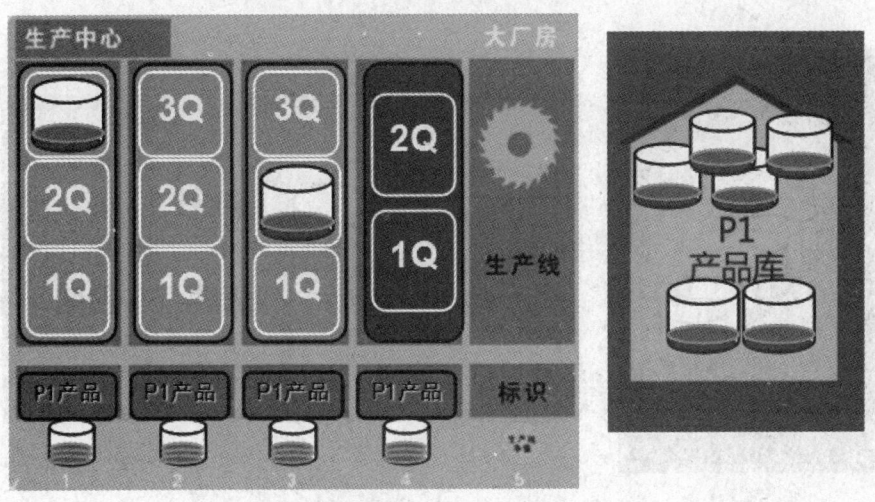

图 2-26 更新生产/完工入库(第 2 季度)

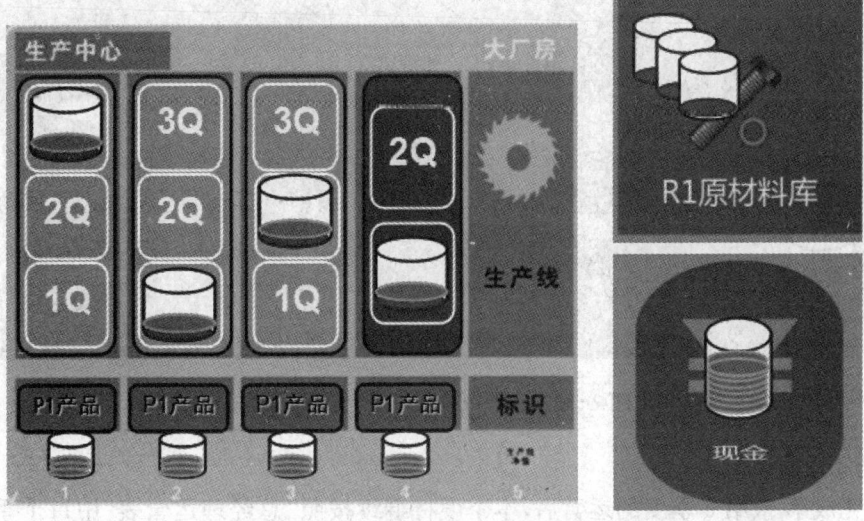

图 2-27 开始下一批生产(第 2 季度)

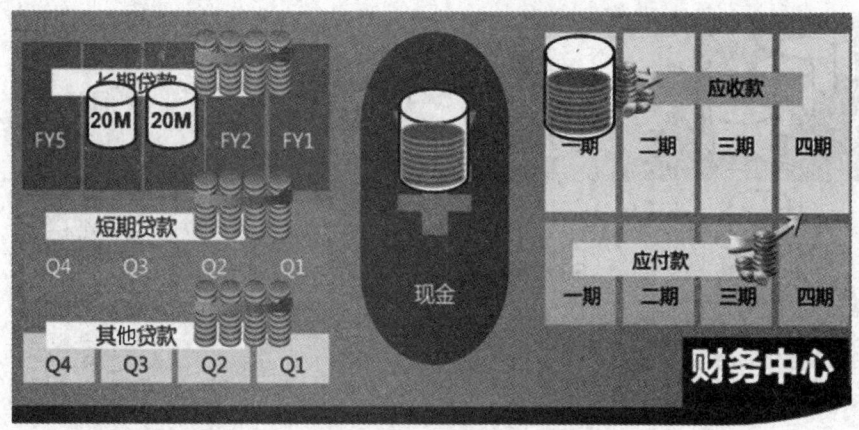

图 2-28　更新应收款(第 2 季度)

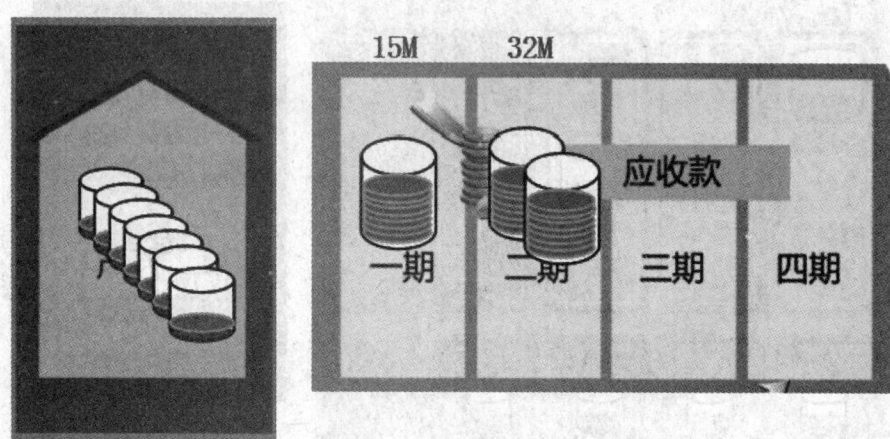

图 2-29　按订单交货(第 2 季度)

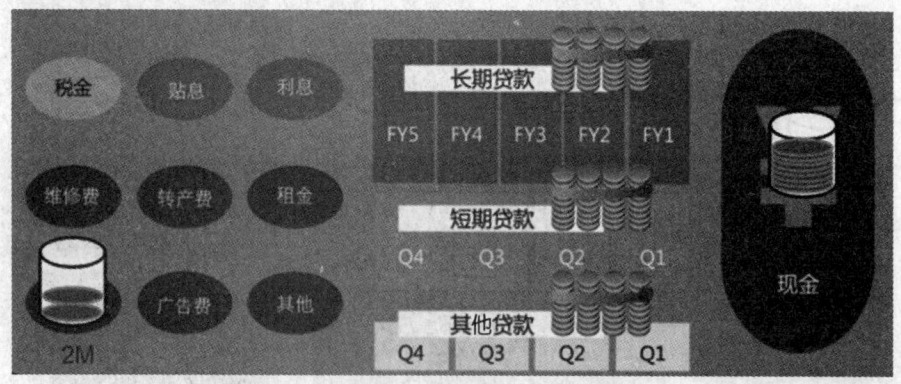

图 2-30　支付行政管理费(第 2 季度)

3. 第 3 季度运营

顺利完成第 1、第 2 季度的运营后,本季度将继续按照"总经理运营表"中每个季度的任务进行,操作参照"第 1 季度运营中的知识准备与业务操作"。

第 3 季度任务清单如表 2-33 所示。

表 2-33　　　　　　　　　　第 3 季度任务清单

| 任务序号 | 任务名称 | 操作人 | 操作要点 | 参考图示 |
|---|---|---|---|---|
| 第3季度任务一 | 季初现金盘点 | 财务主管 | 清点"现金区"的现金，并在对应格内填写现金余额"6" | |
| 第3季度任务二 | 原材料入库/更新原料订单 | 财务主管 | 从现金库里取出 1 M 交给采购主管，同时在"财务主管运营表"中记录"－1" | |
| | | 采购主管 | ① 取 1 M 交给供应商，买回 1 个 R1 原材料；<br>② 在"采购主管运营表"中记录原材料的入库数量"1" | 图 2-31　更新原料库（第3季度） |
| 第3季度任务三 | 下原料订单 | 采购主管 | ① 向供应商签订 1 个 R1 原材料订单；<br>② 在"采购主管运营表"中记录所下订单的数量"（1）" | 图 2-32　下原料订单（第3季度） |
| 第3季度任务四 | 更新生产/完工入库 | 生产主管 | ① 将生产线上的在制品向前推移一格或完工入库；<br>② 1 个 P1 产品完工，把产品移出 P1 生产线，交给营销主管；<br>③ 在"生产主管运营表"中记录在产品的入库数量"－1" | 图 2-33　更新生产/完工入库（第3季度） |
| | | 营销主管 | ① 把 1 个 P1 产品移入 P1 产品库；<br>② 在"营销主管运营表"中记录产成品的入库数量"1" | 图 2-33　更新生产/完工入库（第3季度） |
| 第3季度任务五 | 开始下一批生产 | 采购主管 | ① 从原材料库中取出 1 个 R1 原材料，交给生产主管；<br>② 在"采购主管运营表"上记录原材料出库数量1个 R1"－1" | 图 2-34　开始下一批生产（第3季度） |
| | | 生产主管 | ① 把收到的 R1 原材料放在 1 条手工生产线上的第一格；<br>② 在"生产主管运营表"上记录在开始下一批生产数量1个 P1"1" | 图 2-34　开始下一批生产（第3季度） |
| | | 财务主管 | ① 从现金中取出 1 M，用于支付新上线产品加工费；<br>② 在"财务主管运营表"中对应工作任务填写现金减少"－1" | 图 2-34　开始下一批生产（第3季度） |
| 第3季度任务六 | 更新应收款/应收款收现 | 财务主管 | ① 把"应收款"上表示贷款的所有空桶向前推移一格，将 15 M 的应收账款放在现金区，并将 32 M 的应收账款从第 2 期移入第 1 期；<br>② 完成相应任务后，在"财务主管运营表"相应任务后填写"15" | 图 2-35　更新应收款（第3季度） |
| 第3季度任务七 | 支付行政管理费 | 财务主管 | 从"现金区"里取出 1 M 放入"管理费"区域，并在"财务主管运营表"中相应任务后填写"－1" | 图 2-36　支付行政管理费（第3季度） |
| 第3季度任务八 | 现金收支合计 | 财务主管 | 计算出本季度现金收支的合计数，在对应工作任务栏据实填写 | |
| 第3季度任务九 | 期末现金对账 | 财务主管 | 检查期末现金账面数和实际数是否相符，在对应工作任务栏据实填写"18"（现金余额＝季初余额＋现金增加额－现金减少额） | |

第 3 季度运营参考图如图 2-31 至图 2-36 所示。

### 4. 第 4 季度运营

顺利完成前三季度的运营后，将继续按照"总经理运营表"中每个季度的任务进行操作，具体可参照任务二第 1 季度运营中的"知识准备与业务操作"。在第 4 季度的运营中我们将思考开发投资项目（产品研发与市场开发）应考虑的因素：哪种产品价格较高，毛利较高？哪

图 2-31  更新原料库(第 3 季度)

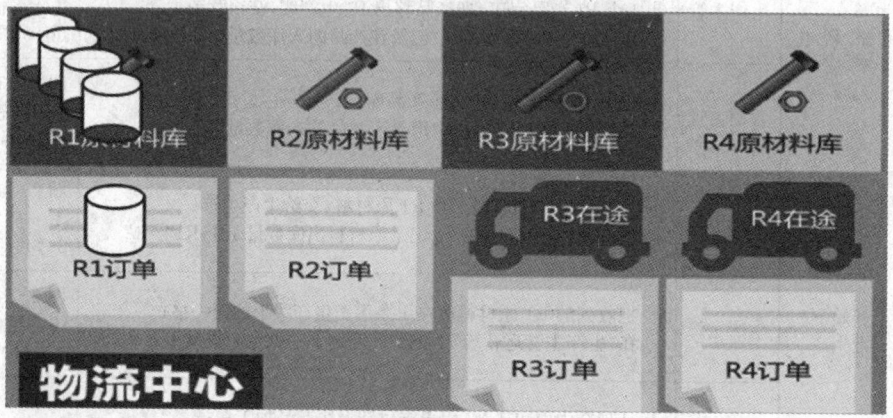

图 2-32  下原料订单(第 3 季度)

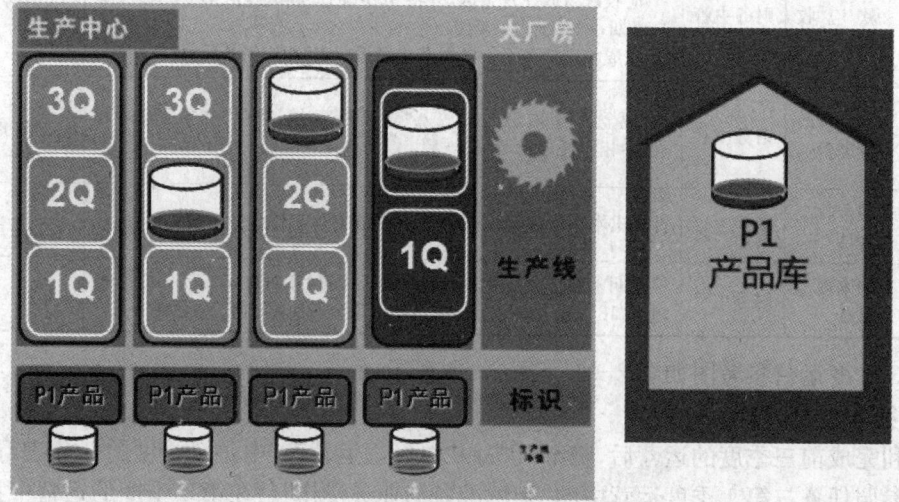

图 2-33  更新生产/完工入库(第 3 季度)

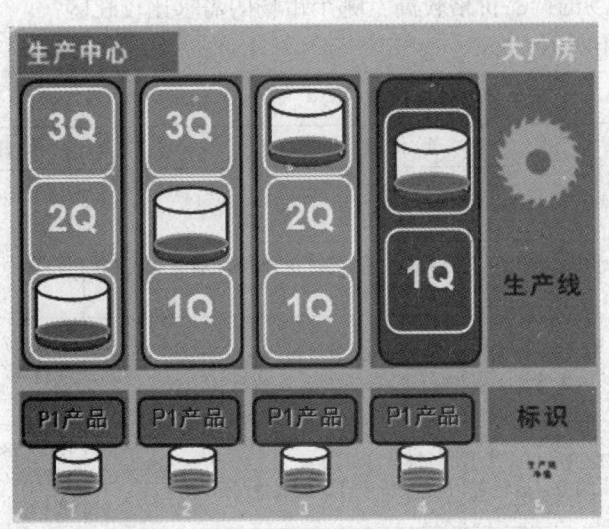

图 2-34　开始下一批生产（第 3 季度）

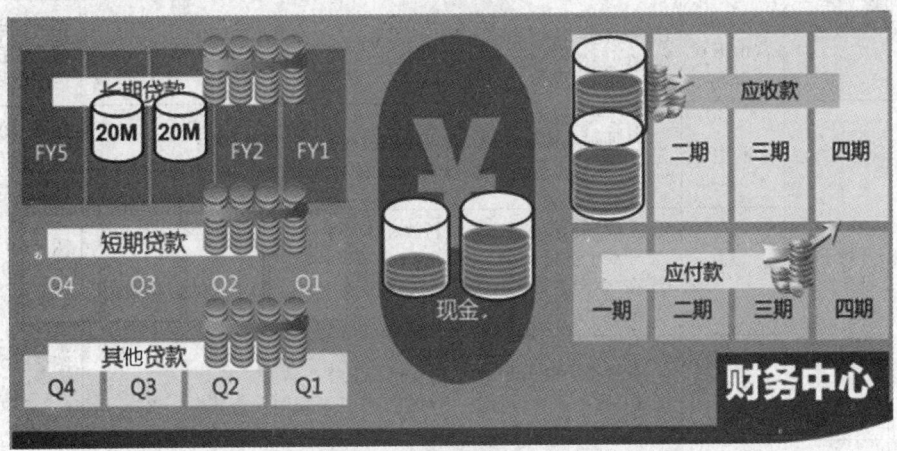

图 2-35　更新应收款（第 3 季度）

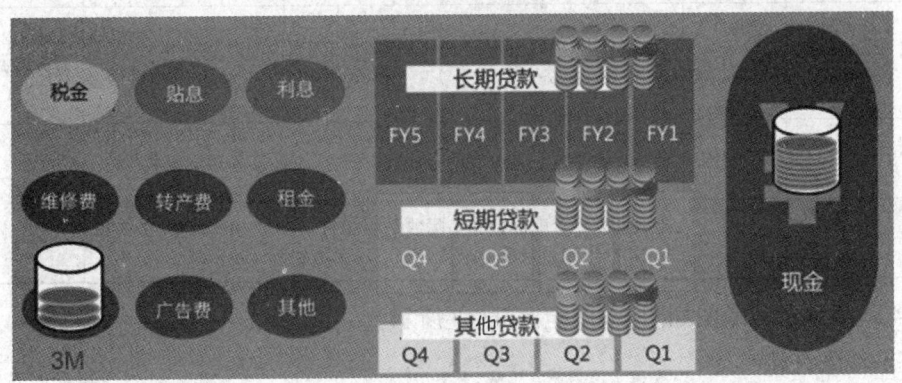

图 2-36　支付行政管理费（第 3 季度）

种产品的需求比较旺盛？哪个市场的产品价格较高？哪个市场的需求比较旺盛？

第 4 季度任务清单如表 2-34 所示。

表 2-34　　　　　　　　　　　　第 4 季度任务清单

| 任务序号 | 任务名称 | 操作人 | 操作要点 | 参考图示 |
|---|---|---|---|---|
| 第 4 季度任务一 | 季初现金盘点 | 财务主管 | 清点"现金区"的现金，并在对应格内填写现金余额"18" | |
| 第 4 季度任务二 | 原材料入库/更新原料订单 | 财务主管 | 从现金库里取出 1 M 交给采购主管，同时在"财务主管运营表"中记录"-1" | |
| | | 采购主管 | ① 取 1 M 交给供应商，买回 1 个 R1 原材料；② 在"采购主管运营表"中记录原材料的入库数量"1" | 图 2-37　更新原料库（第 4 季度） |
| 第 4 季度任务三 | 下原料订单 | 采购主管 | ① 向供应商签订 1 个 R1 原材料订单；② 在"采购主管运营表"中记录所下订单的数量"(1)" | 图 2-38　下原料订单（第 4 季度） |
| 第 4 季度任务四 | 更新生产/完工入库 | 生产主管 | ① 将生产线上的在制品向前推移一格或完工入库；② 2 个 P1 产品完工，把产品移出 P1 生产线，交给营销主管；③ 在"生产主管运营表"中记录在产品的入库数量"-2" | 图 2-39　更新生产/完工入库（第 4 季度） |
| | | 营销主管 | ① 把 2 个 P1 产品移入 P1 产品库；② 在"营销主管运营表"中记录产成品的入库数量"2" | 图 2-39　更新生产/完工入库（第 4 季度） |
| 第 4 季度任务五 | 开始下一批生产 | 采购主管 | ① 从原材料库中取出 2 个 R1 原材料，交给生产主管；② 在"采购主管运营表"上记录原材料出库数量 2 个 R1"-2" | 图 2-40　开始下一批生产（第 4 季度） |
| | | 生产主管 | ① 把收到的 2 个 R1 原材料放在 1 条手工生产线和 1 条半自动生产线上的第一格；② 在"生产主管运营表"上记录在产品入库开始下一批生产数量 2 个 P1"2" | 图 2-40　开始下一批生产（第 4 季度） |
| | | 财务主管 | ① 从现金中取出 2 M，用于支付新上线产品加工费；② 在"财务主管运营表"中对应工作任务填写现金减少"-2" | 图 2-40　开始下一批生产（第 4 季度） |
| 第 4 季度任务六 | 更新应收款/应收款收现 | 财务主管 | ① 把"应收款"上表示贷款的所有空桶向前推移一格，将 32 M 的应收账款放在现金区；② 完成相应任务后，在"财务主管运营表"相应任务后填"32" | 图 2-41　更新应收款（第 4 季度） |
| 第 4 季度任务七 | 支付行政管理费 | 财务主管 | 从"现金区"里取出 1 M 放入"管理费"区域，并在"财务主管运营表"中相应任务后填写"-1" | 图 2-42　支付行政管理费（第 4 季度） |
| 第 4 季度任务八 | 现金收支合计 | 财务主管 | 计算出本季度现金收支的合计数，在对应工作任务栏据实填写 | |
| 第 4 季度任务九 | 期末现金对账 | 财务主管 | 检查期末现金账面数和实际数是否相符，在对应工作任务栏据实填写"46"（现金余额＝季初余额＋现金增加额－现金减少额） | |

第 4 季度运营参考图如图 2-37 至图 2-42 所示。

## （三）年末任务

年末任务详见年初任务清单，如表 2-35 所示。

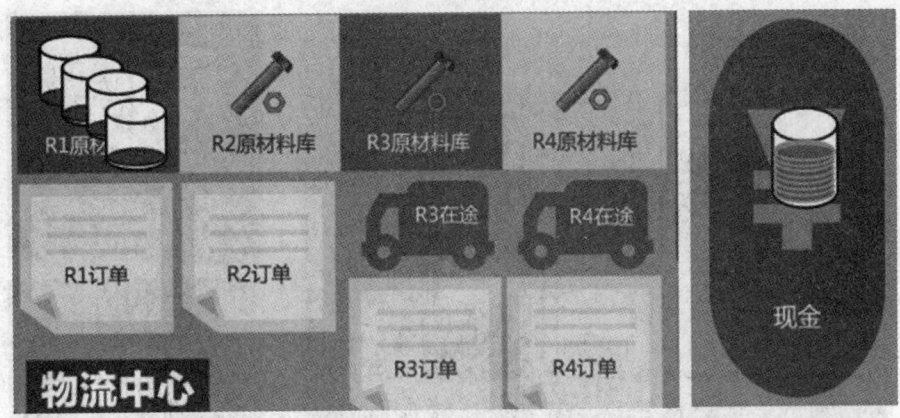

图 2-37 更新原料库(第 4 季度)

图 2-38 下原料订单(第 4 季度)

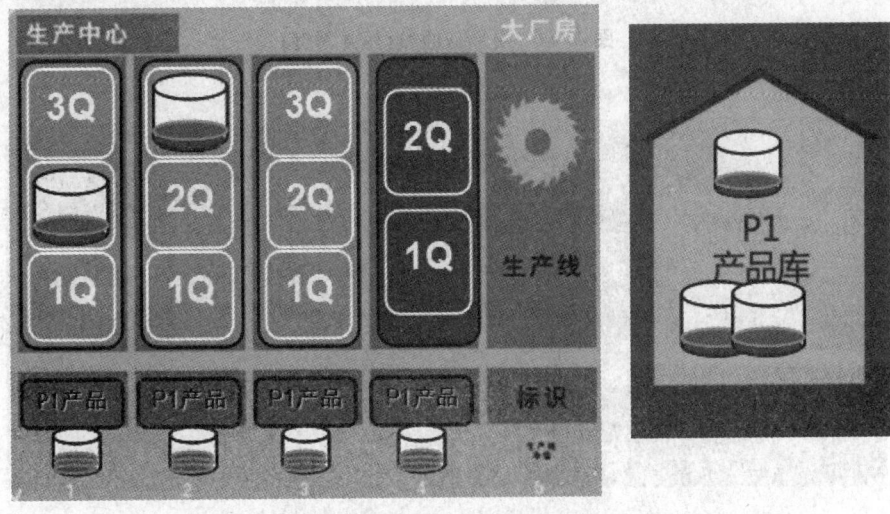

图 2-39 更新生产/完工入库(第 4 季度)

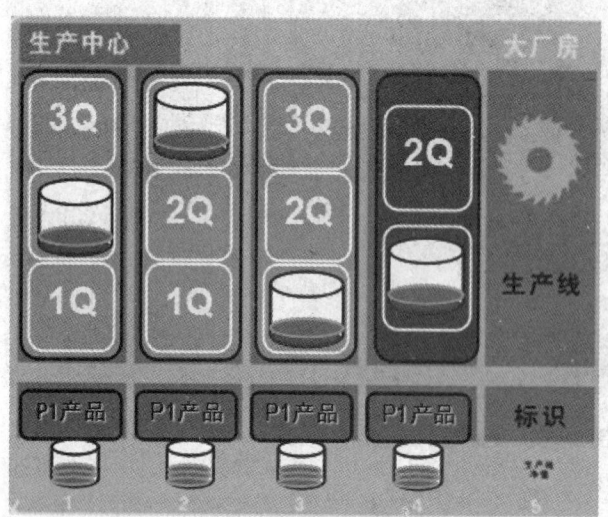

图 2-40　开始下一批生产（第 4 季度）

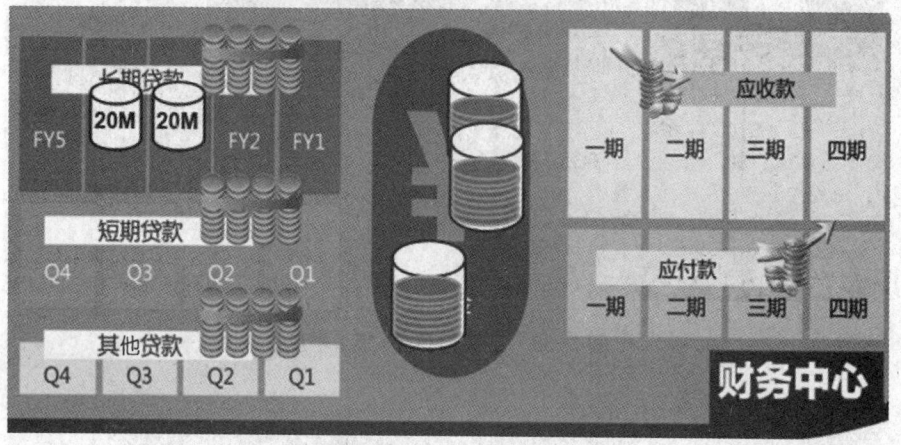

图 2-41　更新应收款（第 4 季度）

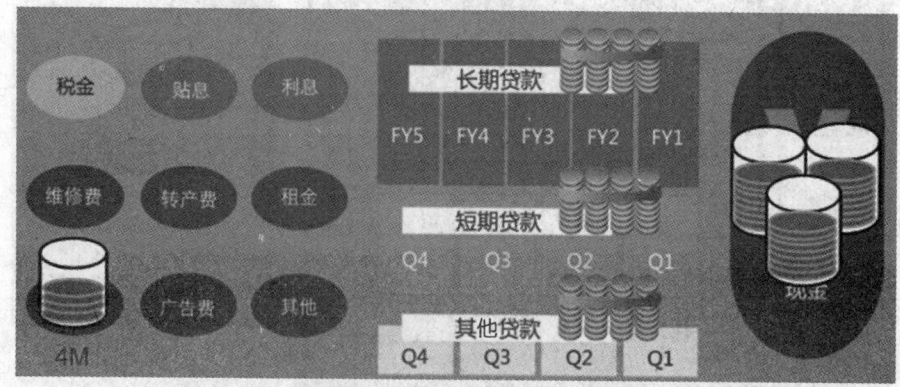

图 2-42　支付行政管理费（第 4 季度）

表 2-35　　　　　　　　　　　　　　　年末任务清单

| 任务序号 | 任务名称 | 操作人 | 操作要点 | 参考图示 |
|---|---|---|---|---|
| 年末任务一 | 支付设备维护费 | 财务主管 | ① 在"现金区"取出 4 M 放入"维护费"处；<br>② 在"财务主管运营表"相应任务后填写"—4" | 图 2-43　支付设备维护费 |
| 年末任务二 | 计提折旧 | 财务主管 | ① 从 3 条手工生产线的设备价值中各取 1 M，从半自动生产线的设备价值中取出 2 M，放入"折旧费"处；<br>② "财务主管运营表"相应任务后填写"(5)" | 图 2-44　计提折旧 |

年末任务参考图如图 2-43 和图 2-44 所示。

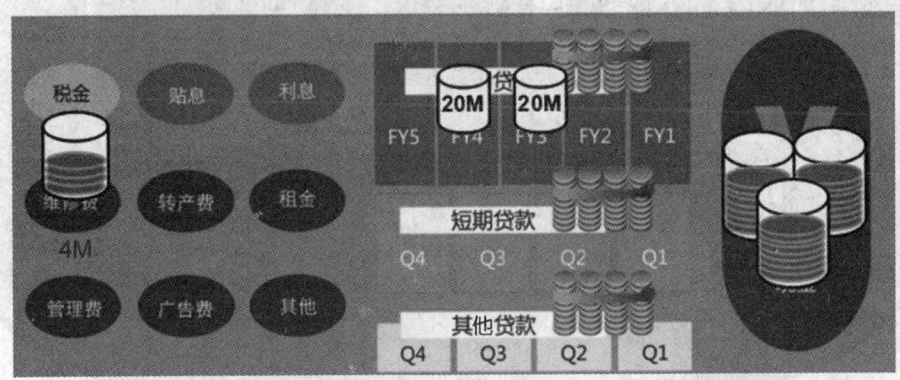

图 2-43　支付设备维修费

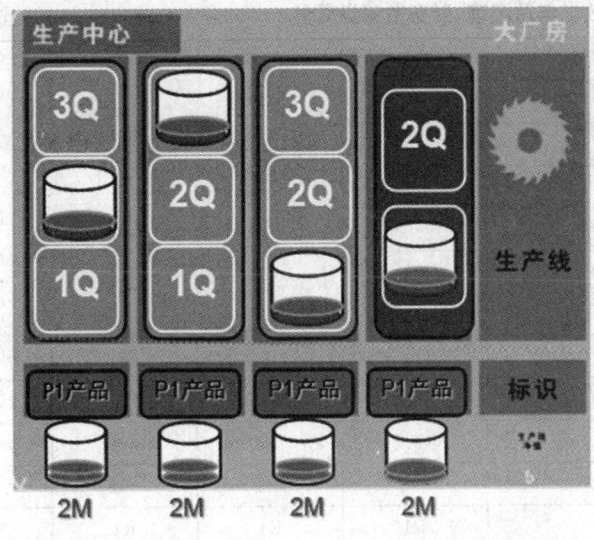
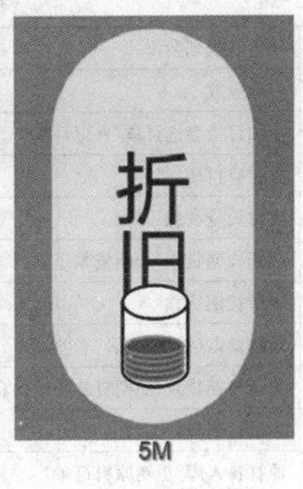

图 2-44　计提折旧

教学年运营完毕后，手工沙盘的盘面如图 2-45 所示。

教学年运营年末填写相关表格，教学年总经理、财务主管运营表如表 2-36 所示，采购主管运营表如表 2-37 所示，生产主管运营表如表 2-38 所示，营销主管运营表如表 2-39 所示，订单登记表如表 2-40 所示，综合费用表如表 2-41 所示，简易利润表如表 2-42 所示，简易资产负债表如表 2-43 所示。

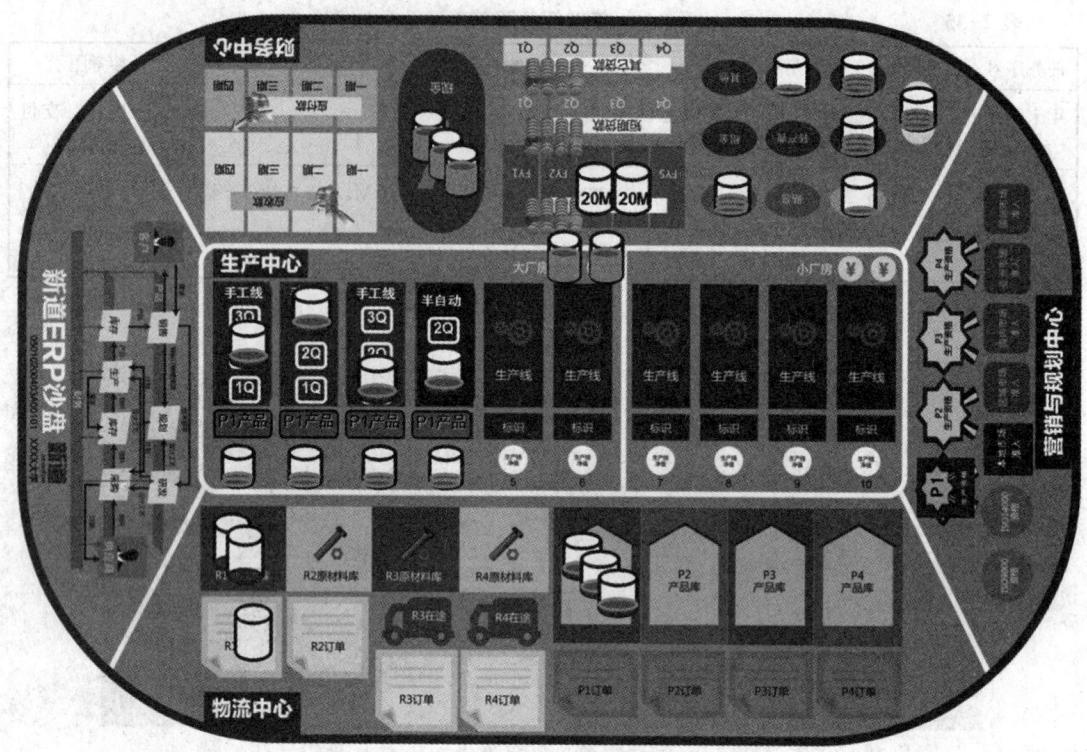

图 2-45 教学年年末盘面

表 2-36　　教学年总经理、财务主管运营表

| | | | | | |
|---|---|---|---|---|---|
| 年初 | 新年度规划会议 | √ | | | |
| | 广告投放 | −1 | | | |
| | 参加订货会选订单/登记订单 | √ | | | |
| | 支付应付税(25%) | −1 | | | |
| | 支付长贷利息 | −4 | | | |
| | 更新长期贷款/长期贷款还款 | √ | | | |
| | 申请长期贷款 | × | | | |
| 1 | 季初盘点(请填余额) | 14 | 10 | 6 | 18 |
| 2 | 更新短期贷款/短期贷款还本付息 | × | × | × | × |
| 3 | 申请短期贷款 | × | × | × | × |
| 4 | 原材料入库/更新原料订单 | −2 | −1 | −1 | −1 |
| 5 | 下原料订单 | R1 | R1 | R1 | R1 |
| 6 | 购买/租用——厂房 | × | × | × | × |
| 7 | 更新生产/完工入库 | P1 | 2P1 | P1 | 2P1 |
| 8 | 新建/在建/转产/变卖——生产线 | × | × | × | × |
| 9 | 紧急采购(随时进行) | × | × | × | × |
| 10 | 开始下一批生产 | −1 | −2 | −1 | −2 |
| 11 | 更新应收款/应收款收现 | √ | √ | 15 | 32 |

(续表)

| | | | | | |
|---|---|---|---|---|---|
| 12 | 按订单交货 | × | √ | × | × |
| 13 | 产品研发投资 | × | × | × | × |
| 14 | 厂房——出售(买转租)/退租/租转买 | × | × | × | × |
| 15 | 新市场开拓/ISO 资格投资 | × | × | × | × |
| 16 | 支付管理费/更新厂房租金 | −1 | −1 | −1 | −1 |
| 17 | 出售库存 | × | × | × | × |
| 18 | 厂房贴现 | × | × | × | × |
| 19 | 应收款贴现 | × | × | × | × |
| 20 | 季末收入合计 | 0 | 0 | 15 | 32 |
| 21 | 季末支出合计 | −4 | −4 | −3 | −4 |
| 22 | 季末数额对账[(1)+(20)−(21)] | 10 | 6 | 18 | 46 |
| 年末 | 交纳违约订单罚款(25%) | | | | × |
| | 支付设备维护费 | | | | −4 |
| | 计提折旧 | | | | (5) |
| | 新市场/ISO 资格换证 | | | | × |
| | 结账 | | | | 42 |

表 2-37　采购主管运营表

| 序号 | 任务清单 | 第 1 季度 | | | | 第 2 季度 | | | | 第 3 季度 | | | | 第 4 季度 | | | |
|---|---|---|---|---|---|---|---|---|---|---|---|---|---|---|---|---|---|
| | | R1 | R2 | R3 | R4 | R1 | R2 | R3 | R4 | R1 | R2 | R3 | R4 | R1 | R2 | R3 | R4 |
| 1 | 季初 R 盘点数量 | 3 | | | | 4 | | | | 3 | | | | 3 | | | |
| 2 | 原料入库/更新原料订单 | 2 | | | | 1 | | | | 1 | | | | 1 | | | |
| 3 | 下原料订单 | (1) | | | | (1) | | | | (1) | | | | (1) | | | |
| 4 | 更新生产/完工入库 | √ | | | | √ | | | | √ | | | | √ | | | |
| 5 | 开始下一批生产 | −1 | | | | −2 | | | | −1 | | | | −2 | | | |
| 6 | 按订单交货 | × | | | | √ | | | | × | | | | × | | | |
| 7 | 本季 R 入库合计 | 2 | | | | 1 | | | | 1 | | | | 1 | | | |
| 8 | 本季 R 出库合计 | −1 | | | | −2 | | | | −1 | | | | −2 | | | |
| 9 | 季末 R 库存数量 | 4 | | | | 3 | | | | 3 | | | | 2 | | | |

表 2-38　生产主管运营表

| 序号 | 任务清单 | 第 1 季度 | | | | 第 2 季度 | | | | 第 3 季度 | | | | 第 4 季度 | | | |
|---|---|---|---|---|---|---|---|---|---|---|---|---|---|---|---|---|---|
| | | P1 | P2 | P3 | P4 | P1 | P2 | P3 | P4 | P1 | P2 | P3 | P4 | P1 | P2 | P3 | P4 |
| 1 | 季初 P 盘点数量 | 4 | | | | 4 | | | | 4 | | | | 4 | | | |
| 2 | 原料入库/更新原料订单 | √ | | | | √ | | | | √ | | | | √ | | | |
| 3 | 下原料订单 | √ | | | | √ | | | | √ | | | | √ | | | |
| 4 | 更新生产/完工入库 | −1 | | | | −2 | | | | −1 | | | | −2 | | | |
| 5 | 开始下一批生产 | 1 | | | | 2 | | | | 1 | | | | 2 | | | |

(续表)

| 序号 | 任务清单 | 第1季度 | | | | 第2季度 | | | | 第3季度 | | | | 第4季度 | | | |
|---|---|---|---|---|---|---|---|---|---|---|---|---|---|---|---|---|---|
| | | P1 | P2 | P3 | P4 | P1 | P2 | P3 | P4 | P1 | P2 | P3 | P4 | P1 | P2 | P3 | P4 |
| 6 | 按订单交货 | × | | | | √ | | | | × | | | | × | | | |
| 7 | 本季P入库合计 | 1 | | | | 2 | | | | 1 | | | | 2 | | | |
| 8 | 本季P出库合计 | −1 | | | | −2 | | | | −1 | | | | −2 | | | |
| 9 | 季末P库存数量 | 4 | | | | 4 | | | | 4 | | | | 4 | | | |

表2-39　　　　　　　　　　营销主管运营表

| 序号 | 任务清单 | 第1季度 | | | | 第2季度 | | | | 第3季度 | | | | 第4季度 | | | |
|---|---|---|---|---|---|---|---|---|---|---|---|---|---|---|---|---|---|
| | | P1 | P2 | P3 | P4 | P1 | P2 | P3 | P4 | P1 | P2 | P3 | P4 | P1 | P2 | P3 | P4 |
| 1 | 季初P盘点数量 | 3 | | | | 4 | | | | 0 | | | | 1 | | | |
| 2 | 原料入库/更新原料订单 | √ | | | | √ | | | | √ | | | | √ | | | |
| 3 | 下原料订单 | √ | | | | √ | | | | √ | | | | √ | | | |
| 4 | 更新生产/完工入库 | 1 | | | | 2 | | | | 1 | | | | 2 | | | |
| 5 | 开始下一批生产 | √ | | | | √ | | | | √ | | | | √ | | | |
| 6 | 按订单交货 | × | | | | −6 | | | | × | | | | × | | | |
| 7 | 本季P入库合计 | 1 | | | | 2 | | | | 1 | | | | 2 | | | |
| 8 | 本季P出库合计 | 0 | | | | −6 | | | | 0 | | | | 0 | | | |
| 9 | 季末P库存数量 | 4 | | | | 0 | | | | 1 | | | | 3 | | | |

表2-40　　　　　　　　　　订单登记表

| 订单号 | ××× | | | | | | | |
|---|---|---|---|---|---|---|---|---|
| 市场 | 本地 | | 本地市场 | | | | | |
| 产品 | P1 | | 6 P1 | | | | | |
| 数量 | 6 | | 5.3 M/个 | | | | | |
| 账期 | 2Q | | 总价：32 M | | | | | |
| 销售额 | 32 | | 账期：2Q | | | | | |
| 成本 | 12 | | | | | | | |
| 毛利 | 20 | | | | | | | |
| 交货时间 | 第2季度 | | | | | | | |

表2-41　　　　　　　　　　教学年综合费用表

| 项　　目 | 金　　额 | 备　　注 |
|---|---|---|
| 管理费 | 4 | |
| 广告费 | 1 | |
| 维修费 | 4 | |
| 租金 | | |
| 转产费 | | |

(续表)

| 项 目 | 金 额 | 备 注 |
|---|---|---|
| ISO资格认证 | | □ISO9000　　□ISO14000 |
| 市场转入开拓 | | □区域　　□国内　　□亚洲　　□国际 |
| 产品研发 | | P2(　)　　P3(　)　　P4(　) |
| 其他 | | |
| 合计 | 9 | |

表2-42　　　　　　　　　　　　教学年简易利润表

| 项　目 | | 上年数 | 本年数 |
|---|---|---|---|
| 销售收入 | + | 36 | 32 |
| 直接成本 | − | 14 | 12 |
| 毛利 | = | 22 | 20 |
| 综合费用 | − | 9 | 9 |
| 折旧前利润 | = | 13 | 11 |
| 折旧 | − | 5 | 5 |
| 支付利息前利润 | = | 8 | 6 |
| 财务收入/支出 | +/− | 4 | 4 |
| 其他收入/支出 | +/− | | |
| 税前利润 | = | 4 | 2 |
| 所得税 | − | 1 | 0 |
| 净利润 | = | 3 | 2 |

表2-43　　　　　　　　　　　　教学年简易资产负债表

| 资　产 | | 期末余额 | 年初余额 | 负债和所有者权益 | | 期末余额 | 年初余额 |
|---|---|---|---|---|---|---|---|
| 流动资产： | | | | 负债： | | | |
| 现金 | + | 42 | 20 | 长期负债 | + | 40 | 40 |
| 应收账款 | + | 0 | 15 | 短期负债 | + | 0 | 0 |
| 在制品 | + | 8 | 8 | 应付账款 | + | 0 | 0 |
| 成品 | + | 6 | 6 | 应交税金 | + | 0 | 1 |
| 原料 | + | 2 | 3 | 一年内到期的长期负债 | + | 0 | 0 |
| 流动资产合计 | = | 58 | 52 | 负债合计 | = | 40 | 41 |
| 固定资产： | | | | 所有者权益： | | | |
| 土地和建筑 | + | 40 | 40 | 股东资本 | + | 50 | 50 |
| 机器和设备 | + | 8 | 13 | 利润留存 | + | 14 | 11 |
| 在建工程 | + | 0 | 0 | 年度净利 | + | 2 | 3 |
| 固定资产合计 | = | 48 | 53 | 所有者权益合计 | = | 66 | 64 |
| 资产总计 | = | 106 | 105 | 负债和所有者权益总计 | = | 106 | 105 |

# 学习情境三

## 新商战电子沙盘模拟

### 教学目标

**知识**
1. 能熟识记录表及财务报表中的勾稽关系。

**技能**
2. 会运用电子沙盘操作界面中的各功能板块。
3. 能准确填列模拟企业的记录表及财务报表。

**素养**
4. 培养逻辑思维能力,团队协作力。

# 学习子情境一　新商战电子沙盘操作准备工作

## 一、应用环境介绍

新商战电子沙盘采用硬加密的加密方式。安装好新商战电子沙盘的机器称为服务器。

### (一) 系统控制台

在装有新商战电子沙盘加密狗的服务器上,双击桌面上的"新道新商战沙盘系统"图标,打开新商战沙盘系统控制台界面,如图3-1所示。

图3-1　新商战沙盘系统控制台

### (二) 系统登录

首先,点击"启动系统"按钮,系统自动启动新商战电子沙盘数据服务和应用服务,启动完成后会显示"信息:Server startup in 9 396 ms",其中"9 396 ms"提示的是服务启动用了多长时间。

只有启动了系统服务,才能登录新商战电子沙盘。

其次,打开浏览器,在浏览器地址栏中输入"http://IP地址:端口"。例如,IP为"192.168.35.100",则在地址栏输入"http://192.168.35.100:8081",打开用户登录界面,

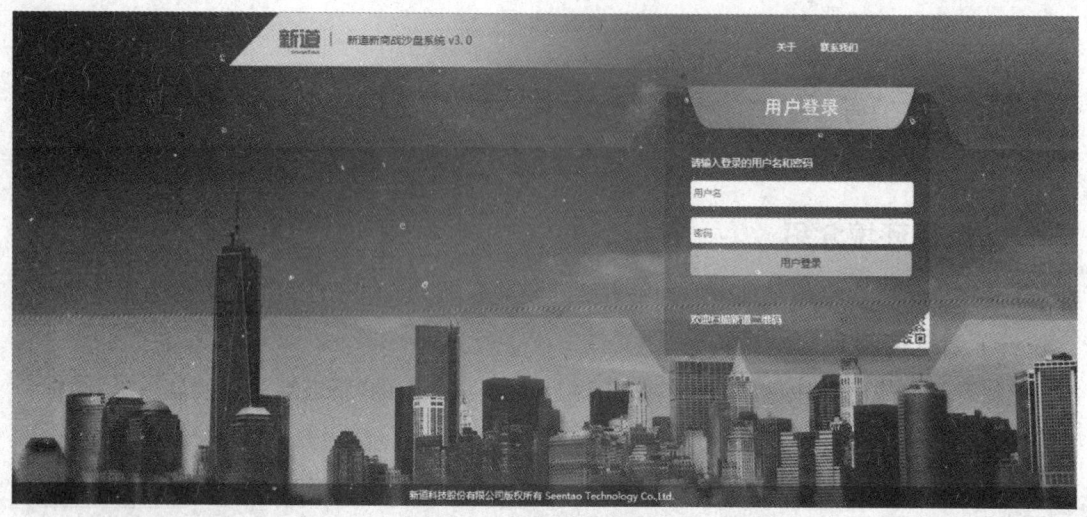

图 3-2 新商战登录界面

如图 3-2 所示。

### 二、经营前准备

使用新商战电子沙盘的用户可以分为三类：系统管理员、教师和学生。在经营前准备阶段介绍系统管理员和教师的任务，学生的任务将在学习子情境三中介绍。

#### （一）系统管理员的任务

系统管理员以用户名"admin"（密码为"1"）登录系统，作相应设置。系统管理员端账号的主要功能为创建教学班、管理各用户账号与权限、数据备份与还原。菜单包含：创建教学班、教师管理、权限管理和数据备份。相应的菜单界面如图 3-3 所示。

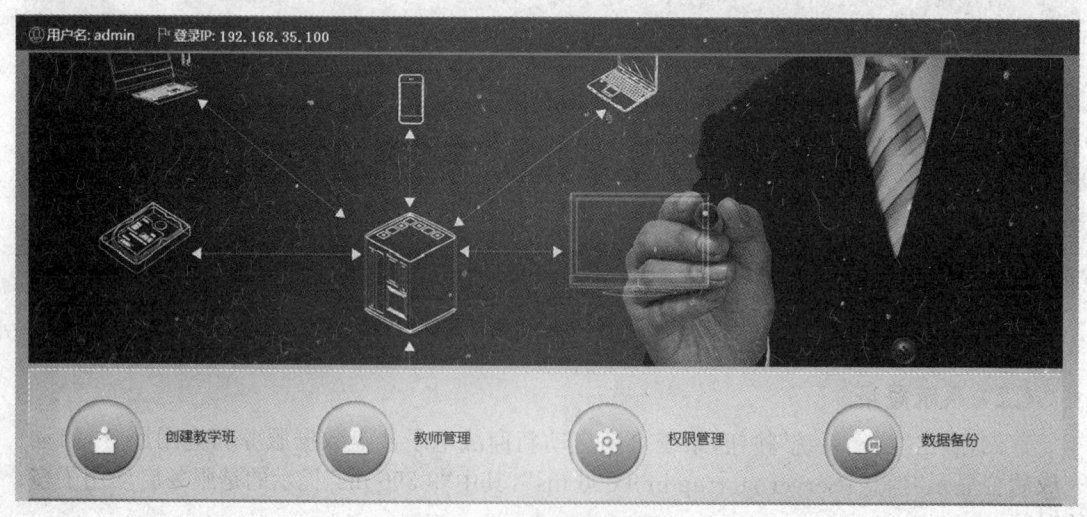

图 3-3 系统管理员端功能

#### 1. 创建教学班

创建教学班功能支持用户建立多个教学班并授课，在管理员端命名教学班简称，教学班名称长度需要至少2个、至多10个字符或汉字。同时在该菜单下可以查询已建立的教学班的状态,包含"未初始化""正在进行""已暂停""已结束"。创建教学班示意图如图3-4所示。

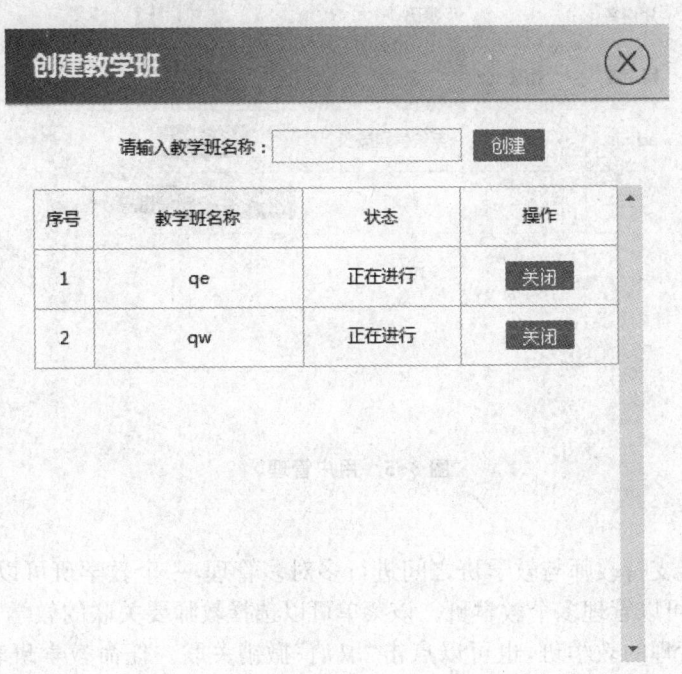

图3-4 创建教学班

注意:
★"未初始化",表示教学班建成后还未使用,点击"关闭"变为"已关闭"状态,教学班则无法再使用。
★"正在进行",表示教学班正在使用中,点击"暂停"变为"已暂停"状态,"暂停"状态的教学班学生端不能使用,点击"关闭"变为"已关闭"状态。
★"已暂停",表示已在使用的教学班本次课程未完成,下次课程时间再次使用,点击"恢复"变为"正在进行"状态,学生端就可以继续使用了,点击"关闭"变为"已关闭"状态。
★"已结束",表示教学班已经完成教学计划且已经处于"关闭"状态,在此点击"删除"后,可以将教学班的所有信息完全清除。

2. 教师管理

教师管理功能支持创建多位教师,支持多位教师管理多个教学班,即多对多的管理模式。教师管理包括添加用户、修改密码和删除用户。用户管理示意图,如图3-5所示。

注意:
★"添加用户",表示添加用户时,需要输入用户名和密码。新增用户的角色默认为"教师"。系统管理员至少要添加1名教师。
★"修改密码",表示教师登录密码若忘记了,可以由系统管理员在此重置。
★"删除用户",表示不再担任该课程教学的教师可以从新商战系统中删除。

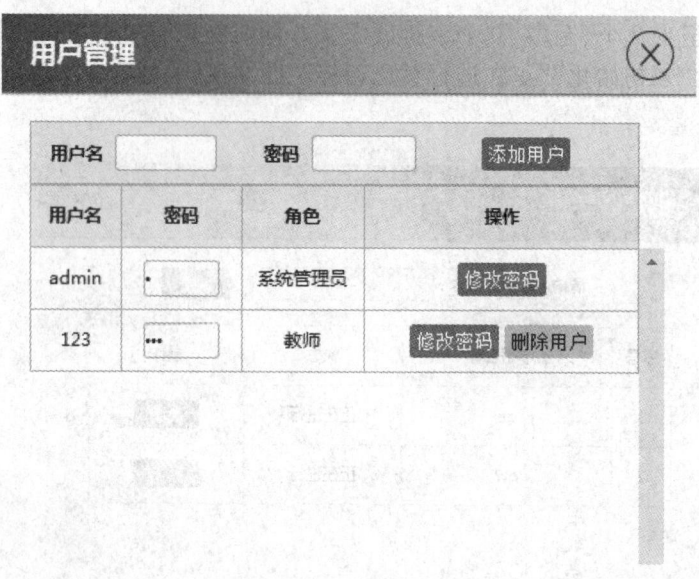

图 3-5 用户管理

### 3. 权限管理

权限管理功能支持教师与教学班之间进行多对多管理,一个教学班可以有多名教师及助教,一名教师也可以管理多个教学班。该菜单可以选择教师要关联的教学班,同时可以查询每名教师已经管理的教学班,也可以点击"取消"撤销关联。任命教学班教师界面,如图 3-6 所示。

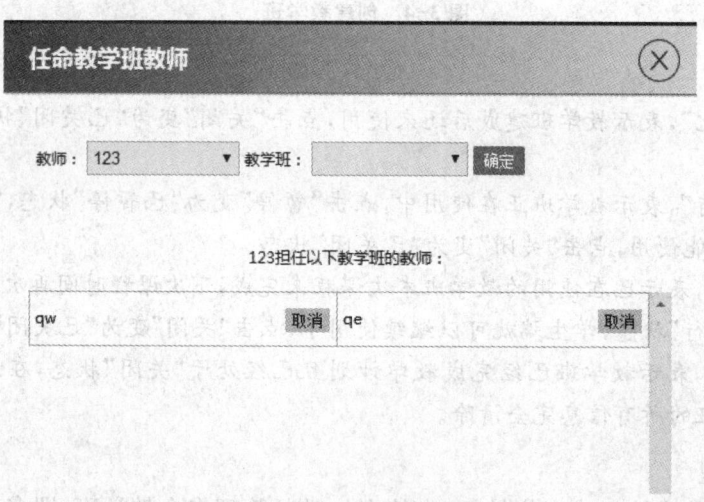

图 3-6 任命教学班教师

### 4. 数据备份

数据备份功能支持用户按教学需要手动备份数据与还原,同时有系统自动备份数据功能,防止数据丢失。在该菜单中定义待备份数据的文件名,点击"备份文件",也可选中需要还原的文件进行"文件还原",点击"项目反选"可以选择全部文件或取消。勾选某一个文件,点击删除,该文件被删除。数据备份界面,如图 3-7 所示。

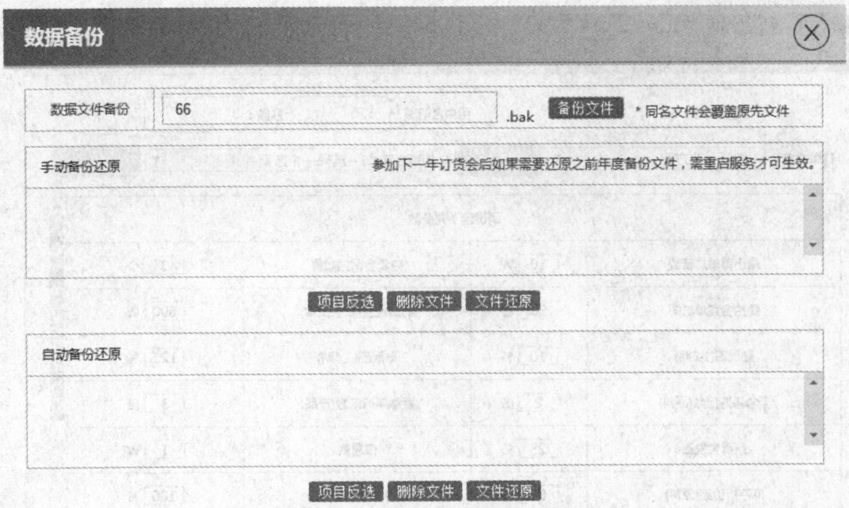

图 3-7　数据备份

## （二）教师的任务

打开用户登录界面，用教师的账号进行登录，输入系统管理员为教师设置的用户名和密码。教师在教学活动组织过程中的主要任务如下。

### 1. 教学班初始化

初次进入时，需要对创建的教学班进行初始化。初始化的含义是设置本教学班进行企业经营所使用的订单方案、规则方案和系统参数，如初始现金、贷款利率等，使得经营环境多种多样，如图 3-8 所示。

点击"教学班初始化"按钮，打开"教学班初始化"对话框，如图 3-9 所示。教师在该界面设置学生组的用户名前缀和队数，选择订单方案和规则方案，设置系统参数，系统参数是企

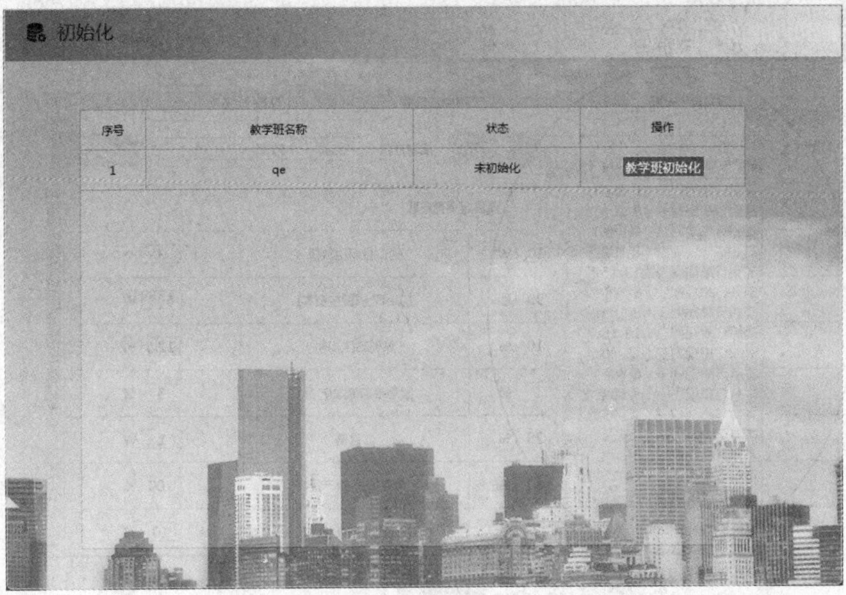

图 3-8　初始化界面

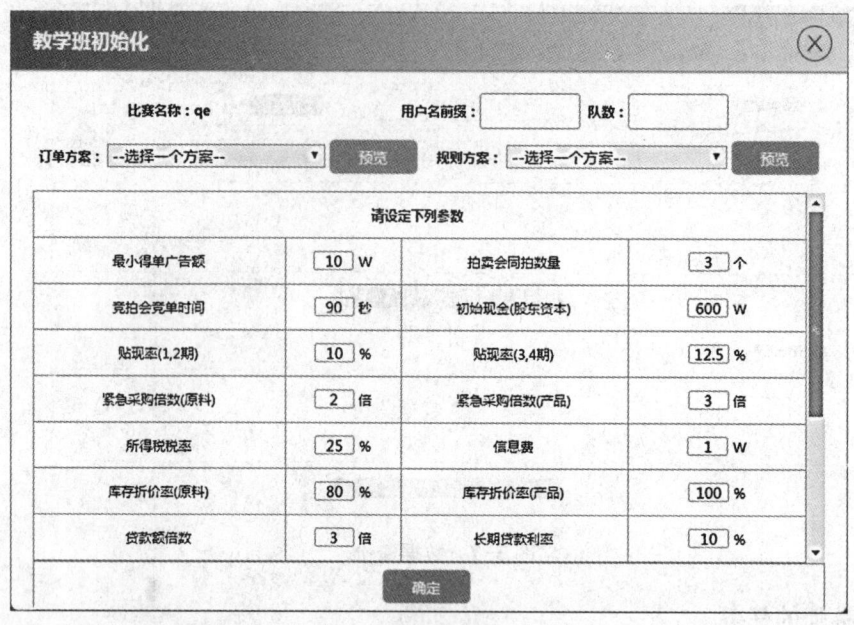

图3-9 教学班初始化

业运行过程中系统自动执行的一些规则,设置完成后,点击"确定"按钮,完成教学班初始化。

教学班初始化界面的设置要求如下:

(1) 用户名前缀:设置用户名前缀信息,如"a"。

(2) 队数:该教学班分为几个队进行竞争。之后按照队数将各队用户名命名为 a01、a02、a03 等。各队初始状态为"新用户"。

(3) 订单方案:系统预置了 9 套高职订单方案、6 套本科订单方案,以支持不同队数的企业经营,如图 3-10 所示。

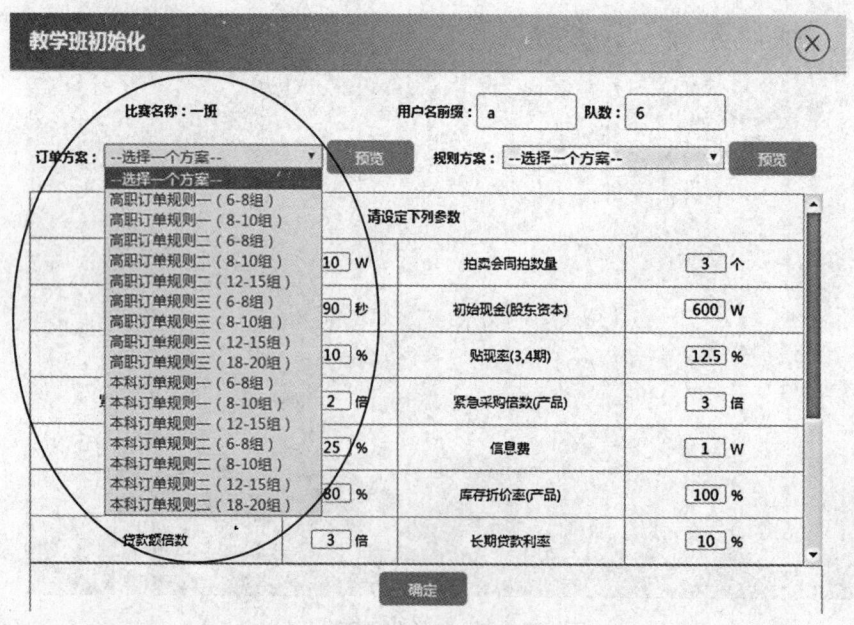

图3-10 订单方案

（4）规则方案：系统预置了3套高职规则方案、2套本科规则方案，以改变企业竞争的外部环境，如图3-11所示。

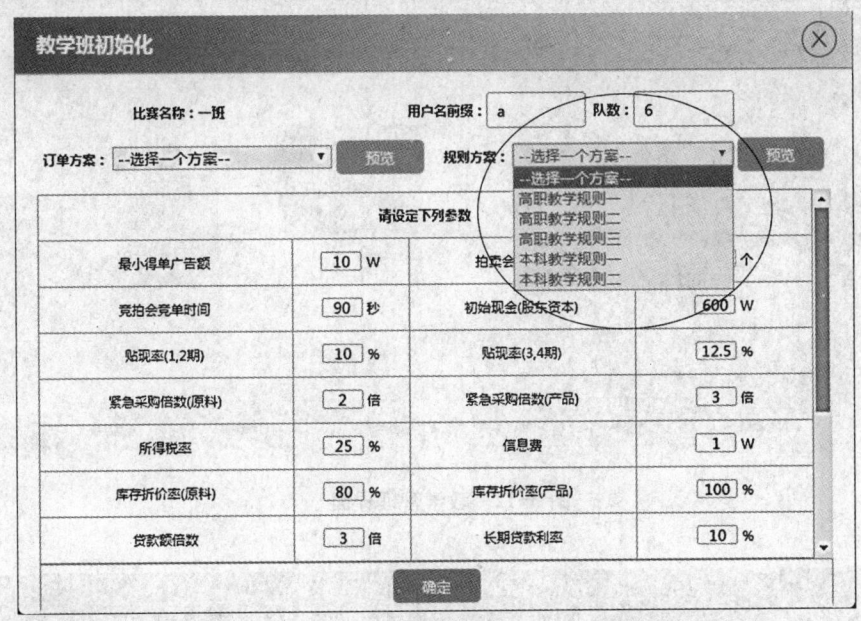

图3-11 规则方案

（5）最小得单广告额：想得到一张客户订单需要投入的最小广告金额。

（6）拍卖会同拍数量：竞拍会上同时竞单出现的订单个数。

（7）竞拍会竞单时间：参与竞拍的各队录入竞拍条件的最长时间。

（8）初始现金（股东资本）：股东给创业团队的初始资金。

（9）贴现率：应收账款贴现时产生的贴现费相对应收账款的比率。

（10）紧急采购倍数：紧急采购成品或原料时所付出的单价与正常采购单价的比值。

（11）所得税税率：所交纳的所得税与利润总额的比例。

（12）信息费：企业获取竞争对手业务经营资料所支出的费用。

（13）库存折价率：拍卖存货时得到的金额与存货成本的比值。

（14）贷款额倍数：设定银行借款上限为上年所有者权益的倍数。

（15）贷款利率：向银行融资需要支付的贷款利率。

2. 查看各组经营信息

双击正在进行中的教学班名称，进入教学管理界面，如图3-12所示。

点击窗口上方的组号，如"a01"，窗口中显示该组各项经营信息，包括公司资料、库存采购信息、研发认证信息、财务信息、厂房信息和生产信息等，如图3-13所示。

1）公司资料

在"公司资料"界面，除了可以查看企业基本信息外，还有几项特别功能说明如下：

（1）点击公司资料下"还原本年"，弹出提示框，点击"确定"，会将该学生组的经营退回到当年年初重新开始经营状态，如图3-14所示。

（2）点击公司资料下"修改密码"，显示弹出框，在新密码后面的编辑框内输入改后的密码，点击"确认"即完成修改，如图3-15所示。

图 3-12　教学管理界面

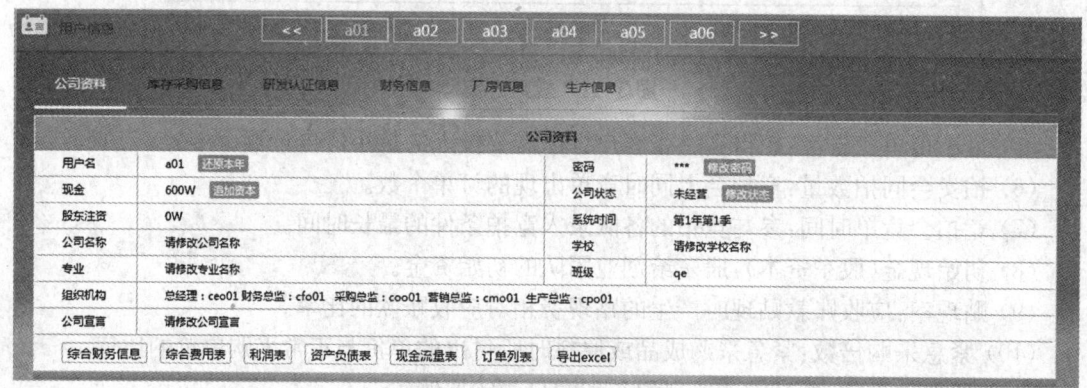

图 3-13　查看企业经营信息

图 3-14　还原本年提示　　　　　　　　　图 3-15　修改密码

（3）点击公司资料下"追加资本"，显示弹出框，在注入金额后编辑框内输入要增加的金额数字，选择注资类别"特别贷款"或"股东注资"，点击"确认"即完成用户融资，如图 3-16 所示。

（4）点击公司资料下"修改状态"，显示弹出框，显示该用户的当前经营状态，点击拟修改状态后面的下拉框，选择"未运营""正在运营"或"破产"，点击"确认"即完成用户经营状态

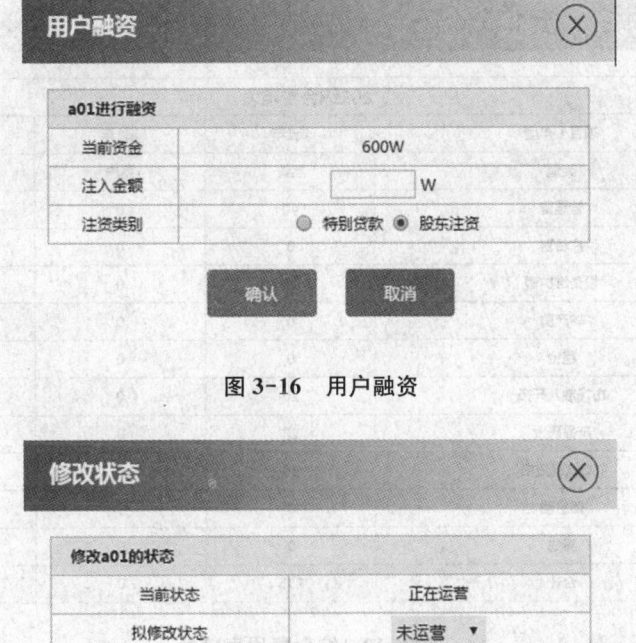

图 3-16　用户融资

图 3-17　修改状态

修改，如图 3-17 所示。

（5）点击公司资料下"综合财务"，显示弹出框，用于查阅该学生组当年经营的主要财务信息，如图 3-18 所示。

| 综合财务表 | | | |
|---|---|---|---|
| 贴息 | 0W | 利息 | 0W |
| 销售收入 | 0W | 设备维护费 | 0W |
| 转产费 | 0W | 租金 | 0W |
| 管理费 | 0W | 广告费 | 0W |
| 信息费 | 0W | 其他 | 0W |
| 直接成本 | 0W | ISO认证资格 | 0W |
| 产品研发 | 0W | 市场准入开拓 | 0W |

图 3-18　综合财务信息

（6）点击公司资料下"综合费用表"，显示弹出框，用于显示查阅该学生组每年经营的综合费用表，如图 3-19 所示。

（7）点击公司资料下"利润表"，显示弹出框，用于显示查阅该学生组每年经营的利润表，如图 3-20 所示。

### 综合费用表

**a01综合费用表**

| 项目＼年度 | 第1年 | 第1年 | 第2年 |
|---|---|---|---|
| 类型 | 系统 | 用户 | 系统 |
| 管理费 | 40 | 0 | 0 |
| 广告费 | 0 | 0 | 5 |
| 设备维护费 | 25 | 0 | 0 |
| 转产费 | 0 | 0 | 0 |
| 租金 | 0 | 0 | 0 |
| 市场准入开拓 | 20 | 0 | 0 |
| 产品研发 | 20 | 0 | 0 |
| ISO认证资格 | 30 | 0 | 0 |
| 信息费 | 0 | 0 | 0 |
| 其他 | 0 | 0 | 0 |
| 合计 | 135 | 0 | 5 |

图 3-19　综合费用表信息

### 利润表

**a01利润表**

| 项目＼年度 | 第1年 | 第1年 |
|---|---|---|
| 类型 | 系统 | 用户 |
| 销售收入 | 0 | 0 |
| 直接成本 | 0 | 0 |
| 毛利 | 0 | 0 |
| 综合管理费用 | 135 | 0 |
| 折旧前利润 | -135 | 0 |
| 折旧 | 0 | 0 |
| 支付利息前利润 | -135 | 0 |
| 财务费用 | 0 | 0 |
| 税前利润 | -135 | 0 |
| 所得税 | 0 | 0 |
| 净利润 | -135 | 0 |

图 3-20　利润表信息

（8）点击公司资料下"资产负债表"，显示弹出框，用于显示查阅该学生组每年经营的资产负债表，如图 3-21 所示。

（9）点击公司资料下"用户现金流量表"，显示弹出框，用于显示查阅该学生组每年经营的现金流量表，如图 3-22 所示。

### 资产负债表

| a01资产负债表 | | |
|---|---|---|
| 项目\年度 | 第1年 | 第1年 |
| 类型 | 系统 | 用户 |
| 现金 | 785 | 0 |
| 应收款 | 0 | 0 |
| 在制品 | 40 | 0 |
| 产成品 | 0 | 0 |
| 原材料 | 80 | 0 |
| 流动资产合计 | 905 | 0 |
| 土地和建筑 | 180 | 0 |
| 机器与设备 | 180 | 0 |
| 在建工程 | 0 | 0 |
| 固定资产合计 | 360 | 0 |
| 资产总计 | 1265 | 0 |
| 长期负债 | 800 | 0 |
| 短期负债 | 0 | 0 |

图 3-21　资产负债表信息

### 用户现金流量表

| a01现金流量表 | | | | | |
|---|---|---|---|---|---|
| ID | 动作 | 资金 | 剩余 | 时间 | 备注 |
| 1 | 初始化资本金 | 600W | 600W | 第1年第1季 | 公司成立 |
| 2 | 长贷 | 800W | 1400W | 第1年第1季 | 5年期长贷800W |
| 3 | 厂房购买 | -180W | 1220W | 第1年第1季 | 花费180W购买小厂房(5977) |
| 4 | 新建生产线 | -30W | 1190W | 第1年第1季 | 超级手工(5985)P1 |
| 5 | 新建生产线 | -50W | 1140W | 第1年第1季 | 自动线(5991)P1 |
| 6 | 产品研发 | -10W | 1130W | 第1年第1季 | P1 |
| 7 | 支付行政管理费 | -10W | 1120W | 第1年第1季 | |
| 8 | 更新原材料 | -100W | 1020W | 第1年第2季 | 5R1、5R2 |
| 9 | 在建生产线 | -50W | 970W | 第1年第2季 | 自动线(5991) |
| 10 | 产品研发 | -10W | 960W | 第1年第2季 | P1 |
| 11 | 支付行政管理费 | -10W | 950W | 第1年第2季 | |
| 12 | 在建生产线 | -50W | 900W | 第1年第3季 | 自动线(5991) |
| 13 | 开始下一批生产 | -10W | 890W | 第1年第3季 | 超级手工(5985)生产P1 |
| 14 | 支付行政管理费 | -10W | 880W | 第1年第3季 | |

图 3-22　用户现金流量表信息

（10）点击公司资料下"订单列表"，显示弹出框，用于显示查阅该学生组每年的市场订单以及订单的完成状态、完成时间等，如图3-23所示。

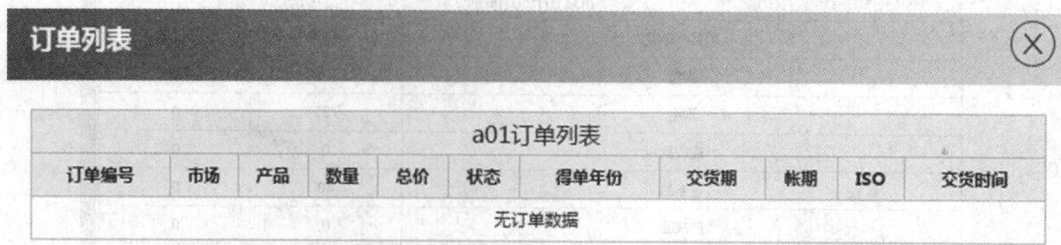

图3-23 订单列表信息

（11）点击公司资料下"导出Excel"，显示弹出框下载，用于将该学生组的各项经营信息导出成Excel格式查阅保存，导出后，点开可查询各项经营表格。

2）库存采购信息

点击某组号下的"库存采购信息"页签，显示该组的原料订购、原料库存、产品库存信息，如图3-24所示。

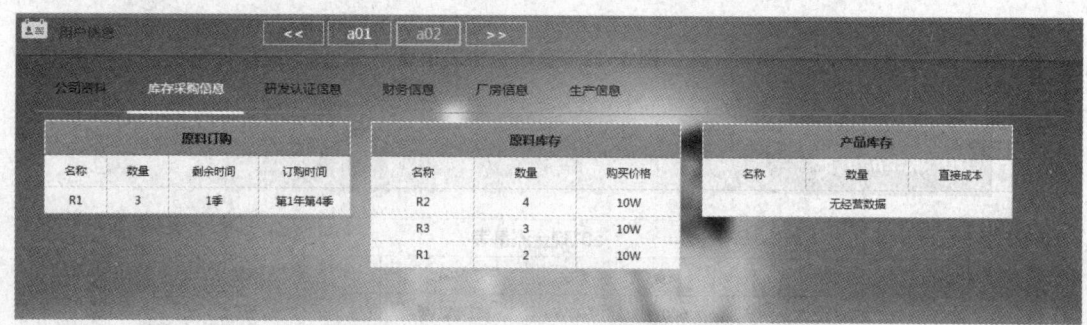

图3-24 库存采购信息

3）研发认证信息

点击某组号下的"研发认证信息"页签，显示该组的市场开拓、产品研发、ISO认证信息，如图3-25所示。

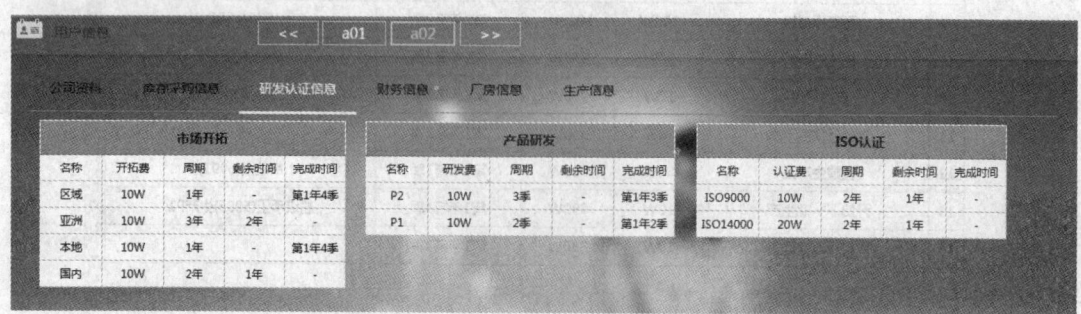

图3-25 研发认证信息

4）财务信息

点击某组号下的"财务信息"页签,显示该组的应收款、长期贷款、短期贷款和特别贷款信息,如图 3-26 所示。

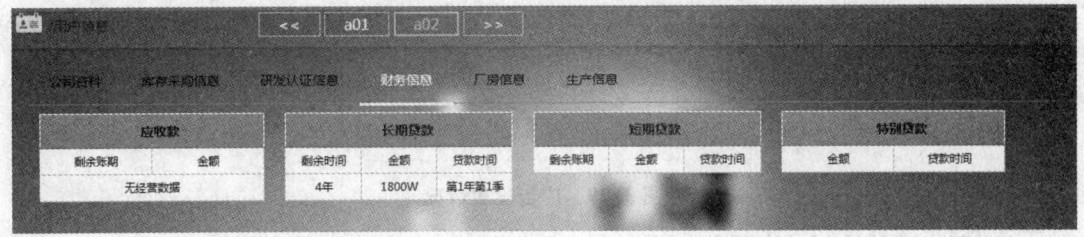

图 3-26　财务信息

5）厂房信息

点击某组号下的"厂房信息"页签,显示该组的厂房信息,如图 3-27 所示。

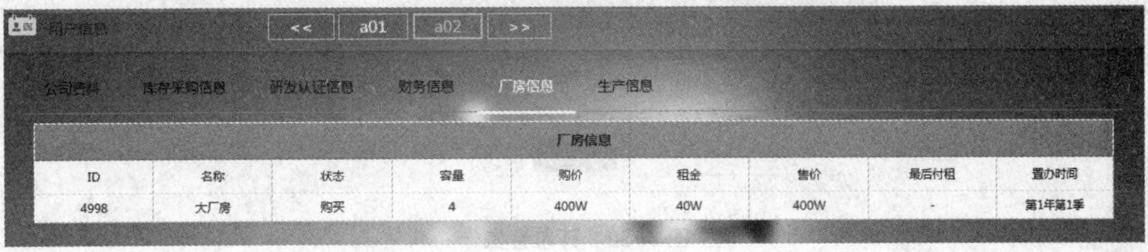

图 3-27　厂房信息

6）生产信息

点击某组号下的"生产信息"页签,显示该组的生产线信息,如图 3-28 所示。

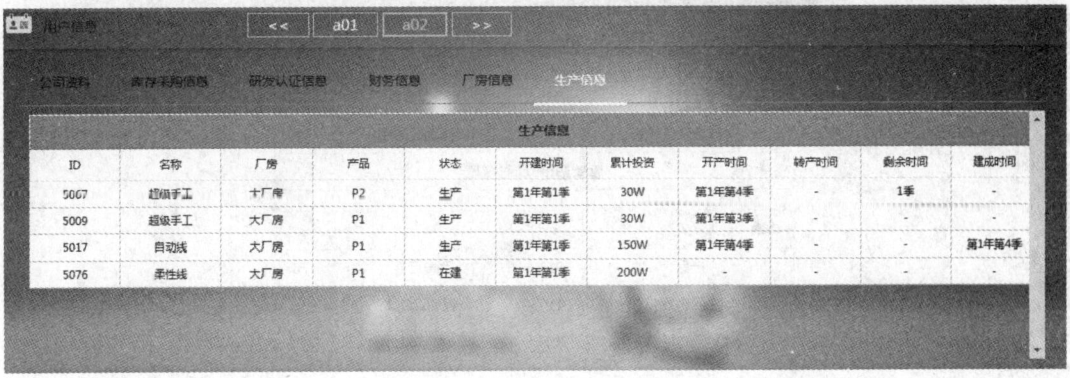

图 3-28　生产信息

3. 选单管理

选单管理主要用于管理每年一度的订货会。点击"选单管理"按钮,进入"选单管理"窗口。选单管理界面主要有以下四种情况:

（1）查看广告投放完成情况。每年年初,可以在此查看到各组广告投放完成情况。选单管理界面显示各组投放广告的完成时间,教师据此敦促没有投放广告的队伍尽快完成广告投放,广告投放情况,如图 3-29 所示。

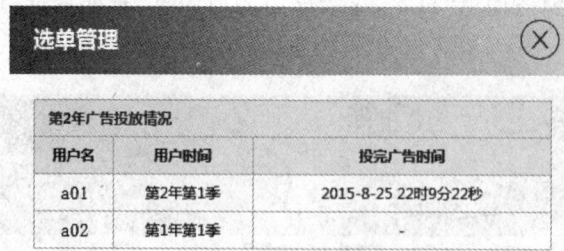

图 3-29　广告投放情况

(2) 开启选单控制。当所有企业均完成广告投放后,选单管理界面显示"开始选单"按钮。点击"开始选单"按钮,如图 3-30 所示。弹出"订货会正式开始"提示信息,点击"确定"按钮,开启选单控制。

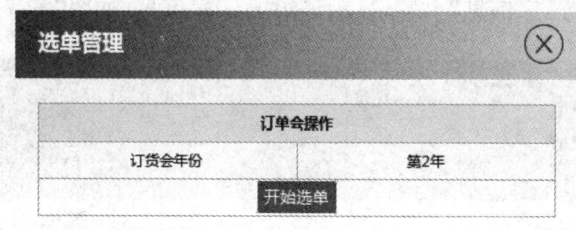

图 3-30　订单会操作

(3) 监控选单过程。选单开始后,在选单管理中,可以查看到各市场选单进行情况,如图 3-31 所示。

图 3-31　各市场选单进行情况

（4）结束选单。当选单全部结束后,弹出"本年订单会已结束"提示信息,点击"确定"按钮返回。

4. 竞单管理

当进行到设有竞单会的年份时,页面跳转到竞单开始页面,如图3-32所示。

图3-32 竞单开始界面

点击"开始竞单",弹出提示框,竞单会正式开始。再点击"确定",页面跳转到竞单管理页面,如图3-33所示。

| 第3年竞单会 | | |
|---|---|---|
| 当前回合剩余时间 | | 86 |
| 剩余订单数/总订单数 | | 7/10 |
| 重新竞单 | 计时暂停 | |

| 订单编号 | 市场 | 产品 | 数量 | ISO | 状态 | 所属用户 |
|---|---|---|---|---|---|---|
| 3J01 | 本地 | P1 | 2 | - | 正在竞单 | |
| 3J02 | 本地 | P2 | 2 | 9 14 | 正在竞单 | |
| 3J03 | 本地 | P3 | 3 | - | 正在竞单 | |
| 3J04 | 本地 | P4 | 1 | 9 | 等待 | |
| 3J05 | 区域 | P2 | 3 | 14 | 等待 | |
| 3J06 | 区域 | P3 | 4 | 9 14 | 等待 | |
| 3J07 | 区域 | P4 | 4 | - | 等待 | |
| 3J09 | 国内 | P1 | 6 | 9 14 | 等待 | |
| 3J10 | 国内 | P2 | 2 | 9 | 等待 | |
| 3J11 | 国内 | P4 | 2 | - | 等待 | |

图3-33 竞单管理界面

点击"重新竞单",竞单会会重新开始。点击"计时恢复/暂停"会暂停竞单的过程。竞单结束时会弹出提示框,竞单会已结束。

5. 组间交易

点击主页面下方的菜单"组间交易",显示弹出框。点击"选择出货方"和"选择进货方"

的下拉框,选择买卖的双方组号,选择要交易的产品,在下方编辑框内输入交易数量以及交易总价,点击"确认交易",即完成了此次组间交易,如图 3-34 所示。组间交易必须在两个学生组经营到某一共同系统时间点时才能操作。

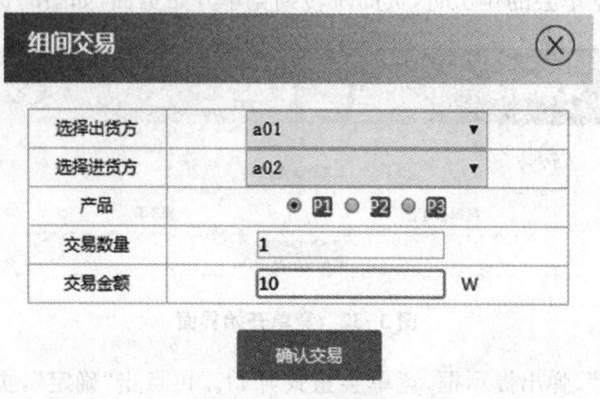

图 3-34　组间交易

### 6. 排行榜单

点击主页面下方"排行榜单"菜单,显示弹出框,在当前修正后的编辑框输入教师加分或减分,点击"确定"保存修正分。此功能用来查询学生组经营的最后成绩排名,如图 3-35 所示。

| 用户名 | 系统时间 | 公司名称 | 学校名称 | 得分 | 当前修正 | 累计修正 | 合计 |
|---|---|---|---|---|---|---|---|
| a01 | 第1年1季 | 1 | 1 | 8000.0 | | | - |
| a02 | 第1年1季 | 1 | 1 | 8000.0 | | | - |

图 3-35　排行榜单

### 7. 公共信息

点击主页面下方"公共信息"菜单,显示弹出框。公共信息主要显示企业之间的经营数据对比,可以查询所有已经营年度数据,对比查询综合费用、利润、资产负债等信息,也可以公示下一年年初广告投放情况。与主页每组信息的区别在于企业自身数据与企业间数据对比,如图 3-36 所示。

在年份后的下拉框里选择要查询的年份,点击"确认信息"后,页面跳转到每组的经营结果信息。

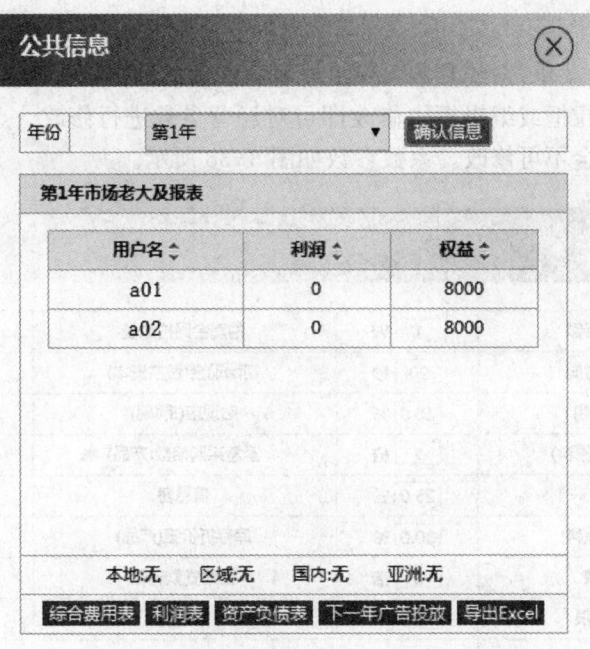

图 3-36　公共信息

8. 订单详情

点击主页面下方菜单"订单详情",弹出框显示该教学班所有年份的市场订单明细,如图 3-37 所示。

| 订单编号 | 年份 | 市场 | 产品 | 数量 | 总价 | 交货期 | 帐期 | ISO | 所属用户 | 状态 |
|---|---|---|---|---|---|---|---|---|---|---|
| S211_01 | 第2年 | 本地 | P1 | 4 | 208W | 4季 | 1季 | - | - | - |
| S211_02 | 第2年 | 本地 | P1 | 2 | 112W | 4季 | 2季 | - | - | - |
| S211_03 | 第2年 | 本地 | P1 | 4 | 208W | 4季 | 3季 | - | - | - |
| S211_04 | 第2年 | 本地 | P1 | 2 | 96W | 4季 | 2季 | - | - | - |
| S211_05 | 第2年 | 本地 | P1 | 1 | 53W | 4季 | 3季 | - | - | - |
| S211_06 | 第2年 | 本地 | P1 | 4 | 201W | 4季 | 1季 | - | - | - |
| S211_07 | 第2年 | 本地 | P1 | 4 | 179W | 4季 | 0季 | - | - | - |
| S211_08 | 第2年 | 本地 | P1 | 3 | 154W | 4季 | 1季 | - | - | - |
| S211_09 | 第2年 | 本地 | P1 | 4 | 216W | 4季 | 2季 | - | - | - |
| S211_10 | 第2年 | 本地 | P1 | 2 | 96W | 4季 | 2季 | - | - | - |
| S211_11 | 第2年 | 本地 | P1 | 2 | 117W | 4季 | 0季 | - | - | - |
| S211_12 | 第2年 | 本地 | P1 | 3 | 161W | 3季 | 1季 | - | - | - |
| S211_13 | 第2年 | 本地 | P1 | 4 | 197W | 3季 | 2季 | - | - | - |
| S212_01 | 第2年 | 本地 | P2 | 2 | 144W | 4季 | 2季 | - | - | - |

图 3-37　订单详情

9. 系统参数

点击主页面下方菜单"系统参数",弹出框显示该教学班初始化的参数设置,选择可修改的参数,在后面的下拉框或编辑框内修改即可对经营参数进行修改。点击"确认"保存修改结果。其中,初始现金不可修改。系数参数如图 3-38 所示。

图 3-38　系统参数

10. 其他

在教师登录界面右上方,设有以下三项功能:

(1) 公告信息。点击"公告信息"按钮,显示聊天对话框。在编辑框内输入文字或表格,发送消息给某企业或全体。当系统有默认设置的消息需要发布时,会直接在聊天框中弹出。

(2) 规则说明。查阅模拟企业经营的运营规则。该规则即为初始化设置时选定的规则方案。

(3) 市场预测。查阅本次模拟企业经营的市场预测信息,包含每个市场各产品的需求数量和市场均价。

# 学习子情境二　新商战电子沙盘模拟规则

## 一、订单方案

新商战电子沙盘模拟规则包括订单规则和经营规则,订单规则又称市场预测。高职订单规则共有 9 套,如图 3-39 所示。

图 3-39 高职订单方案

为方便学生预测市场,作未来经营规划,以 6~8 组为例,给出三套订单规则。每套订单规则,包括市场预测表——均价、市场预测表——需求量和市场预测表——订单数量。

### (一)高职订单规则一

高职订单规则一(6~8 组)是 6~8 组高职订单规则中包含产品种类及数量最少的一个规则,也是难度最低的一个规则,如图 3-40 至图 3-42 所示。

| 市场预测表——均价 | | | | | | |
|---|---|---|---|---|---|---|
| 序号 | 年份 | 产品 | 本地 | 区域 | 国内 | 亚洲 |
| 1 | 第2年 | P1 | 51.23 | 50.89 | 0 | 0 |
| 2 | 第2年 | P2 | 70.53 | 71.37 | 0 | 0 |
| 3 | 第2年 | P3 | 88.69 | 89.86 | 0 | 0 |
| 4 | 第3年 | P1 | 50.52 | 50.94 | 51.22 | 0 |
| 5 | 第3年 | P2 | 71.9 | 70.43 | 71.39 | 0 |
| 6 | 第3年 | P3 | 89.62 | 91.56 | 90.78 | 0 |
| 7 | 第4年 | P1 | 47.78 | 51.65 | 49.58 | 50.41 |
| 8 | 第4年 | P2 | 72.4 | 70.9 | 70.5 | 70.74 |
| 9 | 第4年 | P3 | 91.44 | 95.19 | 94.09 | 93.27 |
| 10 | 第5年 | P1 | 51.81 | 50.22 | 52.21 | 52.33 |
| 11 | 第5年 | P2 | 72.03 | 74.73 | 68.05 | 71.17 |
| 12 | 第5年 | P3 | 88.59 | 91.94 | 90.56 | 89.96 |
| 13 | 第6年 | P1 | 50.05 | 50.48 | 49 | 52.41 |
| 14 | 第6年 | P2 | 70.29 | 69.38 | 69.38 | 69.75 |
| 15 | 第6年 | P3 | 92.75 | 89.7 | 88.37 | 91.9 |

图 3-40 高职订单规则一的市场预测表——均价

### (二)高职订单规则二

高职订单规则二(6~8 组)是 6~8 组高职订单规则中包含产品种类及数量居中的一个规则,也是三种规则中难度居中的一个规则,如图 3-43 至图 3-45 所示。

### (三)高职订单规则三

高职订单规则三(6~8 组)是 6~8 组高职订单规则中包含产品种类及数量最多的一个规则,也是难度最大的一个规则,如图 3-46 至图 3-48 所示。

| 市场预测表——需求量 | | | | | | |
|---|---|---|---|---|---|---|
| 序号 | 年份 | 产品 | 本地 | 区域 | 国内 | 亚洲 |
| 1 | 第2年 | P1 | 39 | 27 | 0 | 0 |
| 2 | 第2年 | P2 | 34 | 27 | 0 | 0 |
| 3 | 第2年 | P3 | 29 | 28 | 0 | 0 |
| 4 | 第3年 | P1 | 29 | 33 | 27 | 0 |
| 5 | 第3年 | P2 | 21 | 23 | 23 | 0 |
| 6 | 第3年 | P3 | 29 | 27 | 27 | 0 |
| 7 | 第4年 | P1 | 23 | 17 | 19 | 17 |
| 8 | 第4年 | P2 | 20 | 30 | 12 | 23 |
| 9 | 第4年 | P3 | 25 | 26 | 22 | 22 |
| 10 | 第5年 | P1 | 26 | 23 | 28 | 27 |
| 11 | 第5年 | P2 | 30 | 22 | 20 | 24 |
| 12 | 第5年 | P3 | 22 | 31 | 25 | 25 |
| 13 | 第6年 | P1 | 22 | 23 | 31 | 27 |
| 14 | 第6年 | P2 | 21 | 26 | 21 | 20 |
| 15 | 第6年 | P3 | 24 | 20 | 30 | 31 |

图3-41 高职订单规则一的市场预测表——需求量

| 市场预测表——订单数量 | | | | | | |
|---|---|---|---|---|---|---|
| 序号 | 年份 | 产品 | 本地 | 区域 | 国内 | 亚洲 |
| 1 | 第2年 | P1 | 13 | 11 | 0 | 0 |
| 2 | 第2年 | P2 | 12 | 11 | 0 | 0 |
| 3 | 第2年 | P3 | 11 | 12 | 0 | 0 |
| 4 | 第3年 | P1 | 11 | 10 | 10 | 0 |
| 5 | 第3年 | P2 | 10 | 9 | 9 | 0 |
| 6 | 第3年 | P3 | 11 | 11 | 10 | 0 |
| 7 | 第4年 | P1 | 9 | 8 | 9 | 8 |
| 8 | 第4年 | P2 | 8 | 9 | 9 | 10 |
| 9 | 第4年 | P3 | 11 | 10 | 10 | 9 |
| 10 | 第5年 | P1 | 12 | 10 | 10 | 10 |
| 11 | 第5年 | P2 | 11 | 9 | 9 | 11 |
| 12 | 第5年 | P3 | 11 | 10 | 11 | 11 |
| 13 | 第6年 | P1 | 11 | 10 | 11 | 11 |
| 14 | 第6年 | P2 | 11 | 11 | 10 | 9 |
| 15 | 第6年 | P3 | 13 | 11 | 12 | 11 |

图3-42 高职订单规则一的市场预测表——订单数量

| 市场预测表——均价 | | | | | | |
|---|---|---|---|---|---|---|
| 序号 | 年份 | 产品 | 本地 | 区域 | 国内 | 亚洲 |
| 1 | 第2年 | P1 | 51.26 | 50.15 | 0 | 0 |
| 2 | 第2年 | P2 | 69.54 | 68.2 | 0 | 0 |
| 3 | 第2年 | P3 | 89.78 | 89.23 | 0 | 0 |
| 4 | 第2年 | P4 | 106.22 | 102.28 | 0 | 0 |
| 5 | 第3年 | P1 | 52.1 | 50.4 | 52.24 | 0 |
| 6 | 第3年 | P2 | 72.41 | 69.74 | 70.14 | 0 |
| 7 | 第3年 | P3 | 88.33 | 85.36 | 89.54 | 0 |
| 8 | 第3年 | P4 | 101.53 | 106.5 | 102.52 | 0 |
| 9 | 第4年 | P1 | 52.93 | 51.06 | 49.53 | 52.14 |
| 10 | 第4年 | P2 | 72.25 | 71.32 | 70.54 | 68.7 |
| 11 | 第4年 | P3 | 90 | 95.42 | 88.95 | 93.61 |
| 12 | 第4年 | P4 | 104.32 | 103.18 | 101.41 | 104 |
| 13 | 第5年 | P1 | 52 | 51.88 | 50.73 | 50.08 |
| 14 | 第5年 | P2 | 72.22 | 70.13 | 68.21 | 69.95 |
| 15 | 第5年 | P3 | 86.83 | 93.55 | 87.41 | 87.7 |
| 16 | 第5年 | P4 | 101.71 | 102.53 | 99.84 | 102.15 |
| 17 | 第6年 | P1 | 51.06 | 52.33 | 49.53 | 51.32 |
| 18 | 第6年 | P2 | 71.46 | 69 | 68.5 | 71.08 |
| 19 | 第6年 | P3 | 92.9 | 90.4 | 88.16 | 89.48 |
| 20 | 第6年 | P4 | 102.26 | 96.47 | 99.57 | 102.35 |

图 3-43 高职订单规则二的市场预测表——均价

| 市场预测表——需求量 | | | | | | |
|---|---|---|---|---|---|---|
| 序号 | 年份 | 产品 | 本地 | 区域 | 国内 | 亚洲 |
| 1 | 第2年 | P1 | 19 | 20 | 0 | 0 |
| 2 | 第2年 | P2 | 28 | 15 | 0 | 0 |
| 3 | 第2年 | P3 | 23 | 13 | 0 | 0 |
| 4 | 第2年 | P4 | 18 | 18 | 0 | 0 |
| 5 | 第3年 | P1 | 21 | 25 | 25 | 0 |
| 6 | 第3年 | P2 | 17 | 23 | 21 | 0 |
| 7 | 第3年 | P3 | 24 | 14 | 24 | 0 |
| 8 | 第3年 | P4 | 19 | 18 | 23 | 0 |
| 9 | 第4年 | P1 | 14 | 16 | 19 | 21 |
| 10 | 第4年 | P2 | 16 | 25 | 24 | 20 |
| 11 | 第4年 | P3 | 11 | 12 | 19 | 28 |
| 12 | 第4年 | P4 | 19 | 17 | 17 | 30 |
| 13 | 第5年 | P1 | 14 | 25 | 22 | 26 |
| 14 | 第5年 | P2 | 23 | 15 | 19 | 22 |
| 15 | 第5年 | P3 | 18 | 22 | 22 | 23 |
| 16 | 第5年 | P4 | 24 | 19 | 19 | 20 |
| 17 | 第6年 | P1 | 16 | 18 | 30 | 22 |
| 18 | 第6年 | P2 | 24 | 25 | 24 | 26 |
| 19 | 第6年 | P3 | 21 | 25 | 19 | 23 |
| 20 | 第6年 | P4 | 34 | 30 | 23 | 23 |

图 3-44 高职订单规则二的市场预测表——需求量

| 市场预测表——订单数量 | | | | | | |
|---|---|---|---|---|---|---|
| 序号 | 年份 | 产品 | 本地 | 区域 | 国内 | 亚洲 |
| 1 | 第2年 | P1 | 6 | 8 | 0 | 0 |
| 2 | 第2年 | P2 | 9 | 7 | 0 | 0 |
| 3 | 第2年 | P3 | 7 | 6 | 0 | 0 |
| 4 | 第2年 | P4 | 7 | 7 | 0 | 0 |
| 5 | 第3年 | P1 | 7 | 10 | 10 | 0 |
| 6 | 第3年 | P2 | 7 | 8 | 9 | 0 |
| 7 | 第3年 | P3 | 9 | 7 | 8 | 0 |
| 8 | 第3年 | P4 | 7 | 7 | 8 | 0 |
| 9 | 第4年 | P1 | 6 | 6 | 8 | 7 |
| 10 | 第4年 | P2 | 7 | 8 | 8 | 9 |
| 11 | 第4年 | P3 | 6 | 6 | 7 | 10 |
| 12 | 第4年 | P4 | 7 | 7 | 8 | 10 |
| 13 | 第5年 | P1 | 6 | 9 | 9 | 9 |
| 14 | 第5年 | P2 | 8 | 7 | 8 | 9 |
| 15 | 第5年 | P3 | 8 | 8 | 8 | 10 |
| 16 | 第5年 | P4 | 9 | 8 | 10 | 9 |
| 17 | 第6年 | P1 | 7 | 7 | 10 | 8 |
| 18 | 第6年 | P2 | 9 | 9 | 10 | 11 |
| 19 | 第6年 | P3 | 9 | 10 | 9 | 8 |
| 20 | 第6年 | P4 | 11 | 11 | 11 | 9 |

图 3-45 高职订单规则二的市场预测表——订单数量

| 市场预测表——均价 | | | | | | | |
|---|---|---|---|---|---|---|---|
| 序号 | 年份 | 产品 | 本地 | 区域 | 国内 | 亚洲 | 国际 |
| 1 | 第2年 | P1 | 50.91 | 50.15 | 0 | 0 | 0 |
| 2 | 第2年 | P2 | 68.67 | 71.25 | 0 | 0 | 0 |
| 3 | 第2年 | P3 | 87.86 | 91.5 | 0 | 0 | 0 |
| 4 | 第2年 | P4 | 132.11 | 129.58 | 0 | 0 | 0 |
| 5 | 第3年 | P1 | 52.33 | 51.5 | 48.69 | 0 | 0 |
| 6 | 第3年 | P2 | 74.32 | 70.85 | 71.27 | 0 | 0 |
| 7 | 第3年 | P3 | 92.25 | 85.84 | 87.71 | 0 | 0 |
| 8 | 第3年 | P4 | 131.77 | 122.71 | 130.62 | 0 | 0 |
| 9 | 第4年 | P1 | 48.3 | 51.1 | 47.61 | 51.8 | 0 |
| 10 | 第4年 | P2 | 71.69 | 70.42 | 70.8 | 68.62 | 0 |
| 11 | 第4年 | P3 | 91.39 | 89.25 | 90.67 | 94.05 | 0 |
| 12 | 第4年 | P4 | 129.41 | 123.5 | 121.94 | 126.1 | 0 |
| 13 | 第5年 | P1 | 51.55 | 52.06 | 50.54 | 50.53 | 51.35 |
| 14 | 第5年 | P2 | 69.79 | 68.93 | 71.05 | 70.15 | 68.75 |
| 15 | 第5年 | P3 | 87 | 89.35 | 92.21 | 88.21 | 90.75 |
| 16 | 第5年 | P4 | 125.74 | 122.91 | 120.61 | 125.55 | 125.92 |
| 17 | 第6年 | P1 | 51.41 | 51.07 | 51.05 | 49.33 | 49.18 |
| 18 | 第6年 | P2 | 68.58 | 71.07 | 69.06 | 71.15 | 72.12 |
| 19 | 第6年 | P3 | 93.38 | 88.92 | 93 | 90.44 | 90.74 |
| 20 | 第6年 | P4 | 127.05 | 128.21 | 126 | 129.78 | 124.38 |

图 3-46 高职订单规则三的市场预测表——均价

| 市场预测表——需求量 | | | | | | | |
|---|---|---|---|---|---|---|---|
| 序号 | 年份 | 产品 | 本地 | 区域 | 国内 | 亚洲 | 国际 |
| 1 | 第2年 | P1 | 22 | 20 | 0 | 0 | 0 |
| 2 | 第2年 | P2 | 21 | 8 | 0 | 0 | 0 |
| 3 | 第2年 | P3 | 14 | 12 | 0 | 0 | 0 |
| 4 | 第2年 | P4 | 9 | 12 | 0 | 0 | 0 |
| 5 | 第3年 | P1 | 18 | 18 | 16 | 0 | 0 |
| 6 | 第3年 | P2 | 19 | 20 | 26 | 0 | 0 |
| 7 | 第3年 | P3 | 12 | 19 | 17 | 0 | 0 |
| 8 | 第3年 | P4 | 13 | 14 | 8 | 0 | 0 |
| 9 | 第4年 | P1 | 10 | 21 | 18 | 10 | 0 |
| 10 | 第4年 | P2 | 16 | 19 | 20 | 29 | 0 |
| 11 | 第4年 | P3 | 18 | 16 | 21 | 19 | 0 |
| 12 | 第4年 | P4 | 17 | 18 | 16 | 20 | 0 |
| 13 | 第5年 | P1 | 22 | 16 | 13 | 19 | 17 |
| 14 | 第5年 | P2 | 19 | 14 | 19 | 13 | 12 |
| 15 | 第5年 | P3 | 16 | 20 | 19 | 24 | 16 |
| 16 | 第5年 | P4 | 19 | 11 | 18 | 11 | 12 |
| 17 | 第6年 | P1 | 17 | 15 | 22 | 15 | 11 |
| 18 | 第6年 | P2 | 19 | 15 | 17 | 20 | 16 |
| 19 | 第6年 | P3 | 13 | 24 | 13 | 18 | 19 |
| 20 | 第6年 | P4 | 20 | 14 | 14 | 9 | 13 |

图 3-47 高职订单规则三的市场预测表——需求量

| 市场预测表——订单数量 | | | | | | | |
|---|---|---|---|---|---|---|---|
| 序号 | 年份 | 产品 | 本地 | 区域 | 国内 | 亚洲 | 国际 |
| 1 | 第2年 | P1 | 7 | 7 | 0 | 0 | 0 |
| 2 | 第2年 | P2 | 7 | 5 | 0 | 0 | 0 |
| 3 | 第2年 | P3 | 6 | 6 | 0 | 0 | 0 |
| 4 | 第2年 | P4 | 5 | 5 | 0 | 0 | 0 |
| 5 | 第3年 | P1 | 8 | 7 | 7 | 0 | 0 |
| 6 | 第3年 | P2 | 7 | 8 | 9 | 0 | 0 |
| 7 | 第3年 | P3 | 7 | 7 | 6 | 0 | 0 |
| 8 | 第3年 | P4 | 6 | 5 | 5 | 0 | 0 |
| 9 | 第4年 | P1 | 6 | 8 | 6 | 6 | 0 |
| 10 | 第4年 | P2 | 7 | 8 | 8 | 9 | 0 |
| 11 | 第4年 | P3 | 8 | 7 | 9 | 7 | 0 |
| 12 | 第4年 | P4 | 7 | 7 | 7 | 7 | 0 |
| 13 | 第5年 | P1 | 7 | 5 | 5 | 8 | 8 |
| 14 | 第5年 | P2 | 6 | 6 | 6 | 5 | 7 |
| 15 | 第5年 | P3 | 6 | 7 | 6 | 8 | 7 |
| 16 | 第5年 | P4 | 7 | 4 | 6 | 6 | 7 |
| 17 | 第6年 | P1 | 7 | 6 | 8 | 6 | 6 |
| 18 | 第6年 | P2 | 6 | 6 | 8 | 8 | 7 |
| 19 | 第6年 | P3 | 5 | 8 | 8 | 7 | 6 |
| 20 | 第6年 | P4 | 8 | 5 | 6 | 5 | 6 |

图 3-48 高职订单规则三的市场预测表——订单数量

## 二、规则方案

新商战电子沙盘模拟规则中的经营规则,高职订单规则共有3套,如图3-49所示。

同样,为方便学生作未来经营规划,给出3套规则方案。

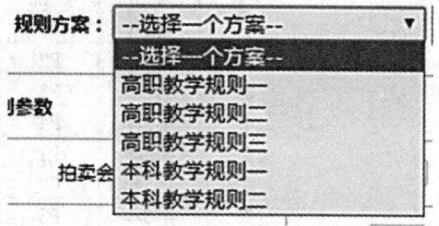

图3-49 高职规则方案

### (一)高职教学规则一

**1. 生产线**

高职教学规则一的生产线规则如表3-1所示。

表3-1 高职教学规则一的生产线规则

| 生产线 | 购置费 | 安装周期 | 生产周期 | 维修费 | 残值 | 转产周期 | 转产费 | 分值 |
|---|---|---|---|---|---|---|---|---|
| 超级手工线 | 30 W | 无 | 2Q | 5 W/年 | 6 W | 无 | 无 | 0分 |
| 自动线 | 150 W | 3Q | 1Q | 20 W/年 | 30 W | 1Q | 20 W | 8分 |
| 柔性线 | 200 W | 4Q | 1Q | 20 W/年 | 40 W | 无 | 无 | 10分 |

(1)不论何时出售生产线,从生产线净值中取出相当于残值的部分计入现金,净值与残值之差计入损失。

(2)只有空的并且已经建成的生产线方可转产。

(3)当年建成的生产线、转产中生产线都要交维修费。

**2. 折旧(平均年限法)**

高职教学规则一的折旧规则如表3-2所示。

表3-2 高职教学规则一的折旧规则

| 生产线 | 购置费 | 残值 | 建成第1年 | 建成第2年 | 建成第3年 | 建成第4年 | 建成第5年 |
|---|---|---|---|---|---|---|---|
| 超级手工线 | 30 W | 6 W | 0 W | 6 W | 6 W | 6 W | 6 W |
| 自动线 | 150 W | 30 W | 0 W | 30 W | 30 W | 30 W | 30 W |
| 柔性线 | 200 W | 40 W | 0 W | 40 W | 40 W | 40 W | 40 W |

当生产线净值等于残值时生产线不再计提折旧,但可以继续使用,生产线建成第一年(当年)不计提折旧。

**3. 厂房**

高职教学规则一的厂房规则如表3-3所示。

表3-3 高职教学规则一的厂房规则

| 厂房 | 购买价格 | 租金 | 出售价格 | 容量 | 分值 |
|---|---|---|---|---|---|
| 大厂房 | 400 W | 40 W/年 | 400 W | 4条 | 10分 |
| 小厂房 | 180 W | 18 W/年 | 180 W | 2条 | 7分 |

(1)租用或购买厂房可以在任何季度进行。如果决定租用厂房或者厂房买转租,租金在开始租用时交付。

(2)厂房租入后,租期结束后才可作租转买、退租等处理,如果没有重新选择,系统自动作续租处理,租金在"当季结束"时和"行政管理费"一并扣除。

(3) 如需新建生产线,则厂房须有空闲空间。
(4) 当厂房中没有生产线,才可以选择退租。
(5) 已购厂房随时可以按原值出售(如有租金须付清后才可出售,否则无法出售),获得账期为 4Q 的应收款。

4. 融资

高职教学规则一的融资规则如表 3-4 所示。

表 3-4　　　　　　　　　　　高职教学规则一的融资规则

| 贷款类型 | 贷款时间 | 贷款额度 | 年息 | 还款方式 |
| --- | --- | --- | --- | --- |
| 长期贷款 | 每年年初 | 所有贷款不超过上一年所有者权益的 3 倍,不低于 10 W | 10% | 年初付息,到期还本 |
| 短期贷款 | 每季季初 | 所有贷款不超过上一年所有者权益的 3 倍,不低于 10 W | 5% | 到期一次还本付息 |
| 资金贴现 | 任何时间 | 不超过应收款额 | 10%(1季,2季);12.5%(3季,4季) | 贴现各账期分开核算,分开计息 |
| 库存拍卖 | | 原材料八折(向下取整),成品按成本价 | | |

(1) 长期贷款期限为 1～5 年,短期贷款期限为 4 个季度(1 年)。
(2) 长期贷款借入当年不付息,第 2 年年初开始,每年按年利率支付利息,到期还本时,支付最后一年利息。
(3) 短期贷款到期时,一次性还本付息。
(4) 长期贷款和短期贷款均不可提前还款。

5. 市场准入

高职教学规则一的市场准入规则如表 3-5 所示。

表 3-5　　　　　　　　　　　高职教学规则一的市场准入规则

| 市　场 | 开发费用 | 时　间 | 分　值 |
| --- | --- | --- | --- |
| 本地 | 10 W/年×1 年＝10 W | 1 年 | 7 分 |
| 区域 | 10 W/年×1 年＝10 W | 1 年 | 7 分 |
| 国内 | 10 W/年×2 年＝20 W | 2 年 | 8 分 |
| 亚洲 | 10 W/年×3 年＝30 W | 3 年 | 9 分 |

**注意:**
★ 市场开拓,只能在每年第 4 季度操作。

6. ISO 认证

高职教学规则一的 ISO 认证规则如表 3-6 所示。

表 3-6　　　　　　　　　　　高职教学规则一的 ISO 认证规则

| 市　场 | 开发费用 | 时　间 | 分　值 |
| --- | --- | --- | --- |
| ISO9000 | 10 W/年×2 年＝20 W | 2 年 | 8 分 |
| ISO14000 | 20 W/年×2 年＝40 W | 2 年 | 10 分 |

**注意：**

★ ISO 认证，只能在每年第 4 季度操作。

### 7. 产品研发

高职教学规则一的产品研发规则如表 3-7 所示。

表 3-7　　　　　　　　高职教学规则一的产品研发规则

| 名　称 | 开发费用 | 开发周期 | 加工费 | 直接成本 | 产品组成 | 分　值 |
|---|---|---|---|---|---|---|
| P1 | 10 W/季×2 季＝20 W | 2 季 | 10 W/个 | 20 W/个 | R1 | 7 分 |
| P2 | 10 W/季×3 季＝30 W | 3 季 | 10 W/个 | 30 W/个 | R1+R2 | 8 分 |
| P3 | 10 W/季×4 季＝40 W | 4 季 | 10 W/个 | 40 W/个 | R1+R2+R3 | 9 分 |

### 8. 原材料

高职教学规则一的原材料规则如表 3-8 所示。

表 3-8　　　　　　　　高职教学规则一的原材料规则

| 名　称 | 购买价格 | 提前期 |
|---|---|---|
| R1 | 10 W/个 | 1 季 |
| R2 | 10 W/个 | 1 季 |
| R3 | 10 W/个 | 2 季 |

### 9. 紧急采购

（1）付款即到货，可马上投入生产或销售，原材料价格为直接成本的 2 倍，成品价格为直接成本的 3 倍。即：紧急采购 R1 或 R2，每个原材料单价为 20 W/个，紧急采购 P1 单价为 60 W/个，紧急采购 P2 单价为 90 W/个。

（2）紧急采购原材料和产品时，直接扣除现金。上报报表时，成本仍然按照标准成本记录，紧急采购多付出的成本计入费用表损失。

### 10. 选单规则

以当年本市场本产品广告额投放大小顺序依次选单；如果两组本市场本产品广告额相同，则看当年本市场广告投放总额；如果当年本市场广告总额也相同，则看上年该市场销售排名；如仍相同，先投广告者先选单。

如参数中选择有市场老大，老大有该市场所有产品优先选单权。

**注意：**

★ 必须在倒计时大于 5 秒时选单，出现确认框要在 3 秒内按下确认按钮；否则，可能造成选单无效。

★ 每组每轮选单只能先选择 1 张订单，待所有投放广告组完成第一轮选单后还有订单，该市场该产品广告额大于等于 3 W 的组将获得第二轮选单机会，选单顺序和第一轮相同；第二轮选单完成后，该市场该产品广告额大于等于 5 W 的组将获得第三轮选单机会，选单顺序和第一轮相同；以此类推。

★ 在某细分市场（如本地、P1）有多次选单机会，只要放弃一次，则视同放弃该细分市场所有选单机会。

★ 选单中有意外，请立即告知教师，教师会暂停倒计时。

★ 市场老大指上一年某市场内所有产品销售总额最多,且该市场没有违约的那家企业,如果出现多组销售总额相等,则市场无老大。

11. 取整规则

(1) 违约金扣除——四舍五入。
(2) 库存出售所得现金——向下取整。
(3) 贴现费用——向上取整。
(4) 贷款利息——四舍五入。

12. 重要参数

高职教学规则一的重要参数如表3-9所示。

表3-9　　　　　　　　　　高职教学规则一的重要参数

| 违约金比例 | 20.00% | 贷款额倍数 | 3倍 |
| --- | --- | --- | --- |
| 产品折价率 | 100.00% | 原材料折价率 | 80.00% |
| 长贷利率 | 10.00% | 短贷利率 | 5.00% |
| 1、2期贴现率 | 10.00% | 3、4期贴现率 | 12.50% |
| 初始现金 | 600 W | 管理费 | 10 W |
| 信息费 | 1 W | 所得税税率 | 25.00% |
| 最大长贷年限 | 5年 | 最小得单广告额 | 10 W |
| 原材料紧急采购倍数 | 2倍 | 产品紧急采购倍数 | 3倍 |
| 选单时间 | 45秒 | 首位选单补时 | 15秒 |
| 市场同开数量 | 2 | 市场老大 | 有 |
| 竞单时间 | 90秒 | 竞单同竞数 | 3 |
| 最大厂房数量 | 4个 | | |

**注意:**

★ 重要参数可以在电子沙盘"教学班初始化"环节由教师修改。

### (二) 高职教学规则二

1. 生产线

高职教学规则二的生产线规则如表3-10所示。

表3-10　　　　　　　　　　高职教学规则二的生产线规则

| 生产线 | 购置费 | 安装周期 | 生产周期 | 维修费 | 残值 | 转产周期 | 转产费 | 分值 |
| --- | --- | --- | --- | --- | --- | --- | --- | --- |
| 超级手工线 | 35 W | 无 | 2Q | 5 W/年 | 5 W | 无 | 无 | 0分 |
| 自动线 | 150 W | 3Q | 1Q | 20 W/年 | 30 W | 1Q | 20 W | 8分 |
| 柔性线 | 200 W | 4Q | 1Q | 20 W/年 | 40 W | 无 | 无 | 10分 |

(1) 不论何时出售生产线,从生产线净值中取出相当于残值的部分计入现金,净值与残值之差计入损失。
(2) 只有空的并且已经建成的生产线方可转产。
(3) 当年建成的生产线、转产中生产线都要交维修费。

## 2. 折旧(平均年限法)

高职教学规则二的折旧规则如表 3-11 所示。

表 3-11　　　　　　　　　　　高职教学规则二的折旧规则

| 生产线 | 购置费 | 残值 | 建成第1年 | 建成第2年 | 建成第3年 | 建成第4年 | 建成第5年 |
|---|---|---|---|---|---|---|---|
| 超级手工线 | 35 W | 5 W | 0 W | 10 W | 10 W | 10 W | 10 W |
| 自动线 | 150 W | 30 W | 0 W | 30 W | 30 W | 30 W | 30 W |
| 柔性线 | 200 W | 40 W | 0 W | 40 W | 40 W | 40 W | 40 W |

当生产线净值等于残值时生产线不再计提折旧,但可以继续使用,生产线建成第一年(当年)不计提折旧。

## 3. 厂房

高职教学规则二的厂房规则如表 3-12 所示。

表 3-12　　　　　　　　　　　高职教学规则二的厂房规则

| 厂房 | 购买价格 | 租金 | 出售价格 | 容量 | 分值 |
|---|---|---|---|---|---|
| 大厂房 | 400 W | 40 W/年 | 400 W | 4 条 | 10 分 |
| 中厂房 | 300 W | 30 W/年 | 300 W | 3 条 | 8 分 |
| 小厂房 | 180 W | 18 W/年 | 180 W | 2 条 | 7 分 |

(1) 租用或购买厂房可以在任何季度进行。如果决定租用厂房或者厂房买转租,租金在开始租用时交付。

(2) 厂房租入后,租期结束后才可作租转买、退租等处理,如果没有重新选择,系统自动做续租处理,租金在"当季结束"时和"行政管理费"一并扣除。

(3) 如需新建生产线,则厂房须有空闲空间。

(4) 当厂房中没有生产线,才可以选择退租。

(5) 已购厂房随时可以按原值出售(如有租金须付清后才可出售;否则,无法出售),获得账期为 4Q 的应收款。

## 4. 融资

高职教学规则二的融资规则如表 3-13 所示。

表 3-13　　　　　　　　　　　高职教学规则二的融资规则

| 贷款类型 | 贷款时间 | 贷款额度 | 年息 | 还款方式 |
|---|---|---|---|---|
| 长期贷款 | 每年年初 | 所有贷款不超过上一年所有者权益的3倍,不低于10 W | 10% | 年初付息,到期还本 |
| 短期贷款 | 每季季初 | 所有贷款不超过上一年所有者权益的3倍,不低于10 W | 5% | 到期一次还本付息 |
| 资金贴现 | 任何时间 | 不超过应收款额 | 10%(1季,2季); 12.5%(3季,4季) | 贴现各账期分开核算,分开计息 |
| 库存拍卖 |  | 原材料八折(向下取整),成品按成本价 |  |  |

(1) 长期贷款期限为 1~5 年,短期贷款期限为 4 个季度(1 年)。

(2) 长期贷款借入当年不付息,第二年年初开始,每年按年利率支付利息,到期还本时,支付最后一年利息。

(3) 短期贷款到期时,一次性还本付息。
(4) 长期贷款和短期贷款均不可提前还款。

### 5. 市场准入

高职教学规则二的市场规则如表3-14所示。

表3-14　　　　　　　　　　高职教学规则二的市场规则

| 市　场 | 开发费用 | 时　间 | 分　值 |
| --- | --- | --- | --- |
| 本地 | 10 W/年×1年=10 W | 1年 | 7分 |
| 区域 | 10 W/年×1年=10 W | 1年 | 7分 |
| 国内 | 10 W/年×2年=20 W | 2年 | 8分 |
| 亚洲 | 10 W/年×3年=30 W | 3年 | 9分 |

### 6. ISO认证

高职教学规则二的ISO认证规则如表3-15所示。

表3-15　　　　　　　　　高职教学规则二的ISO认证规则

| 市　场 | 开发费用 | 时　间 | 分　值 |
| --- | --- | --- | --- |
| ISO9000 | 10 W/年×2年=20 W | 2年 | 8分 |
| ISO14000 | 20 W/年×2年=40 W | 2年 | 10分 |

### 7. 产品研发

高职教学规则二的产品研发规则如表3-16所示。

表3-16　　　　　　　　　高职教学规则二的产品研发规则

| 名　称 | 开发费用 | 开发周期 | 加工费 | 直接成本 | 产品组成 | 分　值 |
| --- | --- | --- | --- | --- | --- | --- |
| P1 | 10 W/季×2季=20 W | 2季 | 10 W/个 | 20 W/个 | R1 | 7分 |
| P2 | 10 W/季×3季=30 W | 3季 | 10 W/个 | 30 W/个 | R2+R3 | 8分 |
| P3 | 10 W/季×4季=40 W | 4季 | 10 W/个 | 40 W/个 | R1+R3+R4 | 9分 |
| P4 | 10 W/季×5季=50 W | 5季 | 10 W/个 | 50 W/个 | R1+R3+2R4 | 10分 |

### 8. 原材料

高职教学规则二的原材料规则如表3-17所示。

表3-17　　　　　　　　　高职教学规则二的原材料规则

| 名　称 | 购买价格 | 提前期 |
| --- | --- | --- |
| R1 | 10 W/个 | 1季 |
| R2 | 10 W/个 | 1季 |
| R3 | 10 W/个 | 2季 |
| R4 | 10 W/个 | 2季 |

### 9. 紧急采购

(1) 付款即到货,可马上投入生产或销售,原材料价格为直接成本的2倍,成品价格为直接成本的3倍。即:紧急采购R1或R2,每个原材料单价为20 W/个,紧急采购P1单价为60 W/个,紧急采购P2单价为90 W/个。

(2) 紧急采购原材料和产品时,直接扣除现金。上报报表时,成本仍然按照标准成本记录,紧急采购多付出的成本计入费用表损失。

10. 选单规则

以当年本市场本产品广告额投放大小顺序依次选单;如果两组本市场本产品广告额相同,则看当年本市场广告投放总额;如果当年本市场广告总额也相同,则看上年该市场销售排名;如仍相同,先投广告者先选单。

如参数中选择有市场老大,老大有该市场所有产品优先选单权。

11. 取整规则

(1) 违约金扣除——四舍五入。

(2) 库存出售所得现金——向下取整。

(3) 贴现费用——向上取整。

(4) 贷款利息——四舍五入。

12. 重要参数

高职教学规则二的重要参数如表 3-18 所示。

表 3-18　　　　　　　　　　高职教学规则二的重要参数

| 违约金比例 | 20.00% | 贷款额倍数 | 3 倍 |
|---|---|---|---|
| 产品折价率 | 100.00% | 原材料折价率 | 80.00% |
| 长贷利率 | 10.00% | 短贷利率 | 5.00% |
| 1、2 期贴现率 | 10.00% | 3、4 期贴现率 | 12.50% |
| 初始现金 | 600 W | 管理费 | 10 W |
| 信息费 | 1 W | 所得税税率 | 25.00% |
| 最大长贷年限 | 5 年 | 最小得单广告额 | 10 W |
| 原材料紧急采购倍数 | 2 倍 | 产品紧急采购倍数 | 3 倍 |
| 选单时间 | 45 秒 | 首位选单补时 | 15 秒 |
| 市场同开数量 | 2 | 市场老大 | 有 |
| 竞单时间 | 90 秒 | 竞单同竞数 | 3 |
| 最大厂房数量 | 4 个 | | |

### (三) 高职教学规则三

1. 生产线

高职教学规则三的生产线规则如表 3-19 所示。

表 3-19　　　　　　　　　　高职教学规则三的生产线规则

| 生产线 | 购置费 | 安装周期 | 生产周期 | 维修费 | 残值 | 转产周期 | 转产费 | 分值 |
|---|---|---|---|---|---|---|---|---|
| 超级手工线 | 35 W | 无 | 2Q | 5 W/年 | 5 W | 无 | 无 | 0 分 |
| 自动线 | 150 W | 3Q | 1Q | 20 W/年 | 30 W | 1Q | 20 W | 8 分 |
| 柔性线 | 200 W | 4Q | 1Q | 20 W/年 | 40 W | 无 | 无 | 10 分 |
| 租赁线 | 0 W | 无 | 1Q | 65 W/年 | −65 W | 1Q | 20 W | 0 分 |

(1) 不论何时出售生产线,从生产线净值中取出相当于残值的部分计入现金,净值与残值之差计入损失。

(2) 只有空的并且已经建成的生产线方可转产。

(3) 当年建成的生产线、转产中生产线都要交维修费。

## 2. 折旧(平均年限法)

高职教学规则三的折旧规则如表3-20所示。

表3-20　　　　　　　　　　　高职教学规则三的折旧规则

| 生产线 | 购置费 | 残值 | 建成第1年 | 建成第2年 | 建成第3年 | 建成第4年 | 建成第5年 |
| --- | --- | --- | --- | --- | --- | --- | --- |
| 超级手工线 | 35 W | 5 W | 0 W | 10 W | 10 W | 10 W | 0 W |
| 自动线 | 150 W | 30 W | 0 W | 30 W | 30 W | 30 W | 30 W |
| 柔性线 | 200 W | 40 W | 0 W | 40 W | 40 W | 40 W | 40 W |

当生产线净值等于残值时生产线不再计提折旧,但可以继续使用,生产线建成第一年(当年)不计提折旧。

## 3. 厂房

高职教学规则三的厂房规则如表3-21所示。

表3-21　　　　　　　　　　　高职教学规则三的厂房规则

| 厂房 | 购买价格 | 租金 | 出售价格 | 容量 | 分值 |
| --- | --- | --- | --- | --- | --- |
| 大厂房 | 400 W | 40 W/年 | 400 W | 4条 | 10分 |
| 中厂房 | 300 W | 30 W/年 | 300 W | 3条 | 8分 |
| 小厂房 | 180 W | 18 W/年 | 180 W | 2条 | 7分 |

(1) 租用或购买厂房可以在任何季度进行。如果决定租用厂房或者厂房买转租,租金在开始租用时交付。

(2) 厂房租入后,租期结束后才可作租转买、退租等处理,如果没有重新选择,系统自动做续租处理,租金在"当季结束"时和"行政管理费"一并扣除。

(3) 如需新建生产线,则厂房须有空闲空间。

(4) 当厂房中没有生产线,才可以选择退租。

(5) 厂房合计购/租上限为4。

(6) 已购厂房随时可以按原值出售(如有租金须付清后才可出售,否则无法出售),获得账期为4Q的应收款。

## 4. 融资

高职教学规则三的融资规则如表3-22所示。

表3-22　　　　　　　　　　　高职教学规则三的融资规则

| 贷款类型 | 贷款时间 | 贷款额度 | 年息 | 还款方式 |
| --- | --- | --- | --- | --- |
| 长期贷款 | 每年年初 | 所有贷款不超过上一年所有者权益的3倍,不低于10 W | 10% | 年初付息,到期还本 |
| 短期贷款 | 每季季初 | 所有贷款不超过上一年所有者权益的3倍,不低于10 W | 5% | 到期一次还本付息 |
| 资金贴现 | 任何时间 | 不超过应收款额 | 10%(1季,2季) 12.5%(3季,4季) | 贴现各账期分开核算,分开计息 |
| 库存拍卖 | | 原材料八折(向下取整),成品按成本价 | | |

(1) 长期贷款期限为 1~5 年,短期贷款期限为 4 个季度(1 年)。

(2) 长期贷款借入当年不付息,第二年年初开始,每年按年利率支付利息,到期还本时,支付最后一年利息。

(3) 短期贷款到期时,一次性还本付息。

(4) 长期贷款和短期贷款均不可提前还款。

### 5. 市场准入

高职教学规则三的市场准入规则如表 3-23 所示。

表 3-23　　　　　　　　高职教学规则三的市场准入规则

| 市　场 | 开发费用 | 时　间 | 分　值 |
|---|---|---|---|
| 本地 | 10 W/年×1 年＝10 W | 1 年 | 7 分 |
| 区域 | 10 W/年×1 年＝10 W | 1 年 | 7 分 |
| 国内 | 10 W/年×2 年＝20 W | 2 年 | 8 分 |
| 亚洲 | 10 W/年×3 年＝30 W | 3 年 | 9 分 |
| 国际 | 10 W/年×4 年＝40 W | 4 年 | 10 分 |

### 6. ISO 认证

高职教学规则三的 ISO 认证规则如表 3-24 所示。

表 3-24　　　　　　　　高职教学规则三的 ISO 认证规则

| 市　场 | 开发费用 | 时　间 | 分　值 |
|---|---|---|---|
| ISO9000 | 10 W/年×2 年＝20 W | 2 年 | 8 分 |
| ISO14000 | 20 W/年×2 年＝40 W | 2 年 | 10 分 |

### 7. 产品研发

高职教学规则三的产品研发规则如表 3-25 所示。

表 3-25　　　　　　　　高职教学规则三的产品研发规则

| 名　称 | 开发费用 | 开发周期 | 加工费 | 直接成本 | 产品组成 | 分　值 |
|---|---|---|---|---|---|---|
| P1 | 10 W/季×2 季＝20 W | 2 季 | 10 W/个 | 20 W/个 | R1 | 7 分 |
| P2 | 10 W/季×3 季＝30 W | 3 季 | 10 W/个 | 30 W/个 | R2+R3 | 8 分 |
| P3 | 10 W/季×4 季＝40 W | 4 季 | 10 W/个 | 40 W/个 | R1+R3+R4 | 9 分 |
| P4 | 10 W/季×5 季＝50 W | 5 季 | 10 W/个 | 50 W/个 | R1+R3+P1 | 10 分 |

### 8. 原材料

高职教学规则三的原材料规则如表 3-26 所示。

表 3-26　　　　　　　　高职教学规则三的原材料规则

| 名　称 | 购买价格 | 提前期 |
|---|---|---|
| R1 | 10 W/个 | 1 季 |
| R2 | 10 W/个 | 1 季 |
| R3 | 10 W/个 | 2 季 |
| R4 | 10 W/个 | 2 季 |

## 9. 紧急采购

（1）付款即到货，可马上投入生产或销售，原材料价格为直接成本的 2 倍，成品价格为直接成本的 3 倍。即：紧急采购 R1 或 R2，每个原材料单价为 20 W/个，紧急采购 P1 单价为 60 W/个，紧急采购 P2 单价为 90 W/个。

（2）紧急采购原材料和产品时，直接扣除现金。上报报表时，成本仍然按照标准成本记录，紧急采购多付出的成本计入费用表损失。

## 10. 选单规则

以当年本市场本产品广告额投放大小顺序依次选单；如果两组本市场本产品广告额相同，则看当年本市场广告投放总额；如果当年本市场广告总额也相同，则看上年该市场销售排名；如仍相同，先投广告者先选单。

如参数中选择有市场老大，老大有该市场所有产品优先选单权。

## 11. 取整规则

（1）违约金扣除——四舍五入。

（2）库存出售所得现金——向下取整。

（3）贴现费用——向上取整。

（4）贷款利息——四舍五入。

## 12. 重要参数

高职教学规则三的重要参数如表 3-27 所示。

表 3-27　　　　　高职教学规则三的重要参数

| 违约金比例 | 20.00% | 贷款额倍数 | 3 倍 |
|---|---|---|---|
| 产品折价率 | 100.00% | 原材料折价率 | 80.00% |
| 长贷利率 | 10.00% | 短贷利率 | 5.00% |
| 1、2 期贴现率 | 10.00% | 3、4 期贴现率 | 12.50% |
| 初始现金 | 600 W | 管理费 | 10 W |
| 信息费 | 1 W | 所得税税率 | 25.00% |
| 最大长贷年限 | 5 年 | 最小得单广告额 | 10 W |
| 原材料紧急采购倍数 | 2 倍 | 产品紧急采购倍数 | 3 倍 |
| 选单时间 | 45 秒 | 首位选单补时 | 15 秒 |
| 市场同开数量 | 2 | 市场老大 | 有 |
| 竞单时间 | 90 秒 | 竞单同竞数 | 3 |
| 最大厂房数量 | 4 个 | | |

# 学习子情境三　新商战电子沙盘模拟操作

新商战电子沙盘模拟操作也就是学生端的任务，在浏览器地址栏中输入服务器"IP 地址：端口"，如 http://192.168.35.100:8081，打开用户登录界面，以学生身份进入新商战系统。

注意：
★ 每一个企业由一位主管负责在新商战系统中录入决策数据即可。
★ 多人操作容易因沟通问题出现失误。

## 一、企业注册

各组第一次登录新商战系统时，用户名为教师在教学班初始化时设置的前缀名＋组号，如 a01，初始密码为 1。首先进入"用户注册"页面，此处主要完成以下两项工作。

### 1. 重设用户密码

用户的初始密码由系统自动设定为"1"，用户首次登录系统时，需要重设密码，以便防止竞争对手利用初始密码轻易进入本企业，获取本企业经营的重要信息。

### 2. 维护企业基本信息

企业基本信息包含公司名称、公司宣言、企业管理层总经理、财务总监、采购总监、销售总监、生产总监姓名等内容。用户注册界面，如图 3-50 所示。

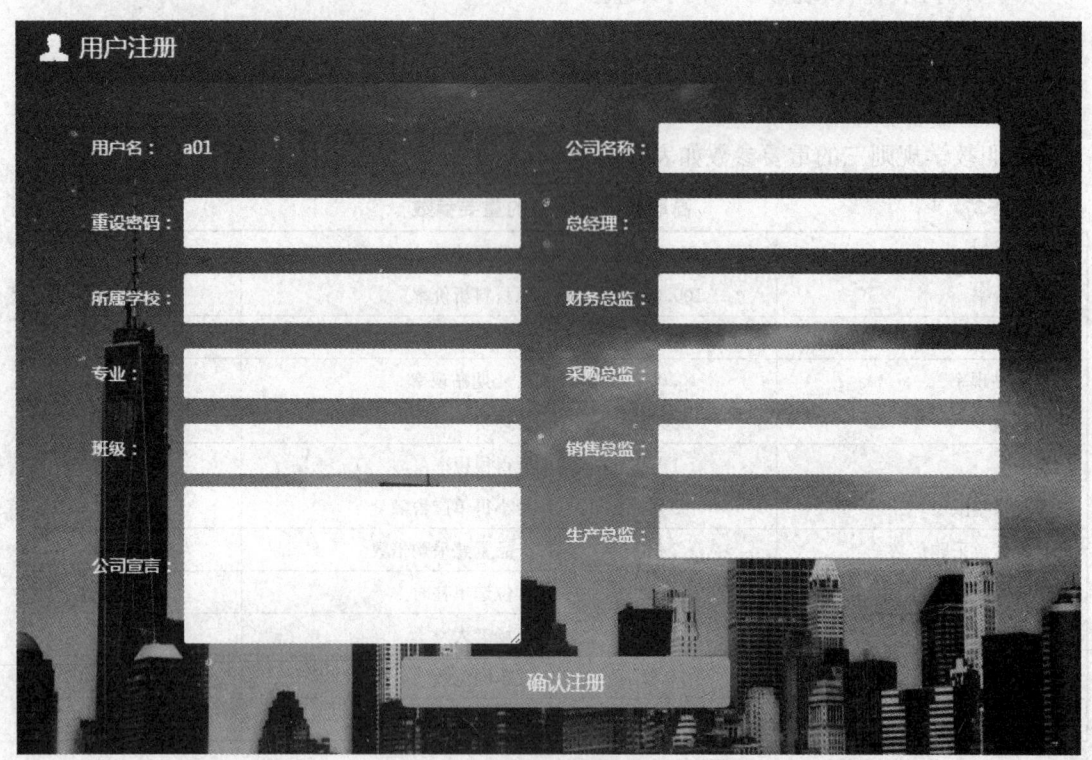

图 3-50　用户注册界面

注册完成后，进入企业经营主界面，如图 3-51 所示。

主界面分为两大部分：厂区及操作区。

主界面中间部分为厂区。厂区中直观地展示了企业现有的厂房、生产线、生产动态、库存状况、财务信息及市场开发、研发进度和 ISO 认证等。

主界面下方为操作区。操作区又划分为两个部分：首行的日常任务区和末行的特殊任务区。日常任务区中列示了企业按正常业务流程运营过程中的各项待完成的任务。特殊任

图 3-51　企业经营主界面

务区列示了几项可以不遵循正常程序的工作,如当企业遇到资金流危机时可以随时贴现、当企业生产没有原料时可以紧急采购。无疑,这种非常规的紧急任务要比日常任务付出更高的成本。

## 二、企业运营流程

新商战模拟企业经营 6 个年度,每个年度又分为 4 个季度。企业经营日常任务分为年初任务、每季度任务和年末任务,这些任务的执行要遵循一定的先后顺序。企业经营特殊任务在本年度任何时点都可以进行。全年总体运营流程,如图 3-52 所示。

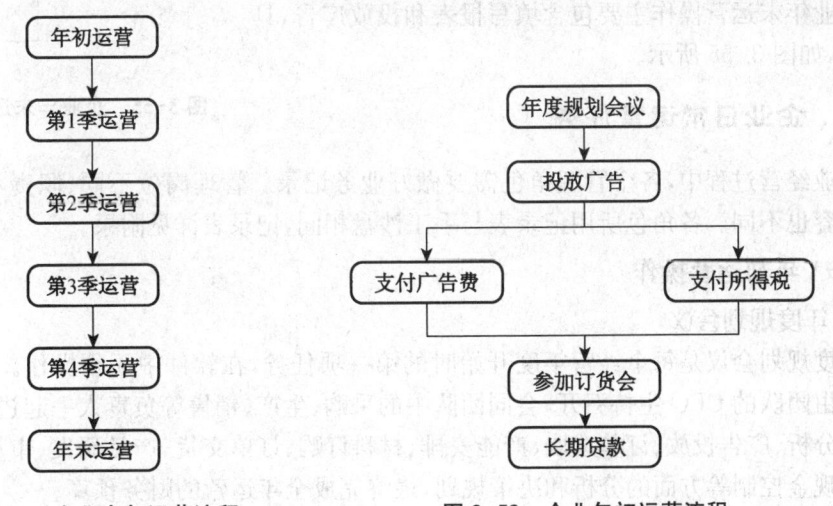

图 3-52　企业全年运营流程　　　　图 3-53　企业年初运营流程

年初企业运营过程包括年度规划、投放广告、支付广告费、支付所得税、参加订货会、长期贷款。具体运营流程,如图 3-53 所示。

企业每季度内运营流程,如图 3-54 所示。

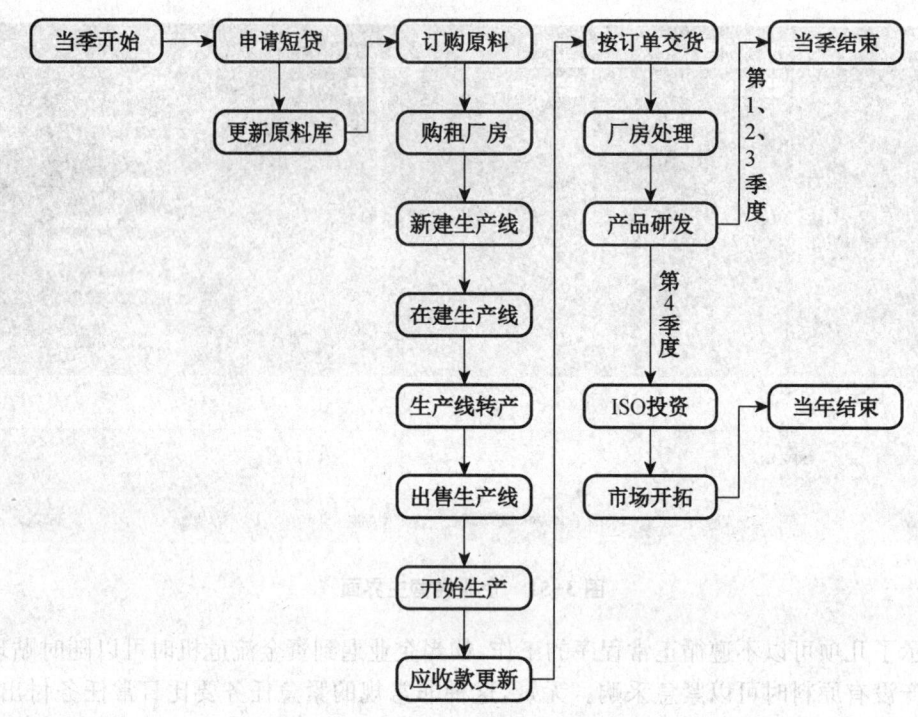

图 3-54 企业每季度内运营流程

**注意：**

★ 若"更新原料库"和"应收款更新"任务不执行，则无法开启后续任务。

企业年末运营操作主要包含填写报表和投放广告，具体流程，如图 3-55 所示。

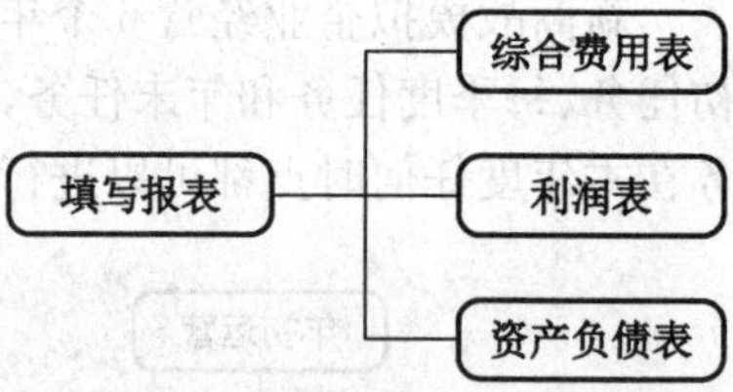

图 3-55 企业年末运营操作流程

### 三、企业日常运营任务

企业经营过程中，各个管理角色需要做好业务记录。管理岗位不同、职责不同，需要记录的内容也不同。各角色所用记录表与手工沙盘相同，记录表详见附录。

#### （一）年初运营操作

1. 年度规划会议

年度规划会议是每个经营年度开始时的第一项任务，在软件中无须操作。年度规划会议一般由团队的 CEO 主持召开，会同团队中的采购、生产、销售等负责人一起进行全年的市场预测分析、广告投放、订单选取、产能安排、材料订购、订单交货、产品研发、市场开拓、筹资管理和现金控制等方面的分析和决策规划，最终完成全年运营的财务预算。

2. 支付广告费和所得税

点击"当年结束"，系统时间切换到下一年年初，需要投放广告，如图 3-56 所示。

确认投放后系统会自动扣除所投放的广告费、上年应交的所得税和到期长贷本息，广告投放完毕，如图 3-57 所示。

| 投放广告 | | | | | | | | |
|---|---|---|---|---|---|---|---|---|
| 产品市场 | 本地 | | 区域 | | 国内 | | 亚洲 | |
| P1 | 0 | W | 0 | W | 0 | W | 0 | W |
| P2 | 0 | W | 0 | W | 0 | W | 0 | W |
| P3 | 0 | W | 0 | W | 0 | W | 0 | W |

图 3-56　投放广告界面

**注意：**

★ 第一年操作没有支付广告费和所得税，同样，也没有订货会。

★ 支付广告费和所得税、参加订货会从第二年开始。

3. 参加订货会

点击主页面下方操作区中菜单"参加订货会"，弹出"订货会就绪"对话框或"参加订货会"对话框。当其他企业存在未完成投放广告操作时，当前组显示"订货会就绪"界面，如图3-58所示；当所有企业均已经完成投放广告，且教师/裁判已经启动订货会时，系统会显示"参加订货会"界面，如图3-59所示。

图 3-57　广告投放完毕

图 3-58　订货会就绪

图 3-59　参加订货会

**注意：**

★ 系统会提示正在进行选单的市场（显示为红色）、选单用户和剩余选单时间，企业选单时要特别关注上述信息。

★ 对话框左边显示某市场的选单顺序，右边显示该市场的订单列表。未轮到当前用户选单时，右边操作一列无法点击。当轮到当前用户选单时，操作显示"选中"按钮，点击"选中"，成功选单。当选单倒计时结束后用户无法选单。

★ 选单时要特别注意有两个市场在同时进行选单的情况，此时很容易漏选市场订单。

★ 全部市场选单结束后，订货会结束。

### 4. 长期贷款

点击主页面下方操作区中菜单"申请长贷"，弹出申请长贷对话框。弹出框中显示本企业当前时间可以贷款的最大额度，点击"需贷款年限"下拉框，选择贷款年限，在"需贷款额"录入框内输入贷款金额，点击"确认"，即申请长贷成功，如图 3-60 所示。

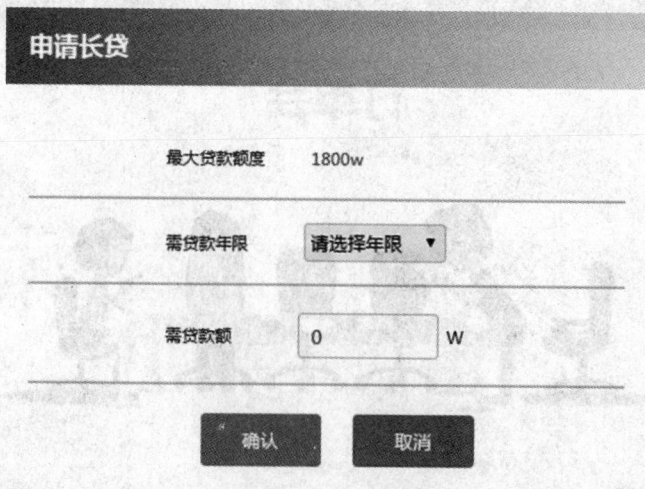

图 3-60　申请长贷

例如，若长期贷款年利率设定为10%，贷款额度设定为上年年末所有者权益的3倍，企业上年年末所有者权益总额为800 W，则本年度贷款上限为2 400 W(800×3)，假定企业之前没有贷款，则本次贷款最大额度为本年度贷款上限，即为24 000。若企业之前已经存在1 000 W的贷款，则本次贷款最大额度为本年度贷款上限减去已贷金额，即为1 400 W。若企业第1年年初贷入1 000 W，期限为5年，则系统会在第2年至第6年年初每年自动扣除长贷利息100 W(1 000×109%)，并在第6年年初自动偿还贷款本金1 000 W。

**注意：**
★ 申请长短贷的目的是以贷款的形式支持企业获取充足的资金发展。
★ 长贷最短年限为1年，短贷采用固定的贷款时间，为4个季度。
★ 可贷金额受企业所有者权益影响。
★ 长贷只能在年初进行贷款，短贷在每一季开始前。

### (二) 每季度运营操作

#### 1. 当季开始

点击"当季开始"按钮，系统会弹出当季开始对话框，如图3-61所示。该操作完成后才能进行季度内的各项操作。

图3-61 当季开始

**注意：**
★ 当季开始操作时，系统会自动完成短期贷款的更新，偿还短期借款本息，检测更新生产/完工入库情况(若已完工，则完工产品会自动进入产品库，可通过查询库存信息了解入库情况)、检测生产线完工/转产完工情况。

#### 2. 申请短贷

点击主页面下方操作区中菜单"申请短贷"，弹出申请短贷对话框。在"需贷款额"后输入金额，点击"确认"即短贷成功，如图3-62所示。

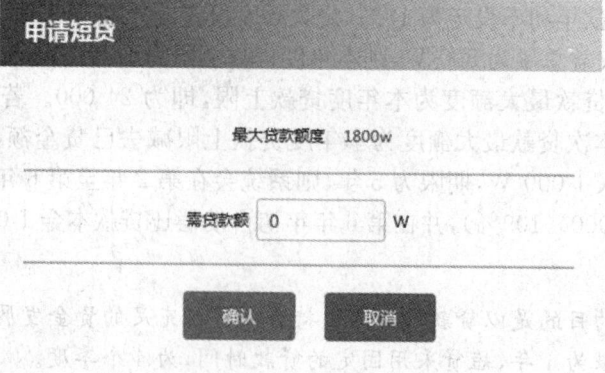

图 3-62　申请短贷

短期贷款期限默认为 1 年,到期一次还本付息,短贷利率由教师在参数设置中设定。短贷申请额度不得超过对话框中所提示的"最大贷款额度"。例如,假定企业短期贷款年利率为 5%,企业若在第 1 年第 1 季度贷入 20 W,那么,企业需在第 2 年第 1 季度偿还该笔短贷的本金 20 W 和利息 1 W(即 20×5%)共计 21 W。

3. 更新原料库

点击主页面下方操作区中菜单"更新原料库",弹出更新原料对话框,提示当前应入库原料需支付的现金。确认金额无误后,点击"确认",系统扣除现金并增加原料库存,如图 3-63 所示。

图 3-63　更新原料

4. 订购原料

点击主页面下方操作区中菜单"订购原料",弹出订购原料对话框,显示原料名称、价格以及运货周期信息,在数量一列输入需订购的原料量值,点击"确认"即可,如图 3-64 所示。

注意:

★ 下原料订单、更新原料:此功能模拟的是制造业采购原料的过程,根据规则中产品 BOM 表以及生产计划采购相应的原料。到了预定的采购期,系统会自动显示需要支付的现金,即更新原料入库以备生产。下原材料一季只能操作一次;确认订购后不可退订。更新原材料系统自动提示需要支付的现金(不可更改);只需要点击"原料入库"即可;系统自动扣减现金;确认更新后,后续的操作权限方可开启(下原料订单到更新应收款),前面操作权限关闭;在途订单推进一季;一季只能操作一次。

图 3-64　订购原料

**5. 购租厂房**

点击主页面下方操作区中菜单"购租厂房",弹出购租厂房对话框,点击下拉框选择厂房类型,下拉框中提示每种厂房的购买价格、租用价格等。选择订购方式,买或租,点击"确认"即可,如图 3-65 所示。

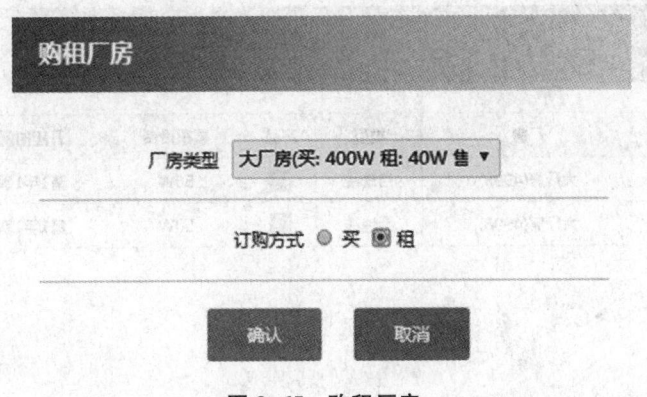

图 3-65　购租厂房

**注意:**

★ 若选择购买,则需一次性支付购买价款,无后续费用;若选择租用,则需每年支付租金,租金支付时间为租入当时以及以后每年对应季度的季末。例如,企业在第 1 年第 2 季度选择租入 1 个大厂房,则需在第 1 年第 2 季度支付第 1 年租金,以后每年的租金由系统自动在第 2 季度季末支付。

**6. 新建生产线**

点击主页面下方操作区中菜单"新建生产线",弹出新建生产线对话框。选择放置生产线的厂房,点击"类型"下拉框,选择要新建的生产线类型,下拉框中有生产线购买的价格信息,选择新建的生产线计划生产的产品类型,点击"确认"即可,如图 3-66 所示。

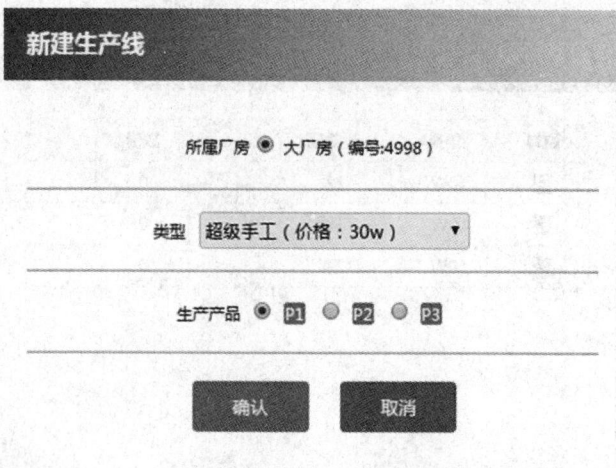

图 3-66　新建生产线

**注意：**
★ 新建多条生产线时，无需退出该界面，可重复操作。

### 7. 在建生产线

点击主页面下方操作区中菜单"在建生产线"，弹出在建生产线对话框。弹出框中显示需要继续投资建设的生产线的信息，勾选决定继续投资的生产线，点击"确认"即可，如图 3-67 所示。

### 在建生产线

| 选择项 | 编号 | 厂房 | 类型 | 产品 | 累积投资 | 开建时间 | 剩余时间 |
|---|---|---|---|---|---|---|---|
| ☐ | 5017 | 大厂房(4998) | 自动线 | P1 | 50W | 第1年1季 | 2季 |
| ☐ | 5076 | 大厂房(4998) | 柔性线 | P1 | 50W | 第1年1季 | 3季 |

图 3-67　在建生产线

### 8. 生产线转产

点击主页面下方操作区中菜单"生产线转产"，弹出生产线转产对话框。弹出框中显示可以进行生产转产的生产线信息,勾选转产的生产线以及转线要生产的产品,点击"确认"即可,如图 3-68 所示。

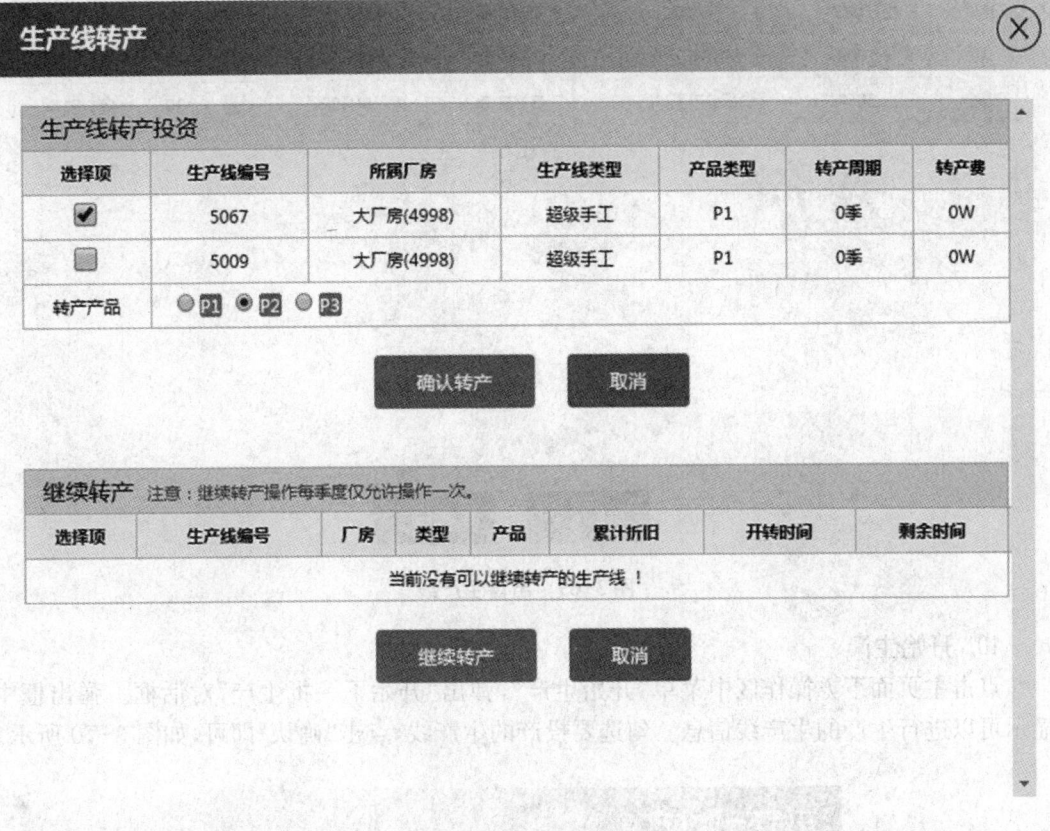

图 3-68 生产线转产

注意:

★ 生产线建造时已经确定了生产的产品种类,但是在企业运营过程中,为使不同产品数量的订单按时交货,可能会对生产线生产的产品进行适当的转产操作,转产时要求该生产线处于待生产状态,否则不可以进行转产操作。

★ 转产时,不同生产线的转产费用和转产周期是有区别的,具体详见规则说明。当转产周期大于 1 季度时,下一季度点击生产线转产,弹出框中显示需要继续转产的生产线,勾选即继续投资转产,不选即中断转产。

9. 出售生产线

点击主页面下方操作区中菜单"出售生产线",弹出出售生产线对话框。弹出框中显示可以进行出售的生产线信息,勾选要出售的生产线,点击"确认"即可,如图 3-69 所示。

注意:

★ 生产线出售的前提是该生产线是空置的,即没有在生产产品。出售时按残值收取现金,按净值(生产线的原值减去累计折旧后的余额)与残值之间的差额作企业损失,即已提足折旧的生产线不会产生出售损失,未提足折旧的生产线必然产生出售损失。

## 出售生产线

| 选项 | 生产线编号 | 类型 | 开建时间 | 所属厂房 | 产品 | 净值 | 建成时间 |
|---|---|---|---|---|---|---|---|
| ☐ | 5009 | 超级手工(5009) | 第1年1季 | 大厂房(4998) | P1 | 30 | 第1年1季 |
| ☐ | 5067 | 超级手工(5067) | 第1年1季 | 大厂房(4998) | P2 | 30 | 第1年1季 |

图 3-69　出售生产线

### 10. 开始生产

点击主页面下方操作区中菜单"开始生产",弹出"开始下一批生产"对话框。弹出框中显示可以进行生产的生产线信息。勾选要投产的生产线,点击"确认"即可,如图 3-70 所示。

## 开始下一批生产

| 生产线编号 | 所属厂房 | 生产线类型 | 生产类型 | ☐全选 |
|---|---|---|---|---|
| 5009 | 大厂房(4998) | 超级手工(5009) | P1 | ☐ |
| 5067 | 大厂房(4998) | 超级手工(5067) | P2 | ☐ |

图 3-70　开始下一批生产

下一批生产时需保证相应的生产线空闲、产品完成研发、生产原料充足,以及投产用的现金足够,上述四个条件缺一不可。开始下一批生产操作时,系统会自动从原材料仓库领用相应的原材料,并从现金处扣除用于生产的人工费用。

### 11. 应收款更新

点击主页面下方操作区中菜单"应收款更新",弹出应收款更新对话框,点击"确认"即可,如图 3-71 所示。

图 3-71 应收款更新

对于本季度尚未到期的应收款,系统会自动将其收账期减少 1 个季度。对于本季度到期的应收款,系统会自动计算并在"收现金额"中显示,点击"确认"按钮,系统自动增加企业的库存现金。

**注意:**

★ 更新应收款为每个季度的关键任务,只有更新应收款完成后,才能开启后续的任务。因此即使没有本季到期的应收款,也要进行这项操作;否则,无法完成后面的任务。

★ 更新应收款后,之前的任务关闭,不得更改。

### 12. 按订单交货

点击主页面下方操作区中菜单"按订单交货",弹出交货订单对话框。点击每条订单后"确认交货"即可,如图 3-72 所示。

| 订单编号 | 市场 | 产品 | 数量 | 总价 | 得单年份 | 交货期 | 账期 | ISO | 操作 |
|---|---|---|---|---|---|---|---|---|---|
| S211_01 | 本地 | P1 | 4 | 208W | 第2年 | 4季 | 1季 | - | 确认交货 |
| S211_03 | 本地 | P1 | 4 | 208W | 第2年 | 4季 | 3季 | - | 确认交货 |
| S211_04 | 本地 | P1 | 2 | 96W | 第2年 | 4季 | 2季 | - | 确认交货 |
| S211_05 | 本地 | P1 | 1 | 53W | 第2年 | 4季 | 3季 | - | 确认交货 |
| S211_06 | 本地 | P1 | 4 | 201W | 第2年 | 4季 | 1季 | - | 确认交货 |
| S211_07 | 本地 | P1 | 4 | 179W | 第2年 | 4季 | 0季 | - | 确认交货 |
| S211_10 | 本地 | P1 | 2 | 96W | 第2年 | 4季 | 2季 | - | 确认交货 |

图 3-72 交货订单

"交货订单"对话框中显示年初订货会上取得的所有客户订单。每张订单会提供销售收入总价、产品种类和数量、交货期、账期等信息。点击该订单的"确认交货"按钮后,如果相应产品库存足够的情况下系统提示交货成功;否则,系统会提示库存不足。订单交货后,会收取相应的现金或产生相应的应收款。

所有订单均要求在当年第 4 季度结束前交货,如果不能按时交货不仅要取消该客户订单,而且要支付相应的违约金(违约金比率由教师在系统参数中设置)。

13. 厂房处理

点击主页面下方操作区中菜单"厂房处理",弹出厂房处理对话框。选择厂房的处理方式,系统会自动显示出符合处理条件的厂房以供选择。勾选厂房,点击"确认"即可,如图 3-73 所示。

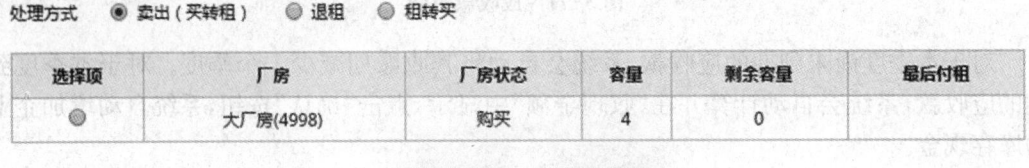

图 3-73 厂房处理

厂房处理方式包括卖出(买转租)、退租和租转买三种。

(1) 卖出(买转租)。该操作针对原购入的厂房,实质上此操作包括两个环节:一是卖出厂房;二是将此厂房租回。卖出厂房将根据规则产生一定金额、一定账期的应收款(详见规则说明),租入厂房需支付对应的租金。

(2) 退租。该操作针对原租入的厂房。退租时要求厂房内无生产设备,若从上年支付租金时开始算,租期未满 1 年的,则无须支付退租当年的租金;反之,则需支付退租当年的租金。

(3) 租转买。该操作针对原租入的厂房,该操作实质上包括两个环节:一是退租,二是将该厂房买入。退租当年租金是否需要支付租金上已说明,购买厂房时需支付相应的购买价款。

例如,假定规则规定某大厂房购买价为 30 W,租金为 4 W/年。若企业欲将原购入的大厂房买转租,则会产生期限为 4Q、金额为 30 W 的应收款,同时系统会在买转租时自动扣除厂房租金 4 W。若企业于上年第 2 季度租入一个大厂房,如果在本年度第 2 季度结束前退租,则系统无须支付第 2 个年度的厂房租金;如果在本年度第 2 季度结束后退租,则系统需扣除第 2 个年度的厂房租金 4 W。此操作要求该厂房内无生产设备。若企业欲租转买原租入的大厂房,则系统仍会在大厂房租入的对应季度扣除当年的租金,并且在租转买时支付大厂房的购买价款 30 W。

14. 产品研发

点击主页面下方操作区中菜单"产品研发",弹出"产品研发"对话框。勾选需要研发的产品,点击"确认"即可,如图 3-74 所示。

图 3-74 产品研发

**注意：**

★ 产品研发按照季度来投资。中间可以中断投资,直至产品研发完成。产品研发成功后方能生产相应的产品。

15. 市场开拓

该操作只有每年第 4 季度才出现。点击主页面下方操作区中菜单"市场开拓",弹出市场开拓对话框。勾选需要研发的市场,点击"确认"即可,如图 3-75 所示。

图 3-75 市场开拓

**注意：**

★ 市场开拓之后,企业才能进入相应市场投放广告、选取产品订单。

16. ISO 投资

该操作只有每年第 4 季度才出现。点击主页面下方操作区中菜单"ISO 投资",弹出 ISO 投资对话框。勾选需要投资的 ISO 资质,点击"确认"即可,如图 3-76 所示。

ISO 投资包括 ISO9000 质量认证和 ISO14000 环保认证。企业若想在订货会上选取带有 ISO 认证的订单,必须取得相应的 ISO 认证资格,否则不能选取该订单。ISO 投资每年进行一次,可中断投资,直至 ISO 投资完成。

17. 当季结束

该操作在每年 1~3 季季末显示"当季结束",打开"当季结束"对话框,如图 3-77 所示。当季结束时,系统会自动支付行政管理费、厂房续租租金,并检查产品开发完成情况。

图 3-76　ISO 投资

图 3-77　当季结束

### （三）年末运营操作

#### 1. 当年结束

每年第 4 季季末显示"当年结束"。点击主页面下方操作区中菜单"当年结束"，弹出当年结束对话框。核对当年结束需要支付或更新的事项。确认无误后，点击"确认"即可，如图 3-78 所示。

当年结束时，系统会自动支付行政管理费、厂房续租租金，检测产品开发完成情况、ISO 资格认证投资情况、新市场开拓完成情况，自动支付设备维修费、计提当年折旧、扣除产品违约订单的罚款。

#### 2. 填写"三表"

点击主页面下方操作区中菜单"填

图 3-78　当年结束

写报表",弹出填写报表对话框。依次在综合费用表、利润表和资产负债表的编辑框内输入相应计算数值,三张表填写过程中都可点击"保存",暂时保存数据。点击"提交",即提交结果,系统计算数值是否正确并在教师端公告信息中显示判断结果,如图3-79所示。

图3-79 填写报表

(1) 综合费用表。综合费用表反映企业期间费用的情况,具体包括:管理费用、广告费、设备维护费、厂房租金、市场开拓费、SO认证费、产品研发费、信息费和其他等项目。其中信息费是指企业为查看竞争对手的财务信息而支付的费用,具体由规则确定。

(2) 利润表。利润表反映企业当期的盈利情况,具体包括:销售收入、直接成本、综合费用、折旧、财务费用和所得税等项目。其中销售收入为当期按订单交货后取得的收入总额,直接成本为当期销售产品的总成本,综合费用根据"综合费用表"中的合计数填列,折旧为当期生产线折旧总额,财务费用为当期借款所产生的利息总额,所得税根据利润总额计算。

此外,下列项目系统自动计算,公式如下:

销售毛利＝销售收入－直接成本

折旧前利润＝销售毛利－综合费用

支付利息前利润＝折旧前利润－折旧

税前利润＝支付利息前利润－财务费用

净利润＝税前利润－所得税

(3) 资产负债表。资产负债表反映企业当期财务状况,具体包括:现金(库存现金)、应收款、在制品、产成品、原材料等流动资产,土地建筑物、机器设备和在建工程等固定资产,长期负债、短期负债、特别贷款、应交税金(应交税费)等负债,以及股东资本、利润留存、年度净利等所有者权益项目。

## 四、企业特殊事项处理

企业日常运营任务要按照既定的顺序执行,需要做好严密的计划才能确保各项工作有条不紊地进行。如果计划不周密,就可能引发到期无法偿还银行贷款、没有足够的原料开工生产等情况。遇到这类紧急事项,企业需要采取应急措施,这些任务不按常规运营顺序,可以随时执行,但大多要付出比正常事项更高的成本,以承担计划不周的过失。在新商战中,这类任务有如下几项。

### (一) 贴现

点击"贴现"按钮,打开"贴现"对话框,对话框中显示各个季度可以贴现的应收款总额,如图 3-80 所示。选好贴现期,在贴现额一列输入要贴现的金额。点击"确认"按钮,系统根据选择的贴现期扣除不同贴息,将贴现金额变换为库存金。

图 3-80 贴现

贴现是指提前收回未到期的应收款,因为该应收款并非正常到期收回,所以贴现时需支付相应的贴现利息。

$$贴现利息 = 贴现金额 \times 贴现率$$

贴现率由教师在系统参数中设定。这一操作一般在企业短期存在现金短缺,且无法通过成本更低的正常贷款取得现金流时才考虑使用。

例如,假定某企业账期为 1 期和 2 期的应收款贴现率为 10%,账期为 3 期和 4 期的应收款贴现率为 12.5%。现将账期为 2 期、金额为 10 W 的应收款和账期为 3 期、金额为 20 W 的应收款同时贴现,则:

贴现利息 = 10 W×10% + 20 W×12.5% = 3.5 W ≈ 4 W(规则规定贴现利息一律向上取整)
实收金额 = 10 + 20 − 4 = 26 W

贴现后收到的 26 W,当即增加为企业现金,产生的贴现利息 4 W,作为财务费用入账。

### (二) 紧急采购

点击"紧急采购"按钮,打开"紧急采购"对话框。对话框中显示当前企业的原料、产品的库

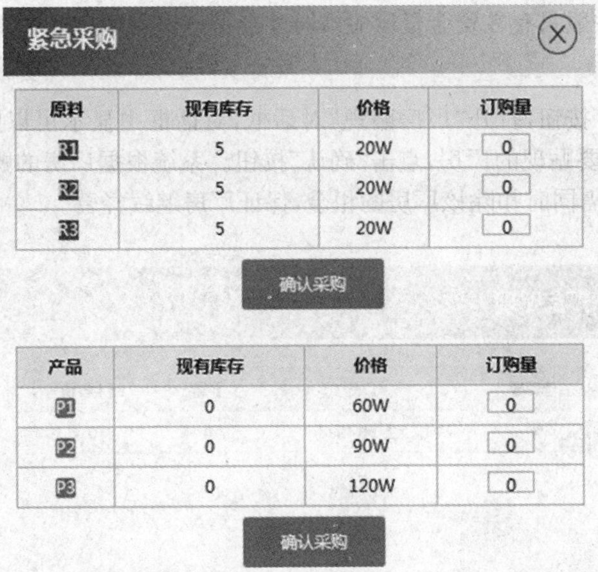


| 原料 | 现有库存 | 价格 | 订购量 |
|---|---|---|---|
| R1 | 5 | 20W | 0 |
| R2 | 5 | 20W | 0 |
| R3 | 5 | 20W | 0 |

| 产品 | 现有库存 | 价格 | 订购量 |
|---|---|---|---|
| P1 | 0 | 60W | 0 |
| P2 | 0 | 90W | 0 |
| P3 | 0 | 120W | 0 |

**图 3-81　紧急采购**

存数量以及紧急采购价格，在订购量一列输入数值，如图 3-81 所示，点击“确认采购”按钮。

紧急采购是为了解决材料或产品临时短缺而出现的，企业原材料订购不足或产品未能按时生产出来，均可能造成产品订单不能按时交货，从而导致订单违约，而失去该订单收入并支付违约损失。为避免该损失，企业可通过紧急采购少量的短缺原材料或产品，从而满足生产或交货的需要。紧急采购价格一般比正常的采购价要高很多，具体由教师在系统参数中设定。

### （三）出售库存

点击“出售库存”按钮，打开“出售库存”对话框，对话框中显示当前企业的原料、产品的库存数量以及销售价格，如图 3-82 所示。在“出售数量”一列中输入要出售的数量。点击

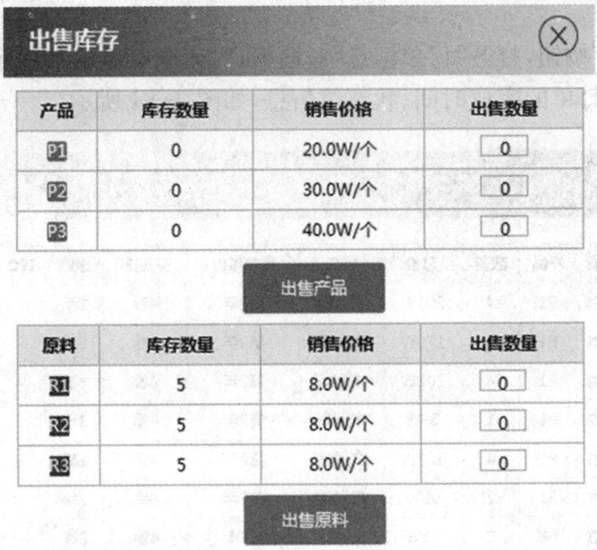


| 产品 | 库存数量 | 销售价格 | 出售数量 |
|---|---|---|---|
| P1 | 0 | 20.0W/个 | 0 |
| P2 | 0 | 30.0W/个 | 0 |
| P3 | 0 | 40.0W/个 | 0 |

| 原料 | 库存数量 | 销售价格 | 出售数量 |
|---|---|---|---|
| R1 | 5 | 8.0W/个 | 0 |
| R2 | 5 | 8.0W/个 | 0 |
| R3 | 5 | 8.0W/个 | 0 |

**图 3-82　出售库存**

"出售"按钮。企业一般只有在资金极度短缺时才会考虑出售库存。

### (四) 厂房贴现

点击"厂房贴现"按钮,打开"厂房贴现"对话框,对话框中显示可以贴现的厂房信息,如图3-83所示。选择要贴现的厂房,点击"确认"按钮。系统根据厂房的购买价格贴现。如果厂房中尚有生产线,需同时扣除该厂房的租金,保证厂房继续经营。

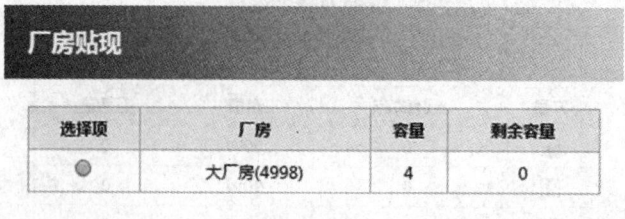

图3-83 厂房贴现

厂房贴现实质上是将厂房卖出(买转租)产生的应收款直接贴现取得现金。它与厂房处理中的卖出(买转租)的区别就在于,"卖出(买转租)"操作时产生的应收款并未直接贴现,而厂房贴现则直接将卖出(买转租)产生的应收款同时贴现掉。

### (五) 订单信息

点击"订单信息"按钮,打开"订单信息"对话框,对话框中显示当前企业所有年份获得的订单,可以查询每条订单的完成时间、状态等信息,如图3-84所示。

| 订单编号 | 市场 | 产品 | 数量 | 总价 | 状态 | 得单年份 | 交货期 | 账期 | ISO | 交货时间 |
|---|---|---|---|---|---|---|---|---|---|---|
| S211_06 | 本地 | P1 | 4 | 201W | 未到期 | 第2年 | 4季 | 1季 | - | - |
| S211_07 | 本地 | P1 | 4 | 179W | 未到期 | 第2年 | 4季 | 0季 | - | - |
| S211_03 | 本地 | P1 | 4 | 208W | 未到期 | 第2年 | 4季 | 3季 | - | - |
| S211_05 | 本地 | P1 | 1 | 53W | 未到期 | 第2年 | 4季 | 3季 | - | - |
| S211_01 | 本地 | P1 | 4 | 208W | 未到期 | 第2年 | 4季 | 1季 | - | - |
| S211_04 | 本地 | P1 | 2 | 96W | 未到期 | 第2年 | 4季 | 2季 | - | - |
| S211_10 | 本地 | P1 | 2 | 96W | 未到期 | 第2年 | 4季 | 2季 | - | - |

图3-84 订单信息

### (六) 间谍

点击"间谍"按钮,打开"间谍"对话框,如图 3-85 所示。选择要查看的竞争对手,点击"确认下载"按钮。

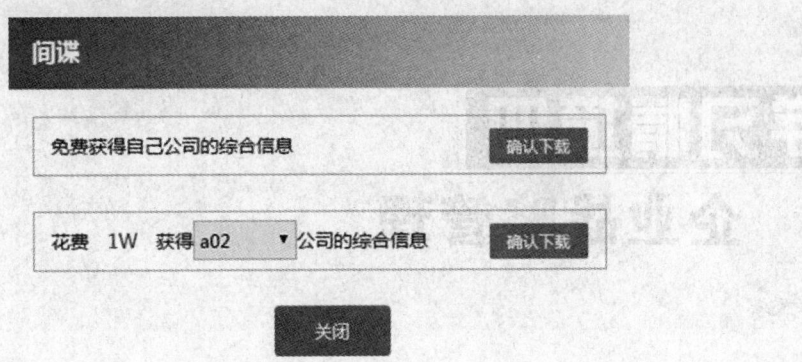

图 3-85　间谍操作界面

间谍中可显示获得自己公司信息和其他组信息两种,可免费获取自己公司的信息,以 Excel 的形式查阅或保存企业经营数据。若要查看其他公司的信息,则需支付教师在系统参数设置中设定的间谍费,才能以 Excel 的形式查询其他企业任一组的数据。

# 学习情境四 企业战略管理

## 🎯 教学目标

### ➡ 知识
1. 明晰企业战略及企业战略管理的意义。
2. 能够阐述企业战略制定的过程。

### ➡ 技能
3. 能够依据沙盘企业规则撰写沙盘企业 1~6 年战略。

### ➡ 素养
4. 树立团队合作意识,养成正确使用计算机的习惯。
5. 养成自主学习能力,提升职业素养。

# 学习子情境一　初识企业战略

## 一、企业战略的含义

企业战略是指企业根据环境变化，依据本身资源和实力选择适合的经营领域和产品，形成自己的核心竞争力，并通过差异化在竞争中取胜。

一个战略就是设计用来开发核心竞争力、获取竞争优势的一系列综合的、协调的约定和行动。如果选择了一种战略，公司即在不同的竞争方式中作出了选择。从这个意义上来说，战略选择表明了这家公司打算做什么，以及不做什么。

当一家公司实施的战略，竞争对手不能复制或因成本太高而无法模仿时，它就获得了竞争优势。只有当竞争对手模仿其战略的努力停止或失败后，一个组织才能确信其战略产生了一个或多个有用的竞争优势。此外，公司也必须了解，没有任何竞争优势是永恒的。竞争对手获得用于复制该公司价值创造战略的技能的速度，决定了该公司竞争优势能够持续多久。

## 二、企业战略的基本层次

战略在企业组织中可以分为三个基本层次：企业总体战略、企业竞争战略和企业职能战略。

### （一）企业总体战略——关于企业的竞争方向

企业总体战略是指公司层战略。企业总体战略决定和提示了企业的目的和目标，确定企业的重大方针与计划、企业经营业务类型和人文组织类型及企业应对职工、顾客和社会作出的贡献。

### （二）企业竞争战略——关于企业的竞争做法

企业竞争战略主要解决企业如何选择经营行业和如何确定自身在这个行业中的竞争地位的问题。竞争战略要回答企业应该在哪儿竞争，与谁竞争和怎样竞争的基本问题。内容上包括如何选择行业与区域市场，企业将为其提供什么样的产品或服务，市场的竞争结构，以及企业将采用什么战略去谋求竞争优势，获取较长期的盈利。由此可见，公司战略涉及组织的整体决策，而竞争战略则更适用于某个具体的经营单位。

### （三）企业职能战略——关于企业竞争措施的实行

企业职能战略是为实现企业总体战略和竞争战略，对组织内部各项关键的职能活动作出的统筹安排。比如，财务战略、营销战略、生产战略、人力资源开发战略、研究与开发战略等。企业职能战略是企业战略一个重要组成部分。

# 学习子情境二　企业战略管理

企业战略管理是企业在宏观层次通过分析、预测、规划、控制等手段，实现充分利用该企业的人、财、物等资源，以达到优化管理，提高经济效益的目的。

企业战略管理是对企业战略的设计、选择、控制和实施，直至达到企业战略总目标的全过程。战略管理涉及企业发展的全局性、长远性的重大问题。诸如企业的经营方向、市场开拓、产品开发、科技发展、机制改革、组织机构改组、重大技术改造和筹资融资等。战略管理的决定权通常由总经理和厂长直接掌握。

## 一、企业战略管理的特点

### （一）整体性

企业战略管理的整体性包括两个方面的含义：

首先，它将企业战略看成一个完整的过程来加以管理。

其次，它将企业视为一个不可分割的整体。

企业战略管理强调整体优化，而不是强调企业某一个战略单位或某一个职能部门的重要性。企业战略管理通过制定企业的宗旨、目标、战略和决策来协调企业各个战略经营单位、部门的活动。

### （二）长期性

企业战略管理关心的是企业长期、稳定和高速的发展。企业战略管理的时间跨度一般在3年以上，5~10年之内。

### （三）权威性

战略管理重视的是企业领导者按照一定程序，对企业重大问题作出抉择并将其付诸实施的过程。企业战略是有效经营的必要前提，要充分发挥战略的整体效益功能，它就必须具有权威性。

### （四）环境适应性

企业战略管理重视的是企业与其所处的外部环境的关系，其目的是使企业能够适应、利用环境的变化。企业是与社会不可分割的一个开放的组成部分，它的存在和发展在很大程度上受其外部环境因素的影响。

## 二、企业战略管理的形态

战略形态是指企业采取的战略方式及战略对策，按表现形式可以分为：拓展型战略、稳健型战略和收缩型战略三种形态。

### （一）拓展型战略

拓展型战略是指采用积极进攻态度的战略形态，主要适合行业龙头企业、有发展后劲的企业及新兴行业中的企业。具体的战略形式包括：市场渗透战略、多元化经营战略和联合经营战略。

#### 1. 市场渗透战略

市场渗透战略是指实现市场逐步扩张的拓展战略，该战略可以通过扩大生产规模、提高生产能力、增加产品功能、改进产品用途、拓宽销售渠道、开发新市场、降低产品成本、集中资源优势等单一策略或组合策略来开展，其战略核心体现在两个方面：利用现有产品开辟新市场实现渗透和向现有市场提供新产品实现渗透。

市场渗透战略是比较典型的竞争战略,主要包括:成本领先战略、差异化战略和集中化战略这三种最有竞争力的战略形式。成本领先战略是通过加强成本控制,使企业总体经营成本处于行业最低水平的战略;差异化战略是企业采取的有别于竞争对手经营特色(从产品、品牌、服务方式、发展策略等方面)的战略;集中化战略是企业通过集中资源形成专业化优势(服务专业市场或立足某一区域市场等)的战略。

2. 多元化经营战略

多元化经营战略又称多行业经营,是指一个企业同时经营2个或2个以上行业的拓展战略。多元化经营战略适合大中型企业。该战略能充分利用企业的经营资源,提高闲置资产的利用率,通过扩大经营范围,缓解竞争压力,降低经营成本,分散经营风险,增强综合竞争优势,加快集团化进程。

3. 联合经营战略

联合经营战略是指2个或2个以上独立的经营实体横向联合成立一个经营实体或企业集团的拓展战略,是社会经济发展到一定阶段的必然形式。联合经营主要是采用兼并、合并、控股和参股等形式。

(二)稳健型战略

稳健型战略是采取稳定发展态度的战略形态,主要适合中等及以下规模的企业或经营不景气的大型企业选择,可分为:无增长战略(维持产量、品牌、形象、地位等水平不变)和微增长战略(竞争水平在原基础上略有增长)两种战略形式。该战略强调保存实力,能有效控制经营风险,但发展速度缓慢,竞争力量较弱。

(三)收缩型战略

收缩型战略是采取保守经营态度的战略形态,主要适合处于市场疲软、通货膨胀、产品进入衰退期、管理失控、经营亏损、资金不足、资源匮乏、发展方向模糊的危机企业。

该战略可分为:转移战略、撤退战略和清算战略三种战略形式。

转移战略是通过改变经营计划、调整经营部署,转移市场区域(主要是从大市场转移到小市场)或行业领域(从高技术含量向低技术含量的领域转移)的战略;撤退战略是通过削减支出、降低产量,退出或放弃部分地域或市场渠道的战略;清算战略是通过出售或转让企业部分或全部资产以偿还债务或停止经营活动的战略。

三、企业战略的选择

(一)企业战略的制定

战略制定是企业战略形成的过程。战略制定是指确定企业任务,认定企业的外部机会与威胁,认定企业内部优势与弱点,建立长期目标,制定供选择战略,以及选择特定的实施战略。战略制定是企业基础管理的一个组成部分,是科学化加艺术化的产物,需要不断完善。

(1) 明确战略思想。
(2) 确定战略宗旨。
(3) 制定战略目标。
(4) 分析外部环境和内部条件。
(5) 重新评价宗旨和目标。

(6) 制定战略对策。
(7) 实施战略。
(8) 进行综合平衡。
(9) 方案比较及战略评价。

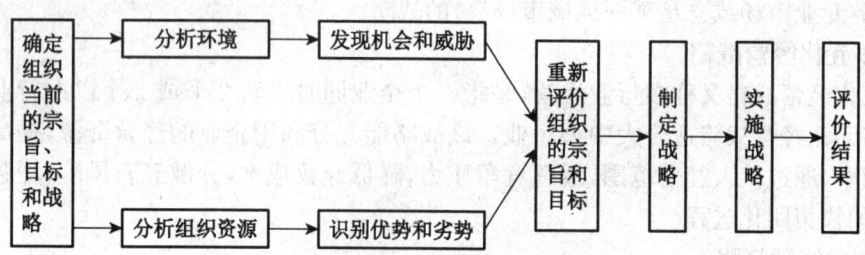

图 4-1 企业战略制定的过程

## （二）战略执行

为了有效执行企业制定的战略，一方面要依靠各个层次的组织机构及工作人员的同配合和积极工作；另一方面要通过企业的生产经营综合计划、各种专业计划、预算、具体作业计划等等，去具体实施战略目标。

## （三）战略控制

战略控制是将战略执行过程中实际达到目标所取得的成果与预期的战略目标进行比较，评价达标程度，分析其原因；及时采取有力措施纠正偏差，以保证战略目标的实现。实践表明，推行目标管理是实施战略执行和战略控制的有效方法。建立跟踪监视市场变化的预警系统，对企业发展领域和方向、专业化和多元化选择、产品结构和资金筹措方式、规模和效益的优先次序等进行不断的调研和战略重组，使企业的发展始终能够适应市场要求，达到驾驭市场的目的。

# 学习子情境三  沙盘企业战略的制定

在沙盘（新商战）平台中，每个企业的内部初始状态相同，且在特定的外部环境下展开竞争，追求企业财富最大化。因此，各企业在经营前期的战略制定上受到限制，但一般均可采用拓展型企业整体战略。

一般在高度市场化的竞争环境中，企业应以市场为主导，制定企业竞争战略和职能战略。

关于战略管理的研究一致认为，战略管理会影响企业的行为和表现，成功的企业一定有明确的战略，包括沙盘企业整体战略、沙盘企业竞争战略和沙盘企业职能战略。

## 一、沙盘企业整体战略

沙盘企业在经营初期可选择拓展型战略；在经营中后期，可依据市场、竞争对手及自身发展状况考虑是否采取稳健型或收缩型战略。

## 二、沙盘企业竞争战略

竞争战略是在企业总体战略的制约下,指导和管理具体战略经营单位的计划和行动。

企业竞争战略要解决的核心问题是,如何通过确定顾客需求、竞争者产品及本企业产品这三者之间的关系,来奠定本企业产品在市场上的特定地位并维持这一地位。

沙盘企业在经营初期,可依据市场需求分析,确定目标市场、产品品类及生产数量;在经营中后期,在考虑上述因素的基础上,重点关注竞争者的发展状况,并进行适时调整。

## 三、沙盘企业职能战略

### (一)财务战略

财务战略在企业职能战略中居于核心地位,既具有企业战略的共性,又具有财务方面的特性。财务战略大体上分为三种:扩张型、紧缩型和稳健型,三种战略相互联系,彼此衔接,共同构成整个生命周期的财务战略体系。

1. 创建期

此阶段企业资产规模迅速扩张,需要大量的现金支出。比如,购买原材料、研发新产品(P1、P2、P3 等)、开拓新市场(区域、国内、亚洲、国际)等。新产品的研发和新市场的开拓同时需要时间和资金投入。而此时现金流入较少,企业需要筹措大量的资金来保证企业所需各种资源的及时投入,经营现金流量和投资活动现金流量多呈现负数,利润一般为亏损状态。此阶段的投入具有较大的不确定性,有较高的经营风险。因此,团队需根据各自对未来市场的预期和风险偏好程度来决定财务战略。

企业一般可采取借入一定的长期借款或长短期借款结合策略(借入具体金额由各企业依据企业竞争战略确定),购建厂房和生产设备及产品资格、市场开发认证。

2. 成长期

此阶段需要追加大量的现金支出。比如,更新生产线(半自动线、全自动线、柔性线)、购买厂房、继续研发产品和开拓新市场等,此时现金流入逐渐增多,经营现金流入量和流出量基本会保持平衡,做好资金预算管理是渡过经营高风险期的重要保障。成长期的主要任务是扩大市场规模,稳定市场地位,根据具体的经营状况及时调整财务战略,实施更积极的财务战略。

3. 成熟期

企业进入成熟期,产品研发、市场开拓、生产线改造等趋于稳定,此时会出现正的经营现金流量,利润随之增加。优化资产负债结构,企业进入良性循环状态,可实施使企业财务业绩的稳定增长和资产规模平衡的稳健型财务战略。

经历创建期、成长期的磨砺,各企业已经能够更好地掌握运营规则及市场竞争环境,此阶段可采取分阶段借入短期借款策略,保证日常资金需求。

4. 收缩期

在运营的最后 2 年,不需要产品研发、市场开拓、生产线更新等投资,根据现有生产能力,选择合适订单,将完工产品转化为现金流。

此时,现金会比较充裕,利润逐渐增多,经营风险和财务风险都比较低。

在企业整个生命周期中,财务战略理念渗透在经营管理的每一个环节,因此,每一年开始运营之前,都要求根据年初制定的总体战略和具体战略,结合目前的实际运营状况,调整现阶段的战略目标。

### (二) 营销战略

市场营销战略是指企业在现代市场营销观念下,为实现经营目标,对一定时期内市场营销发展的总体设想和规划。营销战略主要包括:产品策略、价格策略、渠道策略和促销策略等。

产品战略是对企业所生产和经营的产品进行的全局性筹划,是营销战略中最基本、最重要的组成部分,直接影响到营销战略的实施和完成,关系企业的成败兴衰和生死存亡。

"ERP 沙盘模拟"课程主要涉及新产品的开发战略、市场定位战略和产品组合战略。"ERP 沙盘模拟"课程提供 5 种产品(P1、P2、P3、P4、P5)和 5 类市场(本地、区域、国内、亚洲、国际)可供选择,产品和市场都需要研发时间和开发费用,因此,要制定出新产品开发战略和市场定位战略。

在运营过程中,4 种产品的销售价格和销售数量会随着时间的推移、市场类型的不同而发生变化,产品组合战略的制定也是必要的。因此,在正式运营之前,各团队要制定产品战略方案,在战略方案的指引下,开展运营活动。

在 ERP 沙盘模拟中,因为运营环境的限制,营销战略主要运用在订单的选择中。订单包括丰富的信息,如产品品种、价格、交货期、收款期、销售市场以及 ISO9000 认证资格等信息。

营销主管在选择时,应遵循有利于销售、有利于竞争、有利于增加企业总利润的原则,可以选择一种产品或多种产品组合,一个市场或多个市场组合,在选择多张订单时要注意合理安排多张订单的交货期。

### 四、全面预算

全面预算是在预测和决策的基础上,围绕企业战略目标,对一定时期内企业资金的取得和投放、各项收入和支出、企业经营成果及其分配等资金运动所作出的具体安排。企业全面预算包括:

(1) 经营预算,具体包括销售预算、生产预算、材料采购预算、人工预算、制造费用预算、单位成本预算、销售费用和管理费用预算等。

(2) 投资预算,具体反映何时投资、投资多少、资金来源和投资收益等。

(3) 财务预算,主要包括现金预算、预算利润表和预算资产负债表。需要注意的是,经营预算和投资预算必须以货币形式反映在财务预算中。

各企业在制定企业战略时,可参照书后附录 1 和附录 2 进行,也可自行设计表单。

企业战略规划简表如表 4-1 所示。

表 4-1　　　　　　　　　　　　　　企业战略规划简表

| 项目 | 所选策略 | 待选项目或说明 |
| --- | --- | --- |
| 一、沙盘企业整体战略 | | 拓展型战略、稳健型和收缩型战略 |
| 二、沙盘企业竞争战略 | | 确定目标市场、产品品类及生产数量 |
| 三、沙盘企业职能战略 | — | — |
| (一)财务战略 | | 扩张型、紧缩型和稳健型 |

(续表)

| 项　目 | 所选策略 | 待选项目或说明 |
|---|---|---|
| (二) 营销战略 | | |
| 　1. 产品 | | P1、P2、P3 和 P4 |
| 　2. 渠道 | | 本地、区域、国内、亚洲和国际 |
| (三) 生产战略 | | |
| 　1. 厂房 | | 大厂房、中厂房、小厂房 |
| 　2. 生产线规模 | | 手工、自动、柔性 |
| (四) 采购战略 | | R1、R2、R3、R4 |

# 学习情境五

## 企业运营与成果分析

### 🎯 教学目标

**➡ 知识**

1. 明晰企业各项策略含义及成果分析的意义。
2. 能够阐述杜邦体系各主要指标之间的关系。

**➡ 技能**

3. 能够依据沙盘企业数据编制市场预测分析表、生产及采购计划表和现金预算表。
4. 能够依据沙盘企业数据计算偿债能力、营运能力和盈利能力指标。

**➡ 素养**

5. 树立团队合作意识,养成正确使用计算机的习惯。
6. 养成自主学习能力,提升职业素养。

# 学习子情境一　企业营销策略与成果分析

## 一、市场营销策略的制定、执行与控制

市场营销策略与市场营销战略不同,前者是微观层面的,更为具体,是细节上的东西,是为战略服务的;市场营销战略则是宏观的,其范围更加广泛。

战略解决的问题是:"市场上需要什么?我们需要往哪个方向看?"策略解决的问题是:"如何满足这些需求?这些做法如何落地?"例如,A公司市场营销整体战略方案(本地市场销售P3产品)执行期间,公司市场营销策略要实现的经济效益目标达到:P3产品全年本地市场总销售量为×××万件,预计毛利×××万元,市场占有率实现××。

企业欲想在当前日趋激烈的市场竞争中立于不败之地,其中的一个重要因素,就是要对其营销策略作出科学的抉择。

### (一)分析市场机会

市场分析是对市场规模、位置、性质、特点、市场容量及吸引范围等调查资料所进行的经济分析。其主要目的是研究商品的潜在销售量,开拓潜在市场,安排好商品地区之间的合理分配,以及企业经营商品的地区市场占有率。

只有利用科学的方法去分析和研究市场,才能为企业的正确决策提供可靠的保障。市场分析可以帮助企业解决重大的经营决策问题。比如,通过市场分析,企业可以知道自己在某个市场有无经营机会或是能否在另一个市场将已经获得的市场份额扩大。

### (二)选择目标市场

目标市场选择是指估计每个细分市场的吸引力程度,并选择进入一个或多个细分市场。企业选择的目标市场应是那些企业能在其中创造最大顾客价值并能保持一段时间的细分市场。资源有限的企业或许决定只服务于一个或几个特殊的细分市场。

其选择标准为:市场有一定的规模和发展潜力;细分市场结构的吸引力;符合企业目标和能力。

其中,细分市场结构的吸引力尤为关键,它是指细分市场可能具备理想的规模和发展特征,然而从盈利的观点来看,它未必有吸引力,表现在同行业竞争者、潜在的新参加的竞争者、替代产品、购买者和供应商这五种因素所带来的威胁,因此企业在选择目标市场时应充分考虑这五种因素的消极影响。

### (三)确定市场营销策略

市场营销策略是企业以顾客需要为出发点,根据经验获得顾客需求量以及购买力的信息、商业界的期望值,有计划地组织各项经营活动,通过相互协调一致的产品策略、价格策略、渠道策略和促销策略,为顾客提供满意的商品和服务而实现企业目标的过程。

营销策略一般分为三种:无差异营销、差异营销和集中营销。企业要对上述三种营销策略择其优者而用之,且用得恰到好处,使其收到预期的成效。

## （四）开展市场营销活动

企业按照既定的市场营销策略执行,在日常运营的过程中,需要不断进行优化和调整,以适应不断变化的市场需求。

## 二、沙盘企业市场营销管理与评价

### （一）市场需求分析

**1. 市场预测表——均价**

市场预测表——均价如表5-1所示。

表5-1　　　　　　　　　市场预测表——均价

| 序号 | 年份 | 产品 | 本地 | 区域 | 国内 | 亚洲 | 国际 |
|---|---|---|---|---|---|---|---|
| 1 | 第2年 | P1 | 55.89 | 54.14 | 0.00 | 0.00 | 0.00 |
| 2 | 第2年 | P2 | 70.42 | 71.38 | 0.00 | 0.00 | 0.00 |
| 3 | 第2年 | P3 | 100.00 | 89.23 | 0.00 | 0.00 | 0.00 |
| 4 | 第2年 | P4 | 129.67 | 127.91 | 0.00 | 0.00 | 0.00 |
| 5 | 第2年 | P5 | 145.55 | 149.17 | 0.00 | 0.00 | 0.00 |
| 6 | 第3年 | P1 | 49.58 | 0.00 | 48.27 | 0.00 | 0.00 |
| 7 | 第3年 | P2 | 71.88 | 0.00 | 67.95 | 0.00 | 0.00 |
| 8 | 第3年 | P3 | 82.37 | 86.64 | 93.14 | 0.00 | 0.00 |
| 9 | 第3年 | P4 | 0.00 | 125.70 | 128.35 | 0.00 | 0.00 |
| 10 | 第3年 | P5 | 147.79 | 156.25 | 0.00 | 0.00 | 0.00 |
| 11 | 第4年 | P1 | 46.38 | 47.80 | 47.57 | 50.57 | 0.00 |
| 12 | 第4年 | P2 | 70.12 | 0.00 | 70.07 | 70.38 | 0.00 |
| 13 | 第4年 | P3 | 91.41 | 100.57 | 0.00 | 89.62 | 0.00 |
| 14 | 第4年 | P4 | 134.83 | 112.17 | 126.00 | 123.67 | 0.00 |
| 15 | 第4年 | P5 | 150.00 | 0.00 | 141.36 | 148.80 | 0.00 |
| 16 | 第5年 | P1 | 45.09 | 43.07 | 47.50 | 42.00 | 53.17 |
| 17 | 第5年 | P2 | 62.56 | 62.00 | 61.44 | 65.55 | 78.38 |
| 18 | 第5年 | P3 | 87.80 | 0.00 | 93.32 | 0.00 | 87.70 |
| 19 | 第5年 | P4 | 144.27 | 122.00 | 120.30 | 108.67 | 118.46 |
| 20 | 第5年 | P5 | 141.83 | 142.18 | 142.00 | 142.71 | 141.91 |
| 21 | 第6年 | P1 | 49.17 | 0.00 | 49.79 | 47.08 | 45.72 |
| 22 | 第6年 | P2 | 66.33 | 67.89 | 67.83 | 69.51 | 70.54 |
| 23 | 第6年 | P3 | 0.00 | 91.62 | 90.90 | 88.59 | 87.86 |
| 24 | 第6年 | P4 | 0.00 | 124.38 | 0.00 | 126.83 | 132.90 |
| 25 | 第6年 | P5 | 147.38 | 0.00 | 0.00 | 149.19 | 143.64 |

根据表5-1中数据,进行市场价格(均价)年度走势分析,如图5-1所示。

图5-1以本地市场为例,列示出各产品在不同年份的均价价格走势。P1、P2和P3产品价格较低,本地市场价格基本稳定,P4和P5产品均价连年较高,需注意P4在第3年和第

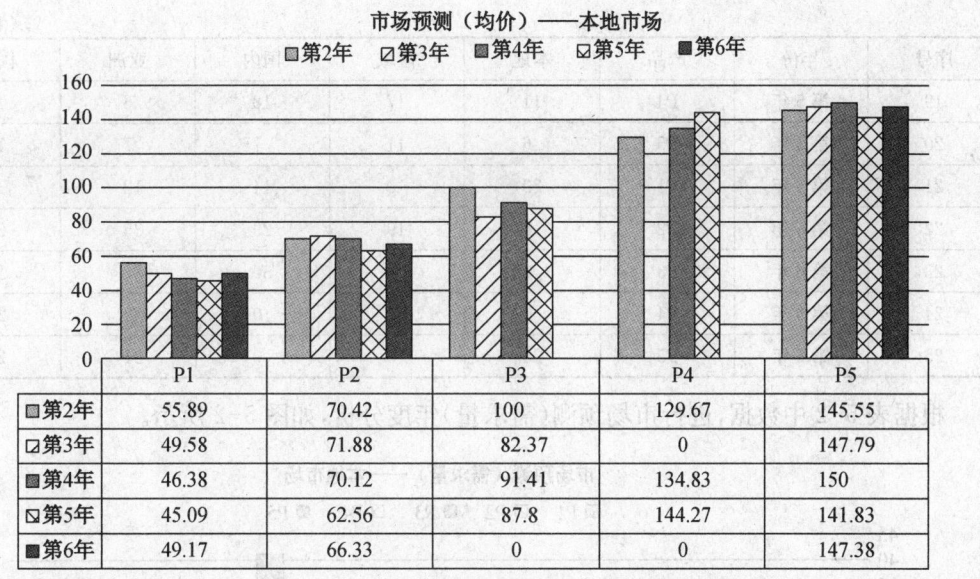

图 5-1 市场预测(均价)——本地市场

6年本地市场无需求价格的问题。

2. 市场预测表——需求量

市场预测表——需求量如表5-2所示。

表5-2　　　　　　　　　市场预测表——需求量

| 序号 | 年份 | 产品 | 本地 | 区域 | 国内 | 亚洲 | 国际 |
| --- | --- | --- | --- | --- | --- | --- | --- |
| 1 | 第2年 | P1 | 35 | 36 | 0 | 0 | 0 |
| 2 | 第2年 | P2 | 24 | 26 | 0 | 0 | 0 |
| 3 | 第2年 | P3 | 15 | 13 | 0 | 0 | 0 |
| 4 | 第2年 | P4 | 15 | 11 | 0 | 0 | 0 |
| 5 | 第2年 | P5 | 6 | 6 | 0 | 0 | 0 |
| 6 | 第3年 | P1 | 12 | 0 | 22 | 0 | 0 |
| 7 | 第3年 | P2 | 25 | 0 | 19 | 0 | 0 |
| 8 | 第3年 | P3 | 19 | 25 | 7 | 0 | 0 |
| 9 | 第3年 | P4 | 0 | 20 | 20 | 0 | 0 |
| 10 | 第3年 | P5 | 24 | 16 | 0 | 0 | 0 |
| 11 | 第4年 | P1 | 8 | 10 | 14 | 14 | 0 |
| 12 | 第4年 | P2 | 8 | 0 | 15 | 24 | 0 |
| 13 | 第4年 | P3 | 22 | 7 | 0 | 13 | 0 |
| 14 | 第4年 | P4 | 6 | 6 | 10 | 9 | 0 |
| 15 | 第4年 | P5 | 4 | 0 | 14 | 10 | 0 |
| 16 | 第5年 | P1 | 11 | 14 | 20 | 19 | 12 |
| 17 | 第5年 | P2 | 16 | 18 | 16 | 11 | 16 |
| 18 | 第5年 | P3 | 41 | 0 | 22 | 0 | 37 |

(续表)

| 序号 | 年份 | 产品 | 本地 | 区域 | 国内 | 亚洲 | 国际 |
|---|---|---|---|---|---|---|---|
| 19 | 第5年 | P4 | 11 | 17 | 10 | 6 | 13 |
| 20 | 第5年 | P5 | 6 | 11 | 7 | 7 | 11 |
| 21 | 第6年 | P1 | 29 | 0 | 14 | 12 | 18 |
| 22 | 第6年 | P2 | 6 | 19 | 29 | 35 | 24 |
| 23 | 第6年 | P3 | 0 | 8 | 30 | 22 | 14 |
| 24 | 第6年 | P4 | 0 | 13 | 0 | 12 | 29 |
| 25 | 第6年 | P5 | 24 | 0 | 0 | 21 | 28 |

根据表5-2中数据,进行市场预测(需求量)年度分析,如图5-2所示。

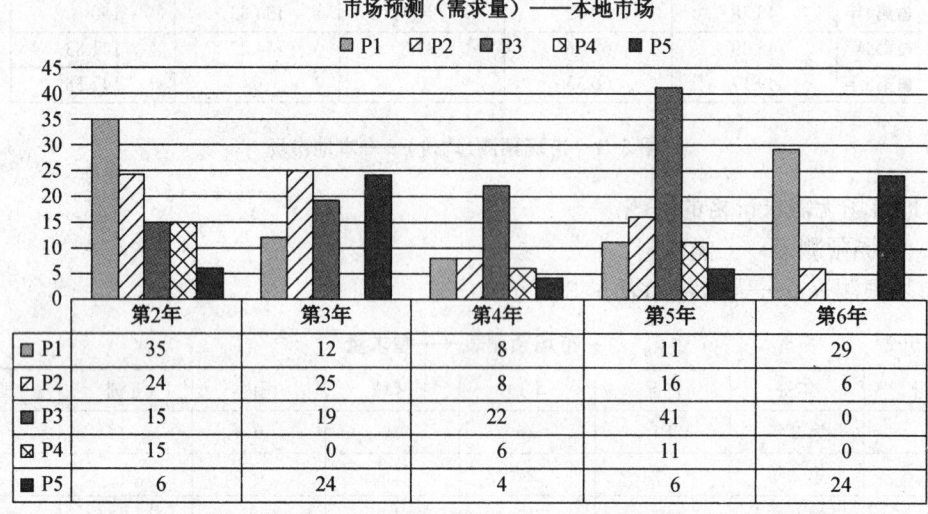

图5-2 市场预测(需求量)——本地市场

图5-2以本地市场为例,列示出各产品在不同年份各产品需求量走势。P1产品需求量基本呈逐年降低趋势;P3产品需求稳定,第6年无需求。

(二)竞争对手分析

在经营过程中,各企业在同一行业及市场环境中进行模拟经营、相互竞争,企业在明晰自身经营状况的同时,要时刻关注每一个竞争对手的情况,并加以分析,达到知己知彼的目的。

1. 订货会信息分析

在参加每年年初的订货会时,依据参会信息,可发现与自己竞争的主要对手。比如,本企业生产P1和P4产品,在本地和国内投放了广告。在进行本地市场和国内市场P1、P4产品选取订单时,发现第3组和第4组均在竞争行列,则可以判断第3组和第4组与本企业生产的产品及开发的市场类似,应在今后的经营中给予重视。

2. 财务报表分析

每年结束后,教师在系统中下发各企业当年财务报表,企业财务经理可以运用财务相关知识和经营经验,了解其他企业的综合费用情况、经营成果及财务状况。在此过程中,应重点关注在订单选取时产生竞争的企业。

在资产负债表的审视和分析中,如果发现竞争企业库存商品金额过大,说明其当年有货品积压,一般会在下一年的广告投放中投入更多的广告金额。通过审视资产负债表中固定资产相关项目,可推测竞争企业的生产线规模及大概的产能。

在利润表的审视和分析中,可了解竞争对手当年的利润情况。

3. 间谍

企业可以在经营过程中,通过系统中间谍功能,支付一定的信息费用,收集特定企业的经营信息,重点了解企业规模,所生产的产品品类和开发的市场。

(三) 沙盘企业营销策略的制定与控制

通过上述市场分析、竞争对手分析,选择本企业的营销策略:无差异营销、差异营销和集中营销,进而明晰本企业营销目标,如 P3 产品全年本地市场总销售量为×××件,预计毛利×××元,市场占有率实现×%。

# 学习子情境二 企业生产运作策略及采购策略与成果分析

## 一、生产运作策略

生产运作策略是指在企业整体战略的总体框架下,决定如何通过生产运作活动来达到企业的整体经营目标,并根据对企业各种资源和内外部环境的分析,确定生产运作活动以及生产运作系统的总体指导思想和决策原则。

这主要包括三个方面的内容:产品或服务的选择、开发与设计策略和生产运作系统的设计策略。

企业进行生产运作,先要确定向市场提供的产品或服务(依据营销策略拟定),这就是产品或服务选择和决策问题。产品或服务确定之后,就要对产品或服务进行设计,确定其功能、型号、规格和结构(物料清单)。接着,要对制造产品或提供服务的工艺进行选择,对工艺过程进行设计(生产线购置与工艺标准选择)。

## 二、采购策略的制定、执行与控制

采购策略旨在确定物资采购及操作执行的管理原则,以提高采购效率、采购操作规范性及采购总成本的控制水平,一般依据生产运作策略制定。

### (一) 采购计划

采购计划是指企业管理人员在了解市场供求情况,认识企业生产经营活动过程中和掌握物料消耗规律的基础上对计划期内物料采购管理活动所做的预见性的安排和部署。

采购计划是根据生产部门或其他使用部门的计划制定的包括采购物料、采购数量、需求日期等内容的计划表格。

按计划期的长短分,可以把采购计划分为年度物料采购计划、季度物料采购计划和月度物料采购计划等。

采购计划(预算)是公司年度计划与目标的一部分。通常,销售部门的计划(即销售收入预算)是公司年度计划(预算)的起点,然后生产计划、采购计划才随之确定。

由此可见,采购计划(预算)是采购部门为配合年度的销售预测或生产预测,对所需求的原料、物料、零件等的数量及成本作出的详细计划,以利整个企业目标的达成。采购计划(预算)虽是整个企业预算的核心,但是如果单独编制,不但缺乏实用的价值,也失去其他部门的配合。

### (二) 计划编制

对于商业企业来说,采购计划直接依据销售计划(销售计划是表明各种产品在不同时间的预期销售数量)拟定。

而对于生产企业来讲,采购计划应根据生产计划(依据销售计划而定)加上预期的期末存货减去期初存货来拟订。

生产企业在制订采购计划时,同时要考虑物料清单(产品结构)构成情况,做到采购的材料适时、适量。因为采购计划只列示产品的数量,并无法直接知道某一产品需用哪些物料,以及数量多少,因此必须借助所生产商品的物料清单加以采购。

### (三) 计划的执行与控制

企业按照既定的采购策略执行,在日常运营的过程中,需要依据现实情况适时应变,以满足企业生产或销售的临时需要。

## 三、沙盘企业生产、采购管理与评价

### (一) 生产管理

**1. 设备管理与生产线转换**

供沙盘企业选择的生产设备为手工生产线、半自动生产线、柔性生产线和租赁线,各企业依据本公司设定的企业整体战略,可选择多种生产线组合策略,如在大厂房中购入2条半自动及2条自动生产线,可达到年产最大12个产品的生产能力。

**2. 生产能力与生产计划**

1) 确定产能

正确计算企业的产能,是企业参加订货会取得可接订单的基础。为了准确计算产能,必须了解不同类型生产线的生产周期、年初在制品的状态及原材料订购情况,计算本年能够完成的完工产品数量。各类型生产线在不停产、转产的前提下计算最大生产能力。同时,结合企业库存情况,计算本年度企业最大接单量如下:

本年最大接单量＝年初该产品库存量＋本年产量

某企业第3年生产计划表如表5-3所示。

表5-3 某企业第 3 年生产计划表

| 生产线类型 | 年初在制品状态 | 各季度拟完成的生产任务 ||||  本年最大生产数量 |
|---|---|---|---|---|---|---|
| | | 1Q | 2Q | 3Q | 4Q | |
| 手工生产线(生产周期3Q) | ○● | | | ★ | | 1 |
| 自动生产线(生产周期1Q) | ○ | | ★ | ★ | ★ | 3 |
| 柔性生产线(生产周期1Q) | ● | ★ | ★ | ★ | ★ | 4 |

注:○表示无在制品;●表示有在制品;★表示产成品入库。

2) 生产计划

生产计划是生产过程的统筹安排,包括长期、中期和短期计划。

(1) 企业生产经理和销售经理一起在充分考虑市场需求的基础上,以最大限度地提高产能为目标,结合公司财务状况和经营成果,制订出合理的长期计划。

(2) 依据本年度取得的订单情况,在产能能够满足订单的前提下,可制订中期生产计划,以便控制成本和减少采购的复杂性。此外,适量的产品库存以及柔性、租赁生产线的使用,能够使中期生产计划更加灵活有力。

(3) 中期生产计划的细化即短期生产计划,短期计划的主要内容是安排在哪条生产线上生产哪种产品。

需要注意的是,在任何时间点上,一条生产线上有且只有一个产品正在生产;企业必须同时具备以下三个条件,才能顺利开始下一批生产。

开始下一批生产的条件:已具备特定产品资格、生产线空闲、原材料和现金充足。

3. 物料清单(产品结构或 BOM 结构)

供沙盘企业选择的产品种类有 5 种,分别为 P1、P2、P3、P4 和 P5,各企业依据公司战略选定要开发生产的产品种类或种类组合。

需要注意的是,系统提供不同的沙盘运营规则,不同规则中设置的产品 BOM 结构不同。比如,某规则中设置 P2=1R2+1R3,即表示 P2 产品由 1 个 R2 原材料及 1 个 R3 原材料构成。

### (二) 采购管理

采购计划要解决的三个问题:订购材料的种类、订购数量和订购时间。沙盘企业的采购计划依据生产计划及物料清单制订,目的是满足生产需求。

沙盘企业中设置四种原材料,分别为 R1、R2、R3 和 R4。其中,R1 和 R2 材料,需提前 1 个季度订货;R3 和 R4 原材料需提前 2 个季度订货。比如,本年第 3 季度需要生产 1P2(1R2+1R3)产品,则需要在本年第 1 季度订购 1 个 R3、本年第 2 季度订购 1 个 R2。

例如,企业依据生产线在产情况、生产计划和产品结构,制订采购计划,如表 5-4 所示。

表 5-4　　　　　某企业第　3　年原材料采购计划表

| 季度(Q) | 采购计划 | | | | 生产计划 | | |
|---|---|---|---|---|---|---|---|
| | R1 | R2 | R3 | R4 | P1 | P2 | P3 |
| 本年 1Q | | | | | — | — | |
| 本年 2Q | | | | | 1 | 1 | 1 |
| 本年 3Q | | | | | | 1 | 1 |
| 本年 4Q | | | | | — | 1 | 1 |
| 本年合计 | | | | | 1 | 3 | 4 |
| 下年 1Q | | | | | | 1 | 1 |
| 下年 2Q | | | | | | 1 | 1 |

注意:在制订本年度采购计划的同时,要综合考虑下年度连续生产所需要的原材料需求。

各企业应依据市场环境、企业战略规划、销售计划等综合设计和执行采购计划,以满足不断变化的内外部环境。

### (三) 企业营运能力分析

#### 1. 存货周转率

存货周转率是企业一定时期销货成本与平均存货余额的比率。存货周转率用于反映存货的周转速度,即存货的流动性及存货资金占用量是否合理,促使企业在保证生产经营连续性的同时,提高资金的使用效率,增强企业的短期偿债能力。

其计算公式为:

$$存货周转率(存货周转次数) = 当期销售成本 \div 平均存货余额$$

$$平均存货余额 = (期初存货余额 + 期末存货余额) \div 2$$

一般来讲,存货周转速度越快,存货的占用水平越低,流动性越强,存货转换为现金或应收账款的速度越快。因此,提高存货周转率可以提高企业的变现能力。

#### 2. 固定资产周转率

固定资产周转率又称固定资产利用率,是企业销售收入与固定资产净值的比率。固定资产周转率表示在一个会计年度内,固定资产周转的次数。

其计算公式为:

$$固定资产周转率 = 当期销售收入 \div 平均固定资产净值$$

$$平均固定资产净值 = (期初固定资产净值 + 期末固定资产净值) \div 2$$

固定资产周转率主要用于分析对厂房、设备等固定资产的利用效率。一般来说,比率越高,说明利用率越高,管理水平越好。如果固定资产周转率与同行业平均水平相比偏低,则说明企业对固定资产的利用率较低,可能会影响企业的获利能力。它反映了企业资产的利用程度。

#### 3. 总资产周转率

总资产周转率是企业一定时期的销售收入净额与平均资产总额之比,它是衡量资产投资规模与销售水平之间配比情况的指标。

其计算公式为:

$$总资产周转率(总资产周转次数) = 营业收入净额 \div 平均资产总额$$

$$平均资产总额 = (资产总额年初数 + 资产总额年末数) \div 2$$

通过该指标的对比分析,可以反映企业本年度以及以前年度总资产的运营效率和变化,发现企业与同类企业在资产利用上的差距,促进企业挖掘潜力、积极创收、提高产品市场占有率、提高资产利用效率。

一般情况下,该数值越高,表明企业总资产周转速度越快,销售能力越强,资产利用效率越高。

## 学习子情境三 筹资策略与成果分析

### 一、筹资管理

筹资管理是指企业根据其生产经营、对外投资和调整资本结构的需要,通过筹资渠道和资本(金)市场,运用筹资方式,经济有效地筹集为企业所需的资本(金)的财务行为。

筹资管理的目的为满足公司资金需求,降低资金成本,增加公司的利益,减少相关风险。

### (一) 筹资方式

筹资的方式主要有筹措股权资金和筹措债务资金。

### (二) 筹资风险管理

旨在根据风险管理目标和宗旨,在科学的风险分析基础上制定出处置风险的总体方案,避免和减少风险损失。

其一般性的管理要点如下:

(1) 强化筹资的可行性研究。

(2) 对于大额筹资要注意分散风险。

(3) 灵活地采取多种筹资方式。

(4) 建立筹资风险的保障制度。

## 二、沙盘企业筹资管理与评价

### (一) 筹资策略分析

#### 1. 长期贷款与短期贷款

在沙盘课程中,长期贷款又称长期借款,年利率为10%,只可每年年初申请借入,年中各季度不可申请,每年付息,到期还本。如第1年年初(第1季度刚开始时)借入3年期500万元长期贷款,借入后每年利息50万元,到期后(第4年年初)归还本金500万元。

短期贷款也称短期借款,每季季初均可借入,每次借款期限1年,年利率为5%,到期一次性还本付息。如第2年第2季季初借入短期贷款100万元,在第2年第2季度初偿还本金及利息105万元。

1) 长短贷合理结合

一般认为,长期贷款用来作为企业长期投资使用,如新建厂房、购置生产线、开发新市场和开发新产品资格等。短期贷款用来作为企业短期周转资金使用,如购买原材料、材料采购及支付产品加工费等。企业应合理调节长短贷比例及贷款时间,使其达到最大使用效率。

2) 长期贷款初始年满贷

在宽松的市场环境下,全部长期贷款策略可能会取得更大的竞争优势。如果可以充分利用长期贷款前期还贷压力小的特点,企业可以在第1~第3年充分扩张,建立更大的生产规模,生产更多的产品抢占市场,凭借前期的惊人优势,取得市场绝对控制权。

但一般情况下,如果前期大量使用长期贷款,会导致每年的财务费用过高,将使得当期利润大幅度降低;如果市场中同时采用该策略的组别过多,必然导致强强相争局面,而采用保守财务策略的小公司,则会坐收渔翁之利;如果企业不综合考虑各种因素,盲目使用该策略,会导致本企业在第4或第5年无法归还本金,而导致破产。

#### 2. 资金贴现

当企业现金流遇到困难且无法借入短期借款和长期借款时,可以选择将未到期的应收款项贴现,或者将已购买的厂房进行贴现。在支付一定的贴息后,收回部分金额,防止资金链断裂而破产的情况发生。

同时,企业在现金流并不充足的情况下,为了更好地取得竞争优势,可以选择贴现回笼资金,优先开始新建生产线或开发新市场。

因此,企业应合理利用贴现,将其转换为更好的竞争优势,创造出比贴息更多的利润。

### (二) 偿债、营运能力分析与评价

1. 流动比率

流动比率是流动资产对流动负债的比率,用来衡量企业流动资产在短期债务到期以前,可以变为现金用于偿还负债的能力。

其计算公式为:

$$流动比率 = 当期流动资产期末余额 \div 当期流动负债期末余额$$

一般说来,比率越高,说明企业资产的变现能力越强,短期偿债能力亦越强;反之则弱。一般认为流动比率应在 2∶1 以上,流动比率 2∶1,表示流动资产是流动负债的两倍,即使流动资产有一半在短期内不能变现,也能保证全部的流动负债得到偿还。

2. 速动比率

速动比率是指企业速动资产与流动负债的比率。速动资产是企业的流动资产减去存货和预付费用后的余额,主要包括现金、短期投资、应收票据和应收账款等项目。

其计算公式为:

$$速动比率 = 速动资产 \div 当期流动负债期末余额$$
$$速动资产 = 当期流动资产期末余额 - 当期存货期末余额$$

一般认为,速动比率维持在 1∶1 较为正常,它表明企业的每 1 元流动负债就有 1 元易于变现的流动资产来抵偿,短期偿债能力有可靠的保证。速动比率过低,企业的短期偿债风险较大,速动比率过高,企业在速动资产上占用资金过多,会增加企业投资的机会成本。实际工作中,应考虑到企业的行业性质。例如,商品零售行业,由于采用大量现金销售,几乎没有应收账款,速动比率大大低于1,也是合理的。相反,有些企业虽然速动比率大于1,但速动资产中大部分是应收账款,并不代表企业的偿债能力强,因为应收账款能否收回具有很大的不确定性。所以,在评价速动比率时,还应分析应收账款的质量。

3. 应收账款周转率

应收账款周转率是企业在一定时期内赊销净收入与平均应收账款余额之比。它是衡量企业应收账款周转速度及管理效率的指标。

其计算公式为:

$$应收账款周转率 = 赊销收入净额 \div 当期应收账款平均余额$$
$$赊销收入净额 = 销售收入 - 销售退回 - 现销收入$$
$$当期应收账款平均余额 = (当期期初应收账款余额 + 当期期末应收账款余额) \div 2$$

一般情况下,应收账款周转率越高,说明其收回越快。反之,说明营运资金过多呆滞在应收账款上,影响正常资金周转及偿债能力。

4. 资产负债率

资产负债率又称举债经营比率,表示公司总资产中有多少是通过负债筹集的,该指标是评价公司负债水平的综合指标。同时,也是一项衡量公司利用债权人资金进行经营活动能力的指标,也反映债权人发放贷款的安全程度。

其计算公式为:

资产负债率＝当期负债期末总额÷当期资产期末总额

一般情况下,从债权人的立场看,他们最关心的是各种融资方式安全程度以及是否能按期收回本金和利息等。因此,债权人希望资产负债率越低越好,企业偿债有保证,融给企业的资金不会有太大的风险。而从投资者的立场看,投资者所关心的是全部资本利润率是否超过借入资本的利率,因此在全部资本利润率高于借入资本利息的前提下,投资人希望资产负债率越高越好;否则,反之。

如果资产负债比率达到100%或超过100%说明公司已经没有净资产或资不抵债。

# 学习子情境四 企业盈利模式与成果分析

## 一、企业盈利模式

盈利模式是对企业经营要素进行价值识别和管理,在经营要素中找到盈利机会,即探求企业利润来源、生产过程以及产出方式的系统方法。

盈利模式分为自发的盈利模式和自觉的盈利模式两种。前者的盈利模式是自发形成的,企业对如何盈利,未来能否盈利缺乏清醒的认识,企业虽然盈利,但盈利模式不明确不清晰,其盈利模式具有隐蔽性、模糊性、缺乏灵活性的特点;后者是企业通过对盈利实践的总结,对盈利模式加以自觉调整和设计而成的,它具有清晰性、针对性、相对稳定性、环境适应性和灵活性的特征。

在市场竞争的初期和企业成长的不成熟阶段,企业的盈利模式大多是自发的,随着市场竞争的加剧和企业的不断成熟,企业开始重视对市场竞争和自身盈利模式的研究,即使如此,也并不是所有企业都有找到盈利模式的幸运。

## 二、沙盘企业盈利能力分析与评价

### (一) 沙盘企业几种常见的盈利模式

1. 高产能、高广告、多品种

在市场环境较为宽松的经营初期下,企业可以采用该模式。经营企业可以利用初期所有者权益尚未降低时大量举债经营,使用长期贷款举措资金进行生产线的购置、产品研发、市场开拓,并在经营初期大量占有市场,夺取更多的市场份额。

使用该盈利模式要充分考虑到订单的获取与广告投放的比例关系,同时考虑后期偿还贷款的压力。

2. 高产能、低广告、多品种

利用长期贷款与短期贷款结合的方式,利用柔性生产线,研发有关联关系的产品。

使用该盈利模式应在争夺订单时,重点关注先行订单对后选订单的影响,及单位产品利润率的高低。同时,应注意订单账期的问题。

3. 小市经营

在经营初期,适时适量取得贷款,企业规模依据市场平均或以下水平建设。该模式的优点为前期经营压力较小,事务较少,利润可观;缺点为后期经营乏力,全力经营情况下,利润较低。但如在经营过程中适时调整，不乏推陈出新，创造新的盈利模式。

### （二）盈利指标分析

**1. 销售毛利率**

销售毛利率是毛利占销售净值的百分比，通常称为毛利率。其中，毛利是销售净收入与产品成本的差。该指标的优点在于可以对企业某一主要产品或主要业务的盈利状况进行分析，这对于判断企业核心竞争力的变化趋势及其企业成长性极有帮助。

其计算公式为：

$$某产品销售毛利率＝（某产品当期销售收入－某产品当期销售成本）÷某产品当期销售收入$$

一般认为，该指标越高越好。如果销售毛利率很低，表明企业没有足够多的毛利额，补偿期间费用后的盈利水平就不会高；同时也可能无法弥补期间费用，出现亏损局面。

**2. 销售净利率**

销售净利率是指企业实现净利润与销售收入的对比关系，用以衡量企业在一定时期的销售收入获取的能力。它与净利润成正比关系，与销售收入成反比关系，企业在增加销售收入额的同时，必须相应地获得更多的净利润，才能使销售净利率保持不变或有所提高。

经营中往往可以发现，企业在扩大销售的同时，由于销售费用、财务费用、管理费用的大幅增加，企业净利润并不一定会同比例的增长，甚至有一定负增长。盲目扩大生产和销售规模未必会为企业带来正的收益。因此，分析者应关注在企业每增加1元销售收入的同时，净利润的增减程度，由此来考察销售收入增长的效益。

通过分析销售净利率的升降变动，可以促使企业在扩大销售的同时，注意改进经营管理，提高盈利水平。

其计算公式为：

$$销售净利率＝净利润÷销售收入$$

一般认为，该指标越高越好。销售净利率的提高主要靠提价和控制费用，当销售收入增长不佳时，提高销售利润率的关键是控制费用。

# 学习子情境五　企业综合财务分析

## 一、财务综合分析

财务综合分析，就是将企业营运能力、偿债能力和盈利能力等方面的分析纳入一个有机的分析系统之中，全面地对企业财务状况，经营状况进行解剖和分析，从而对企业经济效益作出较为准确的评价与判断。

一个健全有效的财务综合指标体系必须具有以下特点。

**1. 评价指标要全面**

设置的评价指标要尽可能涵盖偿债能力、营运能力和盈利能力等各方面的考核要求。

**2. 主辅指标功能要匹配**

在分析中要做到：要明确企业分析指标的主辅地位，要能从不同侧面、不同层次反映企业财务状况,揭示企业经营业绩。

3. 满足各方面经济需求

设置的指标评价体系既要能满足企业内部管理者决策的需要,也要能满足外部投资者和政府管理机构决策及实施宏观调控的要求。

财务综合分析的方法主要有两种:杜邦财务分析体系法和沃尔比重评分法。

## 二、杜邦分析体系

杜邦分析体系,由美国杜邦公司的经理创立并先在杜邦公司成功运用,因而称为杜邦系统(The Du Pont System)。它是利用财务指标间的内在联系,对企业综合经营理财能力及经济效益进行系统的分析评价的方法。

其基本思想是将企业净资产收益率逐级分解为多项财务比率乘积,这样有助于深入分析比较企业经营业绩。

### (一) 杜邦体系各主要指标之间的关系

(1) 净资产收益率＝总资产净利率×权益乘数

(2) 权益乘数＝资产总额÷所有者权益总额＝1÷(1－资产负债率)

(3) 总资产净利率＝销售净利率×总资产周转率

(4) 销售净利率＝净利润÷销售收入

(5) 总资产周转率＝销售收入÷平均资产总额

某企业杜邦分析表(比较分析)如表 5-5 所示。

表 5-5　　　　　　某企业杜邦分析表(比较分析)

| 公司名称： | | | | 杜邦分析表 | | | 日期：第　年 | | 金额单位：¥ |
|---|---|---|---|---|---|---|---|---|---|
| | 净资产收益率（权益净利率） | | | | | | | | |
| | 总资产净利率 | | | 上年 | | | | 权益乘数 | 上年 |
| | | | | 本年 | | | | | 本年 |
| 销售净利率 | | 上年 | | | | 总资产周转率 | | 上年 | |
| | | 本年 | | | | | | 本年 | |
| 净利润 | 上年 | | 销售收入 | 上年 | 销售收入 | | 平均资产总额 | 上年 | |
| | 本年 | | | 本年 | | | | 本年 | |
| 总收入 | 上年 | 总成本 | 上年 | | | | 流动资产 | 上年 | 非流动资产 | 上年 |
| | 本年 | | 本年 | | | | | 本年 | | 本年 |
| 营业收入 | 上年 | 营业成本 | 上年 | | | | 货币资金 | 上年 | 固定资产 | 上年 |
| | 本年 | | 本年 | | | | | 本年 | | 本年 |
| 营业外收入 | 上年 | 销售费用 | 上年 | | | | 应收款项 | 上年 | 无形资产 | 上年 |
| | 本年 | | 本年 | | | | | 本年 | | 本年 |
| 其他 | 上年 | 管理费用 | 上年 | | | | 存货 | 上年 | 其他 | 上年 |
| | 本年 | | 本年 | | | | | 本年 | | 本年 |
| | | 财务费用 | 上年 | | | | 其他 | 上年 | | |
| | | | 本年 | | | | | 本年 | | |
| | | 营业外支出 | 上年 | | | | | | | |
| | | | 本年 | | | | | | | |
| | | 所得税费用 | 上年 | | | | | | | |
| | | | 本年 | | | | | | | |
| | | 税金及附加 | 上年 | | | | | | | |
| | | | 本年 | | | | | | | |
| 主管： | | | | 复核： | | | | 制单： | |

### (二) 分析步骤

(1) 从净资产收益率开始,根据会计资料(主要是资产负债表和利润表)逐步分解分别计算各年各指标。

(2) 将计算出的指标填入杜邦分析表(分年填列)。

(3) 逐步进行前后期对比分析,也可以进一步进行企业间的横向对比分析。

## 三、沙盘企业综合分析与评价

### (一) 总分计算

总成绩=所有者权益×(1+企业综合发展潜力)

企业综合发展潜力=市场资格分值+ISO资格分值+生产资格分值+厂房分值+各条生产线分值

其中：

(1) 生产线建成(包括转产)即加分,无须生产出产品,也无须有在制品。

(2) 厂房必须购买,方可加分。

(3) 若各企业总分相同,最后一年在系统中先结束经营的公司排名靠前。

在沙盘模拟经营过程中,各组企业应充分掌握总成绩的计算方法,在一些情况下,牺牲部分权益去获得更高的综合发展潜力,可以取得更高的得分。在不同运营规则下,综合发展潜力系数有细微变化。

综合发展潜力系数表如表5-6所示。

表5-6 综合发展潜力系数表

| 项目 | 综合发展潜力系数 |
| --- | --- |
| 自动生产线 | 8/条 |
| 柔性生产线 | 10/条 |
| 大厂房(已购) | 10/个 |
| 中厂房(已购) | 8/个 |
| 小厂房(已购) | 6/个 |
| 本地市场资格 | 7 |
| 区域市场资格 | 7 |
| 国内市场资格 | 8 |
| 亚洲市场资格 | 9 |
| 国际市场资格 | 10 |
| ISO9000资格 | 8 |
| ISO14000资格 | 10 |
| P1生产资格 | 7 |
| P2生产资格 | 8 |
| P3生产资格 | 9 |
| P4生产资格 | 10 |
| P5生产资格 | 11 |

### (二) 罚分规则

**1. 运行超时扣分**

运行超时分为两种情况：一是不能在规定时间内完成下一年度广告投放工作；二是在规定时间内不能完成当年经营。

处罚：依据系统为准,服务器端手工扣分。

**2. 报表错误扣分**

各企业必须在规定时间上报报表,且与系统一致,如上报报表有误,总分扣分20分/次。

# 附 录

# 附录1　企业战略制定表格(1~6年)

| 项　目 | 所选策略 | 待选项目或说明 |
|---|---|---|
| 一、沙盘企业整体战略 | | 拓展型战略、稳健型、收缩型战略 |
| 二、沙盘企业竞争战略 | | 确定目标市场、产品品类及生产数量 |
| 三、沙盘企业职能战略 | — | |
| (一)财务战略 | | 扩张型、紧缩型和稳健型 |
| (二)营销战略 | — | |
| 　1. 产品 | | P1、P2、P3和P4 |
| 　2. 渠道 | | 本地、区域、国内、亚洲和国际 |
| (三)生产战略 | — | |
| 　1. 厂房 | | 大厂房、中厂房、小厂房 |
| 　2. 生产线规模 | | 手工、自动、柔性 |
| (四)采购战略 | | R1、R2、R3、R4 |
| 四、全面预算 | | 见附录2 |

企业召集各部门经理召开战略制定会议,依据战略制定程序,填写本企业6年的战略规划,并作出理念预算,用以指导和规范企业经营过程。各企业可自行设计表格,确定企业战略。

注:预算表见附录2。

# 附录 2　各年现金预算

**ERP 沙盘现金预算表**

| | 第1年 | | | | 第2年 | | | | 第3年 | | | | 第4年 | | | | 第5年 | | | | 第6年 | | | |
|---|---|---|---|---|---|---|---|---|---|---|---|---|---|---|---|---|---|---|---|---|---|---|---|---|
| | 1Q | 2Q | 3Q | 4Q | 1Q | 2Q | 3Q | 4Q | 1Q | 2Q | 3Q | 4Q | 1Q | 2Q | 3Q | 4Q | 1Q | 2Q | 3Q | 4Q | 1Q | 2Q | 3Q | 4Q |
| 广告投放 | | | | | | | | | | | | | | | | | | | | | | | | |
| 支付应付税 | | | | | | | | | | | | | | | | | | | | | | | | |
| 支付长贷利息 | | | | | | | | | | | | | | | | | | | | | | | | |
| 申请长期贷款 | | | | | | | | | | | | | | | | | | | | | | | | |
| 季初现金盘点（请填余额） | | | | | | | | | | | | | | | | | | | | | | | | |
| 更新短期贷款/短期贷款还本付息 | | | | | | | | | | | | | | | | | | | | | | | | |
| 申请短期贷款 | | | | | | | | | | | | | | | | | | | | | | | | |
| 原材料入库/更新原料订单 | | | | | | | | | | | | | | | | | | | | | | | | |
| 新建/在建/转产/变卖——生产线 | | | | | | | | | | | | | | | | | | | | | | | | |
| 紧急采购（随时进行） | | | | | | | | | | | | | | | | | | | | | | | | |
| 开始下一批生产 | | | | | | | | | | | | | | | | | | | | | | | | |
| 应收款收现 | | | | | | | | | | | | | | | | | | | | | | | | |
| 产品研发投资 | | | | | | | | | | | | | | | | | | | | | | | | |
| 支付管理费/更新厂房租金 | | | | | | | | | | | | | | | | | | | | | | | | |
| 出售库存 | | | | | | | | | | | | | | | | | | | | | | | | |
| 应收款贴现 | | | | | | | | | | | | | | | | | | | | | | | | |
| 季末收入合计 | | | | | | | | | | | | | | | | | | | | | | | | |
| 季末支出合计 | | | | | | | | | | | | | | | | | | | | | | | | |
| 季末数额对账 | | | | | | | | | | | | | | | | | | | | | | | | |
| 交纳违约订单罚款 | | | | | | | | | | | | | | | | | | | | | | | | |
| 支付设备维护费 | | | | | | | | | | | | | | | | | | | | | | | | |
| 新市场 | | | | | | | | | | | | | | | | | | | | | | | | |
| ISO 资格换证 | | | | | | | | | | | | | | | | | | | | | | | | |
| 计提折旧 | | | | | | | | | | | | | | | | | | | | | | | | |
| 结账 | | | | | | | | | | | | | | | | | | | | | | | | |

# 附录3  各年生产计划表

**企业第1年生产计划表**

| 生产线类型 | 年初在制品状态 | 各季度拟完成的生产任务 | | | | 本年最大生产数量 |
|---|---|---|---|---|---|---|
| | | 1Q | 2Q | 3Q | 4Q | |
| | | | | | | |
| | | | | | | |
| | | | | | | |
| | | | | | | |
| | | | | | | |

注：○表示无在制品；●表示有在制品；★表示产成品入库。

**企业第2年生产计划表**

| 生产线类型 | 年初在制品状态 | 各季度拟完成的生产任务 | | | | 本年最大生产数量 |
|---|---|---|---|---|---|---|
| | | 1Q | 2Q | 3Q | 4Q | |
| | | | | | | |
| | | | | | | |
| | | | | | | |
| | | | | | | |
| | | | | | | |
| | | | | | | |
| | | | | | | |

注：○表示无在制品；●表示有在制品；★表示产成品入库。

**企业第3年生产计划表**

| 生产线类型 | 年初在制品状态 | 各季度拟完成的生产任务 | | | | 本年最大生产数量 |
|---|---|---|---|---|---|---|
| | | 1Q | 2Q | 3Q | 4Q | |
| | | | | | | |
| | | | | | | |
| | | | | | | |
| | | | | | | |
| | | | | | | |
| | | | | | | |
| | | | | | | |

注：○表示无在制品；●表示有在制品；★表示产成品入库。

**企业第 4 年生产计划表**

| 生产线类型 | 年初在制品状态 | 各季度拟完成的生产任务 ||||  本年最大生产数量 |
|---|---|---|---|---|---|---|
| | | 1Q | 2Q | 3Q | 4Q | |
| | | | | | | |
| | | | | | | |
| | | | | | | |
| | | | | | | |
| | | | | | | |
| | | | | | | |
| | | | | | | |
| | | | | | | |

注：○表示无在制品；●表示有在制品；★表示产成品入库。

**企业第 5 年生产计划表**

| 生产线类型 | 年初在制品状态 | 各季度拟完成的生产任务 ||||  本年最大生产数量 |
|---|---|---|---|---|---|---|
| | | 1Q | 2Q | 3Q | 4Q | |
| | | | | | | |
| | | | | | | |
| | | | | | | |
| | | | | | | |
| | | | | | | |
| | | | | | | |
| | | | | | | |
| | | | | | | |

注：○表示无在制品；●表示有在制品；★表示产成品入库。

**企业第 6 年生产计划表**

| 生产线类型 | 年初在制品状态 | 各季度拟完成的生产任务 ||||  本年最大生产数量 |
|---|---|---|---|---|---|---|
| | | 1Q | 2Q | 3Q | 4Q | |
| | | | | | | |
| | | | | | | |
| | | | | | | |
| | | | | | | |
| | | | | | | |
| | | | | | | |
| | | | | | | |
| | | | | | | |

注：○表示无在制品；●表示有在制品；★表示产成品入库。

# 附录4 各年采购计划表

**企业第 1 年原材料采购计划表**

| 季度(Q) | 采购计划 | | | | 生产计划 | | | |
|---|---|---|---|---|---|---|---|---|
| | R1 | R2 | R3 | R4 | P1 | P2 | P3 | P4 |
| 本年 1Q | | | | | | | | |
| 本年 2Q | | | | | | | | |
| 本年 3Q | | | | | | | | |
| 本年 4Q | | | | | | | | |
| 本年合计 | | | | | | | | |
| 下年 1Q | | | | | | | | |
| 下年 2Q | | | | | | | | |

注意：在制订本年度采购计划的同时，要综合考虑下年度连续生产所需要的原材料需求。

**企业第 2 年原材料采购计划表**

| 季度(Q) | 采购计划 | | | | 生产计划 | | | |
|---|---|---|---|---|---|---|---|---|
| | R1 | R2 | R3 | R4 | P1 | P2 | P3 | P4 |
| 本年 1Q | | | | | | | | |
| 本年 2Q | | | | | | | | |
| 本年 3Q | | | | | | | | |
| 本年 4Q | | | | | | | | |
| 本年合计 | | | | | | | | |
| 下年 1Q | | | | | | | | |
| 下年 2Q | | | | | | | | |

注意：在制订本年度采购计划的同时，要综合考虑下年度连续生产所需要的原材料需求。

**企业第 3 年原材料采购计划表**

| 季度(Q) | 采购计划 | | | | 生产计划 | | | |
|---|---|---|---|---|---|---|---|---|
| | R1 | R2 | R3 | R4 | P1 | P2 | P3 | P4 |
| 本年 1Q | | | | | | | | |
| 本年 2Q | | | | | | | | |
| 本年 3Q | | | | | | | | |
| 本年 4Q | | | | | | | | |
| 本年合计 | | | | | | | | |
| 下年 1Q | | | | | | | | |
| 下年 2Q | | | | | | | | |

注意：在制订本年度采购计划的同时，要综合考虑下年度连续生产所需要的原材料需求。

**企业第 4 年原材料采购计划表**

| 季度(Q) | 采购计划 | | | | 生产计划 | | | |
|---|---|---|---|---|---|---|---|---|
| | R1 | R2 | R3 | R4 | P1 | P2 | P3 | P4 |
| 本年 1Q | | | | | | | | |
| 本年 2Q | | | | | | | | |
| 本年 3Q | | | | | | | | |
| 本年 4Q | | | | | | | | |
| 本年合计 | | | | | | | | |
| 下年 1Q | | | | | | | | |
| 下年 2Q | | | | | | | | |

注意:在制订本年度采购计划的同时,要综合考虑下年度连续生产所需要的原材料需求。

**企业第 5 年原材料采购计划表**

| 季度(Q) | 采购计划 | | | | 生产计划 | | | |
|---|---|---|---|---|---|---|---|---|
| | R1 | R2 | R3 | R4 | P1 | P2 | P3 | P4 |
| 本年 1Q | | | | | | | | |
| 本年 2Q | | | | | | | | |
| 本年 3Q | | | | | | | | |
| 本年 4Q | | | | | | | | |
| 本年合计 | | | | | | | | |
| 下年 1Q | | | | | | | | |
| 下年 2Q | | | | | | | | |

注意:在制订本年度采购计划的同时,要综合考虑下年度连续生产所需要的原材料需求。

**企业第 6 年原材料采购计划表**

| 季度(Q) | 采购计划 | | | | 生产计划 | | | |
|---|---|---|---|---|---|---|---|---|
| | R1 | R2 | R3 | R4 | P1 | P2 | P3 | P4 |
| 本年 1Q | | | | | | | | |
| 本年 2Q | | | | | | | | |
| 本年 3Q | | | | | | | | |
| 本年 4Q | | | | | | | | |
| 本年合计 | | | | | | | | |
| 下年 1Q | | | | | | | | |
| 下年 2Q | | | | | | | | |

注意:在制订本年度采购计划的同时,要综合考虑下年度连续生产所需要的原材料需求。

# 附录5  沙盘模拟应用表格

## 附录5-1  第1年运营表

用户_____    第__1__年经营

| 操作顺序 | 企业经营流程 | 每执行完一项操作，CEO请在相应的方格内打"√"。 | | |
|---|---|---|---|---|
| | 手工操作流程 | 系统操作 | | 手工记录 |
| 年初 | 新年度规划会议 | | | |
| | 广告投放 | 输入广告费确认 | | |
| | 参加订货会选订单/登记订单 | 选单 | | |
| | 支付应付税(25%) | 系统自动 | | |
| | 支付长贷利息 | 系统自动 | | |
| | 更新长期贷款/长期贷款还款 | 系统自动 | | |
| | 申请长期贷款 | 输入贷款数额并确认 | | |
| 1 | 季初盘点(请填余额) | 产品下线,生产线完工(自动) | | |
| 2 | 更新短期贷款/短期贷款还本付息 | 系统自动 | | |
| 3 | 申请短期贷款 | 输入贷款数额并确认 | | |
| 4 | 原材料入库/更新原料订单 | 需要确认金额 | | |
| 5 | 下原料订单 | 输入并确认 | | |
| 6 | 购买/租用——厂房 | 选择并确认,自动扣现金 | | |
| 7 | 更新生产/完工入库 | 系统自动 | | |
| 8 | 新建/在建/转产/变卖——生产线 | 选择并确认 | | |
| 9 | 紧急采购(随时进行) | 随时进行输入并确认 | | |
| 10 | 开始下一批生产 | 选择并确认 | | |
| 11 | 更新应收款/应收款收现 | 需要输入到期金额 | | |
| 12 | 按订单交货 | 选择交货订单确认 | | |
| 13 | 产品研发投资 | 选择并确认 | | |
| 14 | 厂房——出售(买转租)/退租/租转买 | 选择确认,自动转应收款 | | |
| 15 | 新市场开拓/ISO资格投资 | 仅第四季允许操作 | | |
| 16 | 支付管理费/更新厂房租金 | 系统自动 | | |
| 17 | 出售库存 | 输入并确认(随时进行) | | |
| 18 | 厂房贴现 | 随时进行 | | |
| 19 | 应收款贴现 | 输入并确认(随时进行) | | |
| 20 | 季末收入合计 | | | |
| 21 | 季末支出合计 | | | |
| 22 | 季末数额对账[(1)+(20)−(21)] | | | |
| 年末 | 交纳违约订单罚款(25%) | 系统自动 | | |
| | 支付设备维护费 | 系统自动 | | |
| | 计提折旧 | 系统自动 | | ( ) |
| | 新市场/ISO资格换证 | 系统自动 | | |
| | 结账 | | | |

## 采购主管运营表(第1年)

| 序号 | 任务清单 | 1季度 | | | | 2季度 | | | | 3季度 | | | | 4季度 | | | |
|---|---|---|---|---|---|---|---|---|---|---|---|---|---|---|---|---|---|
| | | R1 | R2 | R3 | R4 | R1 | R2 | R3 | R4 | R1 | R2 | R3 | R4 | R1 | R2 | R3 | R4 |
| 1 | 季初R盘点数量 | | | | | | | | | | | | | | | | |
| 2 | 原料入库/更新原料订单 | | | | | | | | | | | | | | | | |
| 3 | 下原料订单 | | | | | | | | | | | | | | | | |
| 4 | 更新生产/完工入库 | | | | | | | | | | | | | | | | |
| 5 | 开始下一批生产 | | | | | | | | | | | | | | | | |
| 6 | 按订单交货 | | | | | | | | | | | | | | | | |
| 7 | 本季R入库合计 | | | | | | | | | | | | | | | | |
| 8 | 本季R出库合计 | | | | | | | | | | | | | | | | |
| 9 | 季末R库存数量 | | | | | | | | | | | | | | | | |

## 生产主管运营表(第1年)

| 序号 | 任务清单 | 1季度 | | | | 2季度 | | | | 3季度 | | | | 4季度 | | | |
|---|---|---|---|---|---|---|---|---|---|---|---|---|---|---|---|---|---|
| | | P1 | P2 | P3 | P4 | P1 | P2 | P3 | P4 | P1 | P2 | P3 | P4 | P1 | P2 | P3 | P4 |
| 1 | 季初P盘点数量 | | | | | | | | | | | | | | | | |
| 2 | 原料入库/更新原料订单 | | | | | | | | | | | | | | | | |
| 3 | 下原料订单 | | | | | | | | | | | | | | | | |
| 4 | 更新生产/完工入库 | | | | | | | | | | | | | | | | |
| 5 | 开始下一批生产 | | | | | | | | | | | | | | | | |
| 6 | 按订单交货 | | | | | | | | | | | | | | | | |
| 7 | 本季P入库合计 | | | | | | | | | | | | | | | | |
| 8 | 本季P出库合计 | | | | | | | | | | | | | | | | |
| 9 | 季末P库存数量 | | | | | | | | | | | | | | | | |

## 营销主管运营表(第1年)

| 序号 | 任务清单 | 1季度 | | | | 2季度 | | | | 3季度 | | | | 4季度 | | | |
|---|---|---|---|---|---|---|---|---|---|---|---|---|---|---|---|---|---|
| | | P1 | P2 | P3 | P4 | P1 | P2 | P3 | P4 | P1 | P2 | P3 | P4 | P1 | P2 | P3 | P4 |
| 1 | 季初P盘点数量 | | | | | | | | | | | | | | | | |
| 2 | 原料入库/更新原料订单 | | | | | | | | | | | | | | | | |
| 3 | 下原料订单 | | | | | | | | | | | | | | | | |
| 4 | 更新生产/完工入库 | | | | | | | | | | | | | | | | |
| 5 | 开始下一批生产 | | | | | | | | | | | | | | | | |
| 6 | 按订单交货 | | | | | | | | | | | | | | | | |
| 7 | 本季P入库合计 | | | | | | | | | | | | | | | | |
| 8 | 本季P出库合计 | | | | | | | | | | | | | | | | |
| 9 | 季末P库存数量 | | | | | | | | | | | | | | | | |

## 订单登记表(第1年)

| 订单号 | | | | | | | | | | | 合计 |
|---|---|---|---|---|---|---|---|---|---|---|---|
| 所在市场 | | | | | | | | | | | — |
| 产品 | | | | | | | | | | | — |
| 数量 | | | | | | | | | | | — |
| 账期 | | | | | | | | | | | |
| 销售收入(销售数量×销售单价) | | | | | | | | | | | |
| 销售成本(销售数量×成本单价) | | | | | | | | | | | |
| 毛利(销售收入－销售成本) | | | | | | | | | | | |
| 未售数量 | | | | | | | | | | | |

## 产品核算统计表(第1年)

| 项 目 | P1 | P2 | P3 | P4 | 合 计 |
|---|---|---|---|---|---|
| 销售总数量 | | | | | |
| 销售收入 | | | | | |
| 销售成本 | | | | | |
| 毛利 | | | | | |

## 综合管理费用明细表(第1年)

单位：

| 项 目 | 金 额 | 备 注 |
|---|---|---|
| 管理费 | | |
| 广告费 | | |
| 维修费 | | |
| 租金 | | |
| 转产费 | | |
| 市场准入开拓 | | □区域　□国内　□亚洲　□国际 |
| ISO资格认证 | | □ISO9000　□ISO14000 |
| 产品研发 | | P1(　)　P2(　)　P3(　)　P4(　) |
| 其他 | | |
| 合　计 | | |

## 利润表(第1年)

| 项　目 | 上年金额 | 本年金额 |
|---|---|---|
| 销售收入 | | |
| 直接成本 | | |
| 毛利 | | |
| 综合费用 | | |
| 折旧前利润 | | |

(续表)

| 项目 | 上年金额 | 本年金额 |
|---|---|---|
| 折旧 | | |
| 支付利息前利润 | | |
| 财务收入/支出 | | |
| 其他收入/支出 | | |
| 税前利润 | | |
| 所得税 | | |
| 净利润 | | |

资产负债表(第1年)

| 资产 | 期末余额 | 年初余额 | 负债和所有者权益 | 期末余额 | 年初余额 |
|---|---|---|---|---|---|
| 流动资产: | | | 负债: | | |
| 货币资金 | | | 长期负债 | | |
| 应收账款 | | | 短期负债 | | |
| 存货(在制品) | | | 应付账款 | | |
| 存货(产成品) | | | 应交税费 | | |
| 存货(原材料) | | | 一年内到期的长期负债 | | |
| 流动资产合计 | | | 负债合计 | | |
| 非流动资产: | | | 所有者权益: | | |
| 厂房 | | | 股东资本 | | |
| 机器设备 | | | 利润留存 | | |
| 在建工程 | | | 年度净利 | | |
| 非流动资产合计 | | | 所有者权益合计 | | |
| 资产总计 | | | 负债和所有者权益总计 | | |

## 附录5-2 第2年运营表

用户_____  第__2__年经营

| 操作顺序 | 企业经营流程 | | 每执行完一项操作,CEO请在相应的方格内打"√"。 | |
|---|---|---|---|---|
| | 手工操作流程 | 系统操作 | | 手工记录 |
| 年初 | 新年度规划会议 | | | |
| | 广告投放 | 输入广告费确认 | | |
| | 参加订货会选订单/登记订单 | 选单 | | |
| | 支付应付税(25%) | 系统自动 | | |
| | 支付长贷利息 | 系统自动 | | |
| | 更新长期贷款/长期贷款还款 | 系统自动 | | |
| | 申请长期贷款 | 输入贷款数额并确认 | | |
| 1 | 季初盘点(请填余额) | 产品下线,生产线完工(自动) | | |
| 2 | 更新短期贷款/短期贷款还本付息 | 系统自动 | | |

（续表）

|  | 手工操作流程 | 系统操作 | 手工记录 |
|---|---|---|---|
| 3 | 申请短期贷款 | 输入贷款数额并确认 | |
| 4 | 原材料入库/更新原料订单 | 需要确认金额 | |
| 5 | 下原料订单 | 输入并确认 | |
| 6 | 购买/租用——厂房 | 选择并确认，自动扣现金 | |
| 7 | 更新生产/完工入库 | 系统自动 | |
| 8 | 新建/在建/转产/变卖——生产线 | 选择并确认 | |
| 9 | 紧急采购（随时进行） | 随时进行输入并确认 | |
| 10 | 开始下一批生产 | 选择并确认 | |
| 11 | 更新应收款/应收款收现 | 需要输入到期金额 | |
| 12 | 按订单交货 | 选择交货订单确认 | |
| 13 | 产品研发投资 | 选择并确认 | |
| 14 | 厂房——出售（买转租）/退租/租转买 | 选择确认，自动转应收款 | |
| 15 | 新市场开拓/ISO资格投资 | 仅第四季允许操作 | |
| 16 | 支付管理费/更新厂房租金 | 系统自动 | |
| 17 | 出售库存 | 输入并确认（随时进行） | |
| 18 | 厂房贴现 | 随时进行 | |
| 19 | 应收款贴现 | 输入并确认（随时进行） | |
| 20 | 季末收入合计 | | |
| 21 | 季末支出合计 | | |
| 22 | 季末数额对账[(1)+(20)-(21)] | | |
| 年末 | 交纳违约订单罚款(25%) | 系统自动 | |
| | 支付设备维护费 | 系统自动 | |
| | 计提折旧 | 系统自动 | （ ） |
| | 新市场/ISO资格换证 | 系统自动 | |
| | 结账 | | |

采购主管运营表（第2年）

| 序号 | 任务清单 | 1季度 | | | | 2季度 | | | | 3季度 | | | | 4季度 | | | |
|---|---|---|---|---|---|---|---|---|---|---|---|---|---|---|---|---|---|
| | | R1 | R2 | R3 | R4 | R1 | R2 | R3 | R4 | R1 | R2 | R3 | R4 | R1 | R2 | R3 | R4 |
| 1 | 季初R盘点数量 | | | | | | | | | | | | | | | | |
| 2 | 原料入库/更新原料订单 | | | | | | | | | | | | | | | | |
| 3 | 下原料订单 | | | | | | | | | | | | | | | | |
| 4 | 更新生产/完工入库 | | | | | | | | | | | | | | | | |
| 5 | 开始下一批生产 | | | | | | | | | | | | | | | | |
| 6 | 按订单交货 | | | | | | | | | | | | | | | | |
| 7 | 本季R入库合计 | | | | | | | | | | | | | | | | |
| 8 | 本季R出库合计 | | | | | | | | | | | | | | | | |
| 9 | 季末R库存数量 | | | | | | | | | | | | | | | | |

## 生产主管运营表(第2年)

| 序号 | 任务清单 | 1季度 | | | | 2季度 | | | | 3季度 | | | | 4季度 | | | |
|---|---|---|---|---|---|---|---|---|---|---|---|---|---|---|---|---|---|
| | | P1 | P2 | P3 | P4 | P1 | P2 | P3 | P4 | P1 | P2 | P3 | P4 | P1 | P2 | P3 | P4 |
| 1 | 季初P盘点数量 | | | | | | | | | | | | | | | | |
| 2 | 原料入库/更新原料订单 | | | | | | | | | | | | | | | | |
| 3 | 下原料订单 | | | | | | | | | | | | | | | | |
| 4 | 更新生产/完工入库 | | | | | | | | | | | | | | | | |
| 5 | 开始下一批生产 | | | | | | | | | | | | | | | | |
| 6 | 按订单交货 | | | | | | | | | | | | | | | | |
| 7 | 本季P入库合计 | | | | | | | | | | | | | | | | |
| 8 | 本季P出库合计 | | | | | | | | | | | | | | | | |
| 9 | 季末P库存数量 | | | | | | | | | | | | | | | | |

## 营销主管运营表(第2年)

| 序号 | 任务清单 | 1季度 | | | | 2季度 | | | | 3季度 | | | | 4季度 | | | |
|---|---|---|---|---|---|---|---|---|---|---|---|---|---|---|---|---|---|
| | | P1 | P2 | P3 | P4 | P1 | P2 | P3 | P4 | P1 | P2 | P3 | P4 | P1 | P2 | P3 | P4 |
| 1 | 季初P盘点数量 | | | | | | | | | | | | | | | | |
| 2 | 原料入库/更新原料订单 | | | | | | | | | | | | | | | | |
| 3 | 下原料订单 | | | | | | | | | | | | | | | | |
| 4 | 更新生产/完工入库 | | | | | | | | | | | | | | | | |
| 5 | 开始下一批生产 | | | | | | | | | | | | | | | | |
| 6 | 按订单交货 | | | | | | | | | | | | | | | | |
| 7 | 本季P入库合计 | | | | | | | | | | | | | | | | |
| 8 | 本季P出库合计 | | | | | | | | | | | | | | | | |
| 9 | 季末P库存数量 | | | | | | | | | | | | | | | | |

## 订单登记表(第2年)

| 订单号 | | | | | | | | | 合计 |
|---|---|---|---|---|---|---|---|---|---|
| 所在市场 | | | | | | | | | — |
| 产品 | | | | | | | | | — |
| 数量 | | | | | | | | | — |
| 账期 | | | | | | | | | |
| 销售收入(销售数量×销售单价) | | | | | | | | | |
| 销售成本(销售数量×成本单价) | | | | | | | | | |
| 毛利(销售收入—销售成本) | | | | | | | | | |
| 未售数量 | | | | | | | | | |

## 产品核算统计表(第 2 年)

| 项 目 | P1 | P2 | P3 | P4 | 合 计 |
|---|---|---|---|---|---|
| 销售总数量 | | | | | |
| 销售收入 | | | | | |
| 销售成本 | | | | | |
| 毛利 | | | | | |

## 综合管理费用明细表(第 2 年)

单位:

| 项 目 | 金 额 | 备 注 |
|---|---|---|
| 管理费 | | |
| 广告费 | | |
| 维修费 | | |
| 租金 | | |
| 转产费 | | |
| 市场准入开拓 | | □区域　□国内　□亚洲　□国际 |
| ISO 资格认证 | | □ISO9000　□ISO14000 |
| 产品研发 | | P1(　)　P2(　)　P3(　)　P4(　) |
| 其他 | | |
| 合计 | | |

## 利润表(第 2 年)

| 项 目 | 上年金额 | 本年金额 |
|---|---|---|
| 销售收入 | | |
| 直接成本 | | |
| 毛利 | | |
| 综合费用 | | |
| 折旧前利润 | | |
| 折旧 | | |
| 支付利息前利润 | | |
| 财务收入/支出 | | |
| 其他收入/支出 | | |
| 税前利润 | | |
| 所得税 | | |
| 净利润 | | |

**资产负债表(第2年)**

| 资　　产 | 期末余额 | 年初余额 | 负债和所有者权益 | 期末余额 | 年初余额 |
|---|---|---|---|---|---|
| 流动资产： | | | 负债： | | |
| 　货币资金 | | | 　长期负债 | | |
| 　应收账款 | | | 　短期负债 | | |
| 　存货(在制品) | | | 　应付账款 | | |
| 　存货(产成品) | | | 　应交税费 | | |
| 　存货(原材料) | | | 　一年内到期的长期负债 | | |
| 　流动资产合计 | | | 　负债合计 | | |
| 非流动资产： | | | 所有者权益： | | |
| 　厂房 | | | 　股东资本 | | |
| 　机器设备 | | | 　利润留存 | | |
| 　在建工程 | | | 　年度净利 | | |
| 　非流动资产合计 | | | 　所有者权益合计 | | |
| 　资产总计 | | | 　负债和所有者权益总计 | | |

## 附录 5-3　第 3 年运营表

用户_____　　　　第 3 年经营

| 操作顺序 | 企业经营流程 | 每执行完一项操作，CEO请在相应的方格内打"√"。 | | | |
|---|---|---|---|---|---|
| | | 手工操作流程 | 系统操作 | | 手工记录 |
| 年初 | 新年度规划会议 | | | | |
| | 广告投放 | 输入广告费确认 | | | |
| | 参加订货会选订单/登记订单 | 选单 | | | |
| | 支付应付税(25%) | 系统自动 | | | |
| | 支付长贷利息 | 系统自动 | | | |
| | 更新长期贷款/长期贷款还款 | 系统自动 | | | |
| | 申请长期贷款 | 输入贷款数额并确认 | | | |
| 1 | 季初盘点(请填余额) | 产品下线,生产线完工(自动) | | | |
| 2 | 更新短期贷款/短期贷款还本付息 | 系统自动 | | | |
| 3 | 申请短期贷款 | 输入贷款数额并确认 | | | |
| 4 | 原材料入库/更新原料订单 | 需要确认金额 | | | |
| 5 | 下原料订单 | 输入并确认 | | | |
| 6 | 购买/租用——厂房 | 选择并确认,自动扣现金 | | | |
| 7 | 更新生产/完工入库 | 系统自动 | | | |
| 8 | 新建/在建/转产/变卖——生产线 | 选择并确认 | | | |
| 9 | 紧急采购(随时进行) | 随时进行输入并确认 | | | |
| 10 | 开始下一批生产 | 选择并确认 | | | |

(续表)

|  | 手工操作流程 | 系统操作 | 手工记录 |
|---|---|---|---|
| 11 | 更新应收款/应收款收现 | 需要输入到期金额 | |
| 12 | 按订单交货 | 选择交货订单确认 | |
| 13 | 产品研发投资 | 选择并确认 | |
| 14 | 厂房——出售(买转租)/退租/租转买 | 选择确认,自动转应收款 | |
| 15 | 新市场开拓/ISO 资格投资 | 仅第四季允许操作 | |
| 16 | 支付管理费/更新厂房租金 | 系统自动 | |
| 17 | 出售库存 | 输入并确认(随时进行) | |
| 18 | 厂房贴现 | 随时进行 | |
| 19 | 应收款贴现 | 输入并确认(随时进行) | |
| 20 | 季末收入合计 | | |
| 21 | 季末支出合计 | | |
| 22 | 季末数额对账[(1)+(20)-(21)] | | |
| 年末 | 交纳违约订单罚款(25%) | 系统自动 | |
| | 支付设备维护费 | 系统自动 | |
| | 计提折旧 | 系统自动 | ( ) |
| | 新市场/ISO 资格换证 | 系统自动 | |
| | 结账 | | |

**采购主管运营表(第3年)**

| 序号 | 任务清单 | 1季度 | | | | 2季度 | | | | 3季度 | | | | 4季度 | | | |
|---|---|---|---|---|---|---|---|---|---|---|---|---|---|---|---|---|---|
| | | R1 | R2 | R3 | R4 | R1 | R2 | R3 | R4 | R1 | R2 | R3 | R4 | R1 | R2 | R3 | R4 |
| 1 | 季初 R 盘点数量 | | | | | | | | | | | | | | | | |
| 2 | 原料入库/更新原料订单 | | | | | | | | | | | | | | | | |
| 3 | 下原料订单 | | | | | | | | | | | | | | | | |
| 4 | 更新生产/完工入库 | | | | | | | | | | | | | | | | |
| 5 | 开始下一批生产 | | | | | | | | | | | | | | | | |
| 6 | 按订单交货 | | | | | | | | | | | | | | | | |
| 7 | 本季 R 入库合计 | | | | | | | | | | | | | | | | |
| 8 | 本季 R 出库合计 | | | | | | | | | | | | | | | | |
| 9 | 季末 R 库存数量 | | | | | | | | | | | | | | | | |

**生产主管运营表(第3年)**

| 序号 | 任务清单 | 1季度 | | | | 2季度 | | | | 3季度 | | | | 4季度 | | | |
|---|---|---|---|---|---|---|---|---|---|---|---|---|---|---|---|---|---|
| | | P1 | P2 | P3 | P4 | P1 | P2 | P3 | P4 | P1 | P2 | P3 | P4 | P1 | P2 | P3 | P4 |
| 1 | 季初 P 盘点数量 | | | | | | | | | | | | | | | | |
| 2 | 原料入库/更新原料订单 | | | | | | | | | | | | | | | | |
| 3 | 下原料订单 | | | | | | | | | | | | | | | | |

(续表)

| 序号 | 任务清单 | 1季度 | | | | 2季度 | | | | 3季度 | | | | 4季度 | | | |
|---|---|---|---|---|---|---|---|---|---|---|---|---|---|---|---|---|---|
| | | P1 | P2 | P3 | P4 | P1 | P2 | P3 | P4 | P1 | P2 | P3 | P4 | P1 | P2 | P3 | P4 |
| 4 | 更新生产/完工入库 | | | | | | | | | | | | | | | | |
| 5 | 开始下一批生产 | | | | | | | | | | | | | | | | |
| 6 | 按订单交货 | | | | | | | | | | | | | | | | |
| 7 | 本季P入库合计 | | | | | | | | | | | | | | | | |
| 8 | 本季P出库合计 | | | | | | | | | | | | | | | | |
| 9 | 季末P库存数量 | | | | | | | | | | | | | | | | |

**营销主管运营表(第3年)**

| 序号 | 任务清单 | 1季度 | | | | 2季度 | | | | 3季度 | | | | 4季度 | | | |
|---|---|---|---|---|---|---|---|---|---|---|---|---|---|---|---|---|---|
| | | P1 | P2 | P3 | P4 | P1 | P2 | P3 | P4 | P1 | P2 | P3 | P4 | P1 | P2 | P3 | P4 |
| 1 | 季初P盘点数量 | | | | | | | | | | | | | | | | |
| 2 | 原料入库/更新原料订单 | | | | | | | | | | | | | | | | |
| 3 | 下原料订单 | | | | | | | | | | | | | | | | |
| 4 | 更新生产/完工入库 | | | | | | | | | | | | | | | | |
| 5 | 开始下一批生产 | | | | | | | | | | | | | | | | |
| 6 | 按订单交货 | | | | | | | | | | | | | | | | |
| 7 | 本季P入库合计 | | | | | | | | | | | | | | | | |
| 8 | 本季P出库合计 | | | | | | | | | | | | | | | | |
| 9 | 季末P库存数量 | | | | | | | | | | | | | | | | |

**订单登记表(第3年)**

| 订单号 | | | | | | | | 合计 |
|---|---|---|---|---|---|---|---|---|
| 所在市场 | | | | | | | | — |
| 产品 | | | | | | | | — |
| 数量 | | | | | | | | — |
| 账期 | | | | | | | | |
| 销售收入(销售数量×销售单价) | | | | | | | | |
| 销售成本(销售数量×成本单价) | | | | | | | | |
| 毛利(销售收入－销售成本) | | | | | | | | |
| 未售数量 | | | | | | | | — |

**产品核算统计表(第3年)**

| 项目 | P1 | P2 | P3 | P4 | 合计 |
|---|---|---|---|---|---|
| 销售总数量 | | | | | |
| 销售收入 | | | | | |
| 销售成本 | | | | | |
| 毛利 | | | | | |

**综合管理费用明细表(第 3 年)**

单位：

| 项　　目 | 金　　额 | 备　　注 |
|---|---|---|
| 管理费 | | |
| 广告费 | | |
| 维修费 | | |
| 租金 | | |
| 转产费 | | |
| 市场准入开拓 | | □区域　　□国内　　□亚洲　　□国际 |
| ISO 资格认证 | | □ISO9000　　□ISO14000 |
| 产品研发 | | P1(　　)　　P2(　　)　　P3(　　)　　P4(　　) |
| 其他 | | |
| 合计 | | |

**利润表(第 3 年)**

| 项　　目 | 上年金额 | 本年金额 |
|---|---|---|
| 销售收入 | | |
| 直接成本 | | |
| 毛利 | | |
| 综合费用 | | |
| 折旧前利润 | | |
| 折旧 | | |
| 支付利息前利润 | | |
| 财务收入/支出 | | |
| 其他收入/支出 | | |
| 税前利润 | | |
| 所得税 | | |
| 净利润 | | |

**资产负债表(第 3 年)**

| 资　　产 | 期末余额 | 年初余额 | 负债和所有者权益 | 期末余额 | 年初余额 |
|---|---|---|---|---|---|
| 流动资产： | | | 负债： | | |
| 货币资金 | | | 长期负债 | | |
| 应收账款 | | | 短期负债 | | |
| 存货(在制品) | | | 应付账款 | | |
| 存货(产成品) | | | 应交税费 | | |
| 存货(原材料) | | | 一年内到期的长期负债 | | |
| 流动资产合计 | | | 负债合计 | | |
| 非流动资产： | | | 所有者权益： | | |

(续表)

| 资产 | 期末余额 | 年初余额 | 负债和所有者权益 | 期末余额 | 年初余额 |
|---|---|---|---|---|---|
| 厂房 | | | 股东资本 | | |
| 机器设备 | | | 利润留存 | | |
| 在建工程 | | | 年度净利 | | |
| 非流动资产合计 | | | 所有者权益合计 | | |
| 资产总计 | | | 负债和所有者权益总计 | | |

## 附录5-4 第4年运营表

用户_____ 第__4__年经营

| 操作顺序 | 企业经营流程 | 每执行完一项操作,CEO请在相应的方格内打"√"。 | | |
|---|---|---|---|---|
| | 手工操作流程 | 系统操作 | | 手工记录 |
| 年初 | 新年度规划会议 | | | |
| | 广告投放 | 输入广告费确认 | | |
| | 参加订货会选订单/登记订单 | 选单 | | |
| | 支付应付税(25%) | 系统自动 | | |
| | 支付长贷利息 | 系统自动 | | |
| | 更新长期贷款/长期贷款还款 | 系统自动 | | |
| | 申请长期贷款 | 输入贷款数额并确认 | | |
| 1 | 季初盘点(请填余额) | 产品下线,生产线完工(自动) | | |
| 2 | 更新短期贷款/短期贷款还本付息 | 系统自动 | | |
| 3 | 申请短期贷款 | 输入贷款数额并确认 | | |
| 4 | 原材料入库/更新原料订单 | 需要确认金额 | | |
| 5 | 下原料订单 | 输入并确认 | | |
| 6 | 购买/租用——厂房 | 选择并确认,自动扣现金 | | |
| 7 | 更新生产/完工入库 | 系统自动 | | |
| 8 | 新建/在建/转产/变卖——生产线 | 选择并确认 | | |
| 9 | 紧急采购(随时进行) | 随时进行输入并确认 | | |
| 10 | 开始下一批生产 | 选择并确认 | | |
| 11 | 更新应收款/应收款收现 | 需要输入到期金额 | | |
| 12 | 按订单交货 | 选择交货订单确认 | | |
| 13 | 产品研发投资 | 选择并确认 | | |
| 14 | 厂房——出售(买转租)/退租/租转买 | 选择确认,自动转应收款 | | |
| 15 | 新市场开拓/ISO资格投资 | 仅第四季允许操作 | | |
| 16 | 支付管理费/更新厂房租金 | 系统自动 | | |
| 17 | 出售库存 | 输入并确认(随时进行) | | |
| 18 | 厂房贴现 | 随时进行 | | |

(续表)

| 序号 | 手工操作流程 | | 系统操作 | 手工记录 | |
|---|---|---|---|---|---|
| 19 | 应收款贴现 | | 输入并确认(随时进行) | | |
| 20 | 季末收入合计 | | | | |
| 21 | 季末支出合计 | | | | |
| 22 | 季末数额对账[(1)+(20)-(21)] | | | | |
| 年末 | 交纳违约订单罚款(25%) | | 系统自动 | | ( ) |
| | 支付设备维护费 | | 系统自动 | | |
| | 计提折旧 | | 系统自动 | | |
| | 新市场/ISO资格换证 | | 系统自动 | | |
| | 结账 | | | | |

## 采购主管运营表(第4年)

| 序号 | 任务清单 | 1季度 | | | | 2季度 | | | | 3季度 | | | | 4季度 | | | |
|---|---|---|---|---|---|---|---|---|---|---|---|---|---|---|---|---|---|
| | | R1 | R2 | R3 | R4 | R1 | R2 | R3 | R4 | R1 | R2 | R3 | R4 | R1 | R2 | R3 | R4 |
| 1 | 季初R盘点数量 | | | | | | | | | | | | | | | | |
| 2 | 原料入库/更新原料订单 | | | | | | | | | | | | | | | | |
| 3 | 下原料订单 | | | | | | | | | | | | | | | | |
| 4 | 更新生产/完工入库 | | | | | | | | | | | | | | | | |
| 5 | 开始下一批生产 | | | | | | | | | | | | | | | | |
| 6 | 按订单交货 | | | | | | | | | | | | | | | | |
| 7 | 本季R入库合计 | | | | | | | | | | | | | | | | |
| 8 | 本季R出库合计 | | | | | | | | | | | | | | | | |
| 9 | 季末R库存数量 | | | | | | | | | | | | | | | | |

## 生产主管运营表(第4年)

| 序号 | 任务清单 | 1季度 | | | | 2季度 | | | | 3季度 | | | | 4季度 | | | |
|---|---|---|---|---|---|---|---|---|---|---|---|---|---|---|---|---|---|
| | | P1 | P2 | P3 | P4 | P1 | P2 | P3 | P4 | P1 | P2 | P3 | P4 | P1 | P2 | P3 | P4 |
| 1 | 季初P盘点数量 | | | | | | | | | | | | | | | | |
| 2 | 原料入库/更新原料订单 | | | | | | | | | | | | | | | | |
| 3 | 下原料订单 | | | | | | | | | | | | | | | | |
| 4 | 更新生产/完工入库 | | | | | | | | | | | | | | | | |
| 5 | 开始下一批生产 | | | | | | | | | | | | | | | | |
| 6 | 按订单交货 | | | | | | | | | | | | | | | | |
| 7 | 本季P入库合计 | | | | | | | | | | | | | | | | |
| 8 | 本季P出库合计 | | | | | | | | | | | | | | | | |
| 9 | 季末P库存数量 | | | | | | | | | | | | | | | | |

## 营销主管运营表(第4年)

| 序号 | 任务清单 | 1季度 | | | | 2季度 | | | | 3季度 | | | | 4季度 | | | |
|---|---|---|---|---|---|---|---|---|---|---|---|---|---|---|---|---|---|
| | | P1 | P2 | P3 | P4 | P1 | P2 | P3 | P4 | P1 | P2 | P3 | P4 | P1 | P2 | P3 | P4 |
| 1 | 季初P盘点数量 | | | | | | | | | | | | | | | | |
| 2 | 原料入库/更新原料订单 | | | | | | | | | | | | | | | | |
| 3 | 下原料订单 | | | | | | | | | | | | | | | | |
| 4 | 更新生产/完工入库 | | | | | | | | | | | | | | | | |
| 5 | 开始下一批生产 | | | | | | | | | | | | | | | | |
| 6 | 按订单交货 | | | | | | | | | | | | | | | | |
| 7 | 本季P入库合计 | | | | | | | | | | | | | | | | |
| 8 | 本季P出库合计 | | | | | | | | | | | | | | | | |
| 9 | 季末P库存数量 | | | | | | | | | | | | | | | | |

## 订单登记表(第4年)

| 订单号 | | | | | | | | 合计 |
|---|---|---|---|---|---|---|---|---|
| 所在市场 | | | | | | | | — |
| 产品 | | | | | | | | — |
| 数量 | | | | | | | | — |
| 账期 | | | | | | | | |
| 销售收入(销售数量×销售单价) | | | | | | | | |
| 销售成本(销售数量×成本单价) | | | | | | | | |
| 毛利(销售收入－销售成本) | | | | | | | | |
| 未售数量 | | | | | | | | |

## 产品核算统计表(第4年)

| 项目 | P1 | P2 | P3 | P4 | 合计 |
|---|---|---|---|---|---|
| 销售总数量 | | | | | |
| 销售收入 | | | | | |
| 销售成本 | | | | | |
| 毛利 | | | | | |

## 综合管理费用明细表(第4年)

单位：

| 项目 | 金额 | 备注 |
|---|---|---|
| 管理费 | | |
| 广告费 | | |
| 维修费 | | |
| 租金 | | |
| 转产费 | | |

(续表)

| 项 目 | 金 额 | 备 注 |
|---|---|---|
| 市场准入开拓 | | ☐区域 ☐国内 ☐亚洲 ☐国际 |
| ISO资格认证 | | ☐ISO9000 ☐ISO14000 |
| 产品研发 | | P1( ) P2( ) P3( ) P4( ) |
| 其他 | | |
| 合计 | | |

## 利润表(第4年)

| 项 目 | 上年金额 | 本年金额 |
|---|---|---|
| 销售收入 | | |
| 直接成本 | | |
| 毛利 | | |
| 综合费用 | | |
| 折旧前利润 | | |
| 折旧 | | |
| 支付利息前利润 | | |
| 财务收入/支出 | | |
| 其他收入/支出 | | |
| 税前利润 | | |
| 所得税 | | |
| 净利润 | | |

## 资产负债表(第4年)

| 资 产 | 期末余额 | 年初余额 | 负债和所有者权益 | 期末余额 | 年初余额 |
|---|---|---|---|---|---|
| 流动资产: | | | 负债: | | |
| 货币资金 | | | 长期负债 | | |
| 应收账款 | | | 短期负债 | | |
| 存货(在制品) | | | 应付账款 | | |
| 存货(产成品) | | | 应交税费 | | |
| 存货(原材料) | | | 一年内到期的长期负债 | | |
| 流动资产合计 | | | 负债合计 | | |
| 非流动资产: | | | 所有者权益: | | |
| 厂房 | | | 股东资本 | | |
| 机器设备 | | | 利润留存 | | |
| 在建工程 | | | 年度净利 | | |
| 非流动资产合计 | | | 所有者权益合计 | | |
| 资产总计 | | | 负债和所有者权益总计 | | |

## 附录 5-5 第 5 年运营表

用户_____    第 _5_ 年经营

| 操作顺序 | 企业经营流程 | 每执行完一项操作，CEO 请在相应的方格内打"√"。 | | |
|---|---|---|---|---|
| | 手工操作流程 | 系统操作 | | 手工记录 |
| 年初 | 新年度规划会议 | | | |
| | 广告投放 | 输入广告费确认 | | |
| | 参加订货会选订单/登记订单 | 选单 | | |
| | 支付应付税(25%) | 系统自动 | | |
| | 支付长贷利息 | 系统自动 | | |
| | 更新长期贷款/长期贷款还款 | 系统自动 | | |
| | 申请长期贷款 | 输入贷款数额并确认 | | |
| 1 | 季初盘点(请填余额) | 产品下线，生产线完工(自动) | | |
| 2 | 更新短期贷款/短期贷款还本付息 | 系统自动 | | |
| 3 | 申请短期贷款 | 输入贷款数额并确认 | | |
| 4 | 原材料入库/更新原料订单 | 需要确认金额 | | |
| 5 | 下原料订单 | 输入并确认 | | |
| 6 | 购买/租用——厂房 | 选择并确认，自动扣现金 | | |
| 7 | 更新生产/完工入库 | 系统自动 | | |
| 8 | 新建/在建/转产/变卖——生产线 | 选择并确认 | | |
| 9 | 紧急采购(随时进行) | 随时进行输入并确认 | | |
| 10 | 开始下一批生产 | 选择并确认 | | |
| 11 | 更新应收款/应收款收现 | 需要输入到期金额 | | |
| 12 | 按订单交货 | 选择交货订单确认 | | |
| 13 | 产品研发投资 | 选择并确认 | | |
| 14 | 厂房——出售(买转租)/退租/租转买 | 选择确认，自动转应收款 | | |
| 15 | 新市场开拓/ISO 资格投资 | 仅第四季允许操作 | | |
| 16 | 支付管理费/更新厂房租金 | 系统自动 | | |
| 17 | 出售库存 | 输入并确认(随时进行) | | |
| 18 | 厂房贴现 | 随时进行 | | |
| 19 | 应收款贴现 | 输入并确认(随时进行) | | |
| 20 | 季末收入合计 | | | |
| 21 | 季末支出合计 | | | |
| 22 | 季末数额对账[(1)+(20)-(21)] | | | |
| 年末 | 交纳违约订单罚款(25%) | 系统自动 | | |
| | 支付设备维护费 | 系统自动 | | |
| | 计提折旧 | 系统自动 | | ( ) |
| | 新市场/ISO 资格换证 | 系统自动 | | |
| | 结账 | | | |

## 采购主管运营表(第5年)

| 序号 | 任务清单 | 1季度 | | | | 2季度 | | | | 3季度 | | | | 4季度 | | | |
|---|---|---|---|---|---|---|---|---|---|---|---|---|---|---|---|---|---|
| | | R1 | R2 | R3 | R4 | R1 | R2 | R3 | R4 | R1 | R2 | R3 | R4 | R1 | R2 | R3 | R4 |
| 1 | 季初 R 盘点数量 | | | | | | | | | | | | | | | | |
| 2 | 原料入库/更新原料订单 | | | | | | | | | | | | | | | | |
| 3 | 下原料订单 | | | | | | | | | | | | | | | | |
| 4 | 更新生产/完工入库 | | | | | | | | | | | | | | | | |
| 5 | 开始下一批生产 | | | | | | | | | | | | | | | | |
| 6 | 按订单交货 | | | | | | | | | | | | | | | | |
| 7 | 本季 R 入库合计 | | | | | | | | | | | | | | | | |
| 8 | 本季 R 出库合计 | | | | | | | | | | | | | | | | |
| 9 | 季末 R 库存数量 | | | | | | | | | | | | | | | | |

## 生产主管运营表(第5年)

| 序号 | 任务清单 | 1季度 | | | | 2季度 | | | | 3季度 | | | | 4季度 | | | |
|---|---|---|---|---|---|---|---|---|---|---|---|---|---|---|---|---|---|
| | | P1 | P2 | P3 | P4 | P1 | P2 | P3 | P4 | P1 | P2 | P3 | P4 | P1 | P2 | P3 | P4 |
| 1 | 季初 P 盘点数量 | | | | | | | | | | | | | | | | |
| 2 | 原料入库/更新原料订单 | | | | | | | | | | | | | | | | |
| 3 | 下原料订单 | | | | | | | | | | | | | | | | |
| 4 | 更新生产/完工入库 | | | | | | | | | | | | | | | | |
| 5 | 开始下一批生产 | | | | | | | | | | | | | | | | |
| 6 | 按订单交货 | | | | | | | | | | | | | | | | |
| 7 | 本季 P 入库合计 | | | | | | | | | | | | | | | | |
| 8 | 本季 P 出库合计 | | | | | | | | | | | | | | | | |
| 9 | 季末 P 库存数量 | | | | | | | | | | | | | | | | |

## 营销主管运营表(第5年)

| 序号 | 任务清单 | 1季度 | | | | 2季度 | | | | 3季度 | | | | 4季度 | | | |
|---|---|---|---|---|---|---|---|---|---|---|---|---|---|---|---|---|---|
| | | P1 | P2 | P3 | P4 | P1 | P2 | P3 | P4 | P1 | P2 | P3 | P4 | P1 | P2 | P3 | P4 |
| 1 | 季初 P 盘点数量 | | | | | | | | | | | | | | | | |
| 2 | 原料入库/更新原料订单 | | | | | | | | | | | | | | | | |
| 3 | 下原料订单 | | | | | | | | | | | | | | | | |
| 4 | 更新生产/完工入库 | | | | | | | | | | | | | | | | |
| 5 | 开始下一批生产 | | | | | | | | | | | | | | | | |
| 6 | 按订单交货 | | | | | | | | | | | | | | | | |
| 7 | 本季 P 入库合计 | | | | | | | | | | | | | | | | |
| 8 | 本季 P 出库合计 | | | | | | | | | | | | | | | | |
| 9 | 季末 P 库存数量 | | | | | | | | | | | | | | | | |

## 订单登记表(第5年)

| 订单号 | | | | | | | | 合计 |
|---|---|---|---|---|---|---|---|---|
| 所在市场 | | | | | | | | — |
| 产品 | | | | | | | | — |
| 数量 | | | | | | | | — |
| 账期 | | | | | | | | |
| 销售收入(销售数量×销售单价) | | | | | | | | |
| 销售成本(销售数量×成本单价) | | | | | | | | |
| 毛利(销售收入-销售成本) | | | | | | | | |
| 未售数量 | | | | | | | | |

## 产品核算统计表(第5年)

| 项目 | P1 | P2 | P3 | P4 | 合计 |
|---|---|---|---|---|---|
| 销售总数量 | | | | | |
| 销售收入 | | | | | |
| 销售成本 | | | | | |
| 毛利 | | | | | |

## 综合管理费用明细表(第5年)

单位:

| 项目 | 金额 | 备注 |
|---|---|---|
| 管理费 | | |
| 广告费 | | |
| 维修费 | | |
| 租金 | | |
| 转产费 | | |
| 市场准入开拓 | | □区域　□国内　□亚洲　□国际 |
| ISO资格认证 | | □ISO9000　□ISO14000 |
| 产品研发 | | P1(　)　P2(　)　P3(　)　P4(　) |
| 其他 | | |
| 合计 | | |

## 利润表(第5年)

| 项目 | 上年金额 | 本年金额 |
|---|---|---|
| 销售收入 | | |
| 直接成本 | | |
| 毛利 | | |
| 综合费用 | | |
| 折旧前利润 | | |

(续表)

| 项 目 | 上年金额 | 本年金额 |
|---|---|---|
| 折旧 | | |
| 支付利息前利润 | | |
| 财务收入/支出 | | |
| 其他收入/支出 | | |
| 税前利润 | | |
| 所得税 | | |
| 净利润 | | |

资产负债表(第 5 年)

| 资　产 | 期末余额 | 年初余额 | 负债和所有者权益 | 期末余额 | 年初余额 |
|---|---|---|---|---|---|
| 流动资产： | | | 负债： | | |
| 货币资金 | | | 长期负债 | | |
| 应收账款 | | | 短期负债 | | |
| 存货(在制品) | | | 应付账款 | | |
| 存货(产成品) | | | 应交税费 | | |
| 存货(原材料) | | | 一年内到期的长期负债 | | |
| 流动资产合计 | | | 负债合计 | | |
| 非流动资产： | | | 所有者权益： | | |
| 厂房 | | | 股东资本 | | |
| 机器设备 | | | 利润留存 | | |
| 在建工程 | | | 年度净利 | | |
| 非流动资产合计 | | | 所有者权益合计 | | |
| 资产总计 | | | 负债和所有者权益总计 | | |

## 附录 5-6　第 6 年运营表

用户_____　　　第__6__年经营

| 操作顺序 | 企业经营流程 | 每执行完一项操作,CEO 请在相应的方格内打"√"。 | | |
|---|---|---|---|---|
| | 手工操作流程 | 系统操作 | 手工记录 | |
| 年初 | 新年度规划会议 | | | |
| | 广告投放 | 输入广告费确认 | | |
| | 参加订货会选订单/登记订单 | 选单 | | |
| | 支付应付税(25%) | 系统自动 | | |
| | 支付长贷利息 | 系统自动 | | |
| | 更新长期贷款/长期贷款还款 | 系统自动 | | |
| | 申请长期贷款 | 输入贷款数额并确认 | | |

(续表)

|   | 手工操作流程 | 系统操作 | 手工记录 |
|---|---|---|---|
| 1 | 季初盘点(请填余额) | 产品下线,生产线完工(自动) | |
| 2 | 更新短期贷款/短期贷款还本付息 | 系统自动 | |
| 3 | 申请短期贷款 | 输入贷款数额并确认 | |
| 4 | 原材料入库/更新原料订单 | 需要确认金额 | |
| 5 | 下原料订单 | 输入并确认 | |
| 6 | 购买/租用——厂房 | 选择并确认,自动扣现金 | |
| 7 | 更新生产/完工入库 | 系统自动 | |
| 8 | 新建/在建/转产/变卖——生产线 | 选择并确认 | |
| 9 | 紧急采购(随时进行) | 随时进行输入并确认 | |
| 10 | 开始下一批生产 | 选择并确认 | |
| 11 | 更新应收款/应收款收现 | 需要输入到期金额 | |
| 12 | 按订单交货 | 选择交货订单确认 | |
| 13 | 产品研发投资 | 选择并确认 | |
| 14 | 厂房——出售(买转租)/退租/租转买 | 选择确认,自动转应收款 | |
| 15 | 新市场开拓/ISO资格投资 | 仅第四季允许操作 | |
| 16 | 支付管理费/更新厂房租金 | 系统自动 | |
| 17 | 出售库存 | 输入并确认(随时进行) | |
| 18 | 厂房贴现 | 随时进行 | |
| 19 | 应收款贴现 | 输入并确认(随时进行) | |
| 20 | 季末收入合计 | | |
| 21 | 季末支出合计 | | |
| 22 | 季末数额对账[(1)+(20)-(21)] | | |
| 年末 | 交纳违约订单罚款(25%) | 系统自动 | |
| | 支付设备维护费 | 系统自动 | |
| | 计提折旧 | 系统自动 | ( ) |
| | 新市场/ISO资格换证 | 系统自动 | |
| | 结账 | | |

### 采购主管运营表(第6年)

| 序号 | 任务清单 | 1季度 | | | | 2季度 | | | | 3季度 | | | | 4季度 | | | |
|---|---|---|---|---|---|---|---|---|---|---|---|---|---|---|---|---|---|
| | | R1 | R2 | R3 | R4 | R1 | R2 | R3 | R4 | R1 | R2 | R3 | R4 | R1 | R2 | R3 | R4 |
| 1 | 季初R盘点数量 | | | | | | | | | | | | | | | | |
| 2 | 原料入库/更新原料订单 | | | | | | | | | | | | | | | | |
| 3 | 下原料订单 | | | | | | | | | | | | | | | | |
| 4 | 更新生产/完工入库 | | | | | | | | | | | | | | | | |
| 5 | 开始下一批生产 | | | | | | | | | | | | | | | | |
| 6 | 按订单交货 | | | | | | | | | | | | | | | | |

(续表)

| 序号 | 任务清单 | 1季度 | | | | 2季度 | | | | 3季度 | | | | 4季度 | | | |
|---|---|---|---|---|---|---|---|---|---|---|---|---|---|---|---|---|---|
| | | R1 | R2 | R3 | R4 | R1 | R2 | R3 | R4 | R1 | R2 | R3 | R4 | R1 | R2 | R3 | R4 |
| 7 | 本季R入库合计 | | | | | | | | | | | | | | | | |
| 8 | 本季R出库合计 | | | | | | | | | | | | | | | | |
| 9 | 季末R库存数量 | | | | | | | | | | | | | | | | |

## 生产主管运营表(第6年)

| 序号 | 任务清单 | 1季度 | | | | 2季度 | | | | 3季度 | | | | 4季度 | | | |
|---|---|---|---|---|---|---|---|---|---|---|---|---|---|---|---|---|---|
| | | P1 | P2 | P3 | P4 | P1 | P2 | P3 | P4 | P1 | P2 | P3 | P4 | P1 | P2 | P3 | P4 |
| 1 | 季初P盘点数量 | | | | | | | | | | | | | | | | |
| 2 | 原料入库/更新原料订单 | | | | | | | | | | | | | | | | |
| 3 | 下原料订单 | | | | | | | | | | | | | | | | |
| 4 | 更新生产/完工入库 | | | | | | | | | | | | | | | | |
| 5 | 开始下一批生产 | | | | | | | | | | | | | | | | |
| 6 | 按订单交货 | | | | | | | | | | | | | | | | |
| 7 | 本季P入库合计 | | | | | | | | | | | | | | | | |
| 8 | 本季P出库合计 | | | | | | | | | | | | | | | | |
| 9 | 季末P库存数量 | | | | | | | | | | | | | | | | |

## 营销主管运营表(第6年)

| 序号 | 任务清单 | 1季度 | | | | 2季度 | | | | 3季度 | | | | 4季度 | | | |
|---|---|---|---|---|---|---|---|---|---|---|---|---|---|---|---|---|---|
| | | P1 | P2 | P3 | P4 | P1 | P2 | P3 | P4 | P1 | P2 | P3 | P4 | P1 | P2 | P3 | P4 |
| 1 | 季初P盘点数量 | | | | | | | | | | | | | | | | |
| 2 | 原料入库/更新原料订单 | | | | | | | | | | | | | | | | |
| 3 | 下原料订单 | | | | | | | | | | | | | | | | |
| 4 | 更新生产/完工入库 | | | | | | | | | | | | | | | | |
| 5 | 开始下一批生产 | | | | | | | | | | | | | | | | |
| 6 | 按订单交货 | | | | | | | | | | | | | | | | |
| 7 | 本季P入库合计 | | | | | | | | | | | | | | | | |
| 8 | 本季P出库合计 | | | | | | | | | | | | | | | | |
| 9 | 季末P库存数量 | | | | | | | | | | | | | | | | |

## 订单登记表(第6年)

| 订单号 | | | | | | | | | | | 合计 |
|---|---|---|---|---|---|---|---|---|---|---|---|
| 所在市场 | | | | | | | | | | | — |
| 产品 | | | | | | | | | | | — |
| 数量 | | | | | | | | | | | — |
| 账期 | | | | | | | | | | | |

(续表)

| | | | | | | | |
|---|---|---|---|---|---|---|---|
| 销售收入(销售数量×销售单价) | | | | | | | |
| 销售成本(销售数量×成本单价) | | | | | | | |
| 毛利(销售收入－销售成本) | | | | | | | |
| 未售数量 | | | | | | | |

**产品核算统计表(第6年)**

| | P1 | P2 | P3 | P4 | 合计 |
|---|---|---|---|---|---|
| 销售总数量 | | | | | |
| 销售收入 | | | | | |
| 销售成本 | | | | | |
| 毛利 | | | | | |

**综合管理费用明细表(第6年)**

单位：

| 项　目 | 金　额 | 备　注 |
|---|---|---|
| 管理费 | | |
| 广告费 | | |
| 维修费 | | |
| 租金 | | |
| 转产费 | | |
| 市场准入开拓 | | □区域　□国内　□亚洲　□国际 |
| ISO资格认证 | | □ISO9000　　□ISO14000 |
| 产品研发 | | P1(　) 　P2(　) 　P3(　) 　P4(　) |
| 其他 | | |
| 合计 | | |

**利润表(第6年)**

| 项　目 | 上年金额 | 本年金额 |
|---|---|---|
| 销售收入 | | |
| 直接成本 | | |
| 毛利 | | |
| 综合费用 | | |
| 折旧前利润 | | |
| 折旧 | | |
| 支付利息前利润 | | |
| 财务收入/支出 | | |
| 其他收入/支出 | | |
| 税前利润 | | |
| 所得税 | | |
| 净利润 | | |

**资产负债表(第6年)**

| 资产 | 期末余额 | 年初余额 | 负债和所有者权益 | 期末余额 | 年初余额 |
|---|---|---|---|---|---|
| 流动资产： | | | 负债： | | |
| 　货币资金 | | | 　长期负债 | | |
| 　应收账款 | | | 　短期负债 | | |
| 　存货(在制品) | | | 　应付账款 | | |
| 　存货(产成品) | | | 　应交税费 | | |
| 　存货(原材料) | | | 　一年内到期的长期负债 | | |
| 　流动资产合计 | | | 　负债合计 | | |
| 非流动资产： | | | 所有者权益： | | |
| 　厂房 | | | 　股东资本 | | |
| 　机器设备 | | | 　利润留存 | | |
| 　在建工程 | | | 　年度净利 | | |
| 　非流动资产合计 | | | 　所有者权益合计 | | |
| 　资产总计 | | | 　负债和所有者权益总计 | | |

# 附录6　沙盘企业报表分析

## 附录6-1　利润表第2、第3年比较分析与评价(第3年结束后进行)

水平利润表

企02表

编制单位：　　　　　　　　　第3年度　　　　　　　　　单位：万元

| 项　目 | 上年金额 | 本年金额 | 变动额 | 变动百分比 |
|---|---|---|---|---|
| 一、营业收入 | | | | |
| 减：营业成本 | | | | |
| 税金及附加 | | | | |
| 销售费用 | | | | |
| 管理费用 | | | | |
| 财务费用 | | | | |
| 资产减值损失 | | | | |
| 加：公允价值变动收益(损失以"－"号填列) | | | | |
| 投资收益(损失以"－"号填列) | | | | |
| 其中：对联营企业和合营企业的投资收益 | | | | |

(续表)

| 项 目 | 上年金额 | 本年金额 | 变动额 | 变动百分比 |
|---|---|---|---|---|
| 二、营业利润(亏损以"-"号填列) | | | | |
| 加:营业外收入 | | | | |
| 减:营业外支出 | | | | |
| 其中:非流动资产处置损失 | | | | |
| 三、利润总额(亏损总额以"-"号填列) | | | | |
| 减:所得税费用 | | | | |
| 四、净利润(净亏损以"-"号填列) | | | | |

依据上表数据,本企业净利润项目较去年同期_____(填增长或降低具体金额),增长率/下降率为_____,说明本企业本年盈利能力较去年有所_____(填上升或下降)。

在"开源"方面,企业营业收入较上年同期_____(填增长或降低具体金额),增长率/下降率为_____,说明企业"开源"能力较_____(填强或弱)。

在"节流"方面,企业 期间费用 整体较上年同期_____(填增长或降低具体金额),增长率/下降率为_____,说明企业"节流"能力较_____(填强或弱)。

综上所述,企业想要获取更多的利润,需要更好地做到"开源节流",适时调整企业经营策略。

### 附录 6-2 利润表第 3、第 4 年比较分析与评价(第 4 年结束后进行)

水平利润表

企02表

编制单位: 第4年度 单位:万元

| 项 目 | 上年金额 | 本年金额 | 变动额 | 变动百分比 |
|---|---|---|---|---|
| 一、营业收入 | | | | |
| 减:营业成本 | | | | |
| 税金及附加 | | | | |
| 销售费用 | | | | |
| 管理费用 | | | | |
| 财务费用 | | | | |
| 资产减值损失 | | | | |
| 加:公允价值变动收益(损失以"-"号填列) | | | | |
| 投资收益(损失以"-"号填列) | | | | |
| 其中:对联营企业和合营企业的投资收益 | | | | |
| 二、营业利润(亏损以"-"号填列) | | | | |
| 加:营业外收入 | | | | |

(续表)

| 项　　目 | 上年金额 | 本年金额 | 变动额 | 变动百分比 |
|---|---|---|---|---|
| 减:营业外支出 | | | | |
| 其中:非流动资产处置损失 | | | | |
| 三、利润总额(亏损总额以"－"号填列) | | | | |
| 减:所得税费用 | | | | |
| 四、净利润(净亏损以"－"号填列) | | | | |

依据上表数据,本企业净利润项目较去年同期_____(填增长或降低具体金额),增长率/下降率为_____,说明本企业本年盈利能力较去年有所_____(填上升或下降)。

在"开源"方面,企业营业收入较上年同期_____(填增长或降低具体金额),增长率/下降率为_____,说明企业"开源"能力较_____(填强或弱)。

在"节流"方面,企业　期间费用　整体较上年同期_____(填增长或降低具体金额),增长率/下降率为_____,说明企业"节流"能力较_____(填强或弱)。

综上所述,企业想要获取更多的利润,需要更好地做到"开源节流",适时调整企业经营策略。

## 附录 6-3　偿债能力、营运能力、盈利能力指标分析(第 5 年结束后)

偿债能力、营运能力、盈利能力指标分析表

| 项　　目 | 计算公式 | 第 4 年计算结果(百分比) | 第 5 年计算结果(百分比) |
|---|---|---|---|
| 一、偿债能力 | | | |
| 1. 流动比率 | 流动资产/流动负债 | | |
| 2. 速动比率 | 速动资产/流动负债 | | |
| 3. 资产负债率 | 负债/资产 | | |
| 二、营运能力 | | | |
| 存货周转率 | 销售成本/平均存货 | | |
| 应收账款周转率 | 赊销收入净额/应收账款平均余额 | | |
| 固定资产周转率 | 销售收入/平均固定资产净值 | | |
| 总资产周转率 | 销售收入净额/平均资产总额 | | |
| 三、盈利能力 | | | |
| 销售毛利率 | (销售收入－销售成本)/营业收入 | | |
| 销售净利率 | 净利/销售收入 | | |

依据上表数据,企业本年较上年偿债能力_____(填强或弱),营运能力_____(填强或弱),盈利能力_____(填强或弱),在第 5 年的经营中,_____(具体项目)控制方面较好,_____(具体项目)控制方面较差,应在第六年经营中有所改善。

## 附录6-4 杜邦分析(第6年结束后)

公司名称：　　　　　　　　　　　　　杜邦分析表　　　　日期：第　年　　　金额单位：W

| 净资产收益率（权益净利率） | | | | | | | | | | | |
|---|---|---|---|---|---|---|---|---|---|---|---|
| 总资产净利率 | | | 上年 | | | | | | 权益乘数 | 上年 | |
| | | | 本年 | | | | | | | 本年 | |
| 销售净利率 | | 上年 | | | 总资产周转率 | | 上年 | | | | |
| | | 本年 | | | | | 本年 | | | | |
| 净利润 | 上年 | | 销售收入 | 上年 | 销售收入 | 上年 | 平均资产总额 | 上年 | | | |
| | 本年 | | | 本年 | | 本年 | | 本年 | | | |
| 总收入 | 上年 | 总成本 | 上年 | | | | 流动资产 | 上年 | 非流动资产 | 上年 | |
| | 本年 | | 本年 | | | | | 本年 | | 本年 | |
| 营业收入 | 上年 | 营业成本 | 上年 | | | | 货币资金 | 上年 | 固定资产 | 上年 | |
| | 本年 | | 本年 | | | | | 本年 | | 本年 | |
| 营业外收入 | 上年 | 销售费用 | 上年 | | | | 应收款项 | 上年 | 无形资产 | 上年 | |
| | 本年 | | 本年 | | | | | 本年 | | 本年 | |
| 其他 | 上年 | 管理费用 | 上年 | | | | 存货 | 上年 | 其他 | 上年 | |
| | 本年 | | 本年 | | | | | 本年 | | 本年 | |
| | | 财务费用 | 上年 | | | | 其他 | 上年 | | | |
| | | | 本年 | | | | | 本年 | | | |
| | | 营业外支出 | 上年 | | | | | | | | |
| | | | 本年 | | | | | | | | |
| | | 所得税费用 | 上年 | | | | | | | | |
| | | | 本年 | | | | | | | | |
| | | 税金及附加 | 上年 | | | | | | | | |
| | | | 本年 | | | | | | | | |

主管：　　　　　　　　　　　　　　　复核：　　　　　　　　　　　　　　　制单：

依据上表数据，企业本年较上年净资产收益率＿＿＿＿＿＿（填上升或下降），原因在于总资产净利率＿＿＿＿＿＿（填上升或下降），权益乘数＿＿＿＿＿＿（填上升或下降）。说明在第6年的经营中，企业盈利方面(销售净利率)控制＿＿＿＿＿＿（填较好或较差），企业运营方面(总资产周转率)控制＿＿＿＿＿＿（填较好或较差）。整体来看，企业第六年整体能力有所＿＿＿＿＿＿（填改善或衰退）。

# 附录7　会计专业培养目标及能力指标表

**会计专业培养目标及能力指标表**

| 专业培养目标 | 核心能力 | 能力指标 |
|---|---|---|
| 1. 成为具有参与沟通合作和独立思考能力的终身学习者 | A 沟通整合（协作力） | AKa1 具备团队合作及与会计服务对象沟通交流的能力；<br>AKa2 具备会计、统计、企业管理等相关领域知识整合和尊重多元观点的能力 |
| | B 学习创新（学习力） | BKa1 具备关心时事、持续学习和处理会计信息的能力；<br>BKa2 具备会计工作理念、工作方法创新的能力 |
| 2. 成为具有必备会计专业知识和较强会计信息处理能力的技术技能人才 | C 专业技能（专业力） | CKa1 具备熟用会计专业知识的能力；<br>CKa2 具备较强执行会计准则和税收制度、应用会计实务的能力 |
| | D 问题解决（执行力） | DKa1 具备发现、分析会计问题的能力；<br>DKa2 具备运用会计、统计理论和方法解决会计问题的能力 |
| 3. 成为具有敬业精神和德、智、体、美全面发展的负责任公民 | E 责任关怀（责任力） | EKa1 具备遵守伦理、担当社会责任的能力；<br>EKa2 具备知礼、遵规等人文涵养的能力 |
| | F 职业素养（发展力） | FKa1 具备坚守财经准则、严谨细致的职业素养；<br>FKa2 具备规划职涯、适应会计相关岗位变迁的能力 |

# 附录8　ERP沙盘模拟课程大纲

**ERP沙盘模拟课程大纲**

_____学年度第_____学期_____专业(_____班)

| 课程名称 | ERP沙盘模拟 | | | | | | | 课程代号 | | 9410503005 |
|---|---|---|---|---|---|---|---|---|---|---|
| 课程类型 | ☐素质通识　☑专业统整　☐专业核心　☐专业拓展 | | | | | | | 授课教师 | | |
| 修读方式 | ☑必修　　☐必选　　☐选修 | | | | | | | 学时/学分 | | 51/3 |
| 是否配备教学助理 | ☐是　　☑否 | | | | | | | 实践学时 | | 40 |
| 上课地点 | ☑校内　　☐校外 | | | | | | | 周学时 | | 3 |
| 教学场所 | ☐教室　☑实训(验)室　☐一体化教室　☐生产性实训基地　☐其他(　　) | | | | | | | | | |
| 办公地点 | | | | | | | | 联系方式 | | |
| 课外答疑时间 | | | | | | | | 分段教学 | ☐是 | ☑否 |
| A课程描述 | 本课程旨在引领学生熟悉模拟企业运营流程,完成模拟企业经营,准确填列模拟企业财务报告(目的)。运用手工沙盘和电子沙盘,模拟企业中的重要角色,利用模拟的市场规则,合理运用模拟企业资金(历程),制定模拟企业经营规划,完成模拟企业财务成果核算(预期成果) | | | | | | | | | |
| B课程教学目标(标注能力指标) | 1. 能够按照模拟企业的岗位需求组建人员团队；　　　　　(AKa1)<br>2. 熟悉模拟的市场规则与模拟企业运营规则；　　　　　(FKa2)<br>3. 能准确填列模拟企业的记录表及财务报表；　　　　　(CKa2)<br>4. 能准确分析模拟的市场需求；　　　　　　　　　　　(DKa1)<br>5. 能制定模拟企业经营规划；　　　　　　　　　　　　(BKa2)<br>6. 能操作手工沙盘和电子沙盘　　　　　　　　　　　　(AKa2) | | | | | | | | | |

| C核心能力权重 | 沟通整合(A) | | 学习创新(B) | | 专业技能(C) | | 问题解决(D) | 责任关怀(E) | 职业素养(F) | 合计 |
|---|---|---|---|---|---|---|---|---|---|---|
| | 30% | | 15% | | 15% | | 20% | 5% | 15% | 100% |
| D课程权重 | Aka1 | Aka2 | Bka1 | Bka2 | Cka1 | Cka2 | Dka1　Dka2 | EKa1　EKa2 | Fka1　Fka2 | 合计 |
| | 15% | 15% | | 15% | | 15% | 20% | 5% | 15% | 100% |
| E学分数分配权重 | 数学及基础科学 | | 专业与实务课程——专业/实务 | | 专业与实务课程——实验/实做 | | | 通识 | 其他 | 合计 |
| | 25% | | | | 75% | | | | | 100% |

# 附录 9

## "ERP 沙盘模拟企业创建"实作评量表

班级：_____ 组别：_____

| 各位同学： |
|---|
| 请准确填写下表，教师将针对每一位学生填写的准确情况，从"A、B、C、D、E"中选定一个所填表情况进行评分 |

| 序号 | 学号 | 姓名 | 岗位 | 岗位职责 | 分数 |
|---|---|---|---|---|---|
| 1 | | | | | |
| 2 | | | | | |
| 3 | | | | | |
| 4 | | | | | |
| 5 | | | | | |
| 6 | | | | | |
| 7 | | | | | |

评量项目：
1. 团队组建完成及分工合理(30%)；
2. 团队各岗位人员明确岗位职责(70%)

## "ERP 沙盘模拟企业创建"实作评量标准

| 项目 | A | B | C | D | E |
|---|---|---|---|---|---|
| 1. 团队组建完成及分工合理(30%) | 团队组建完成，成员分工合理 | 团队组建完成，成员分工基本合理 | 团队组建基本完成，成员基本合理 | 团队组建基本完成，成员不合理 | 团队组建未完成，成员不合理 |
| 2. 团队各岗位人员明确岗位职责(70%) | 能正确写出岗位职责不少于5条 | 能正确写出岗位职责不少于4条 | 能正确写出岗位职责不少于3条 | 能正确写出岗位职责不少于2条 | 不能正确写出岗位职责 |
| 说明 | 各项目之 A、B、C、D、E 依据占配分的 100%、80%、60%、40%、0 | | | | |

## "模拟企业运营规则"口头评量

姓名：_____ 班级：_____
学号：_____ 组别：_____

各位同学：
　　此次评量是针对本单元学习成果的口头评量，评量主要的学习成果——"熟悉模拟的市场规则与模拟企业运营规则"。我们采用教师评量方式。
　　针对下列评量向度并依据"评量尺规"，以个人为单位，由教师给出每位同学的评量分数

| 评量项目 | 教师评量 |
|---|---|
| 各岗位要领会的规则阐述正确(25分) | |
| 各岗位要领会的规则阐述完整(25分) | |

(续表)

| 评量项目 | 教师评量 |
|---|---|
| 形成条目式阐述(25分) | |
| 举例进行规则解释(25分) | |
| 合计： | |

备注：

## "模拟企业运营规则"口头评量标准

此次评量是针对本单元学习成果的口头评量，评量主要的学习成果——"熟悉模拟的市场规则与模拟企业运营规则"。

| 向度＼尺度 | 25 | 20 | 15 | 10 |
|---|---|---|---|---|
| 各岗位要领会的规则阐述正确(25分) | 所阐述的市场规则或运营规则完整 | 所阐述的市场规则或运营规则遗漏1～2条 | 所阐述的市场规则或运营规则遗漏3～4条 | 所阐述的市场规则或运营规则遗漏5条以上错误 |
| 各岗位要领会的规则阐述完整(25分) | 所阐述的市场规则或运营规则全部正确 | 所阐述的市场规则或运营规则中出现1～2条错误 | 所阐述的市场规则或运营规则中出现3～4条错误 | 所阐述的市场规则或运营规则中出现5条以上错误 |
| 形成条目式阐述(25分) | 规则阐述清晰、并形成条目，逻辑清晰 | 规则阐述较为清晰，主要规则能形成条目，逻辑较为清晰 | 规则阐述未形成条目，但阐述规则逻辑清晰 | 规则阐述未形成条目，基本为规则大段阅读 |
| 举例进行规则解释(25分) | 能够充分、正确列举案例对规则进行解释 | 能够列举案例就主要规则进行解释说明 | 能够列举案例试图解释规则，但案例不够典型，无法有效解释 | 无案例列举 |

## "模拟企业的记录表及财务报表"实作评量表

班级：　　　　　　　　　　组别：　　　　　　　　　　成员：

各位同学：

此次评量是针对本单元学习成果的实作评量，评量主要的学习成果——"能准确填列模拟企业的记录表及财务报表"。以教师评量为准，评量内容为第2年的记录表及财务报表。

针对下列评量向度并依据"评量尺规"，以小组为单位，由教师给出各小组的评量分数

| 评量项目 | 教师评量 | 合计 |
|---|---|---|
| 1. 总经理、财务主管运营表(20分) | | |
| 2. 采购主管运营表(10分) | | |
| 3. 生产主管运营表(10分) | | |
| 4. 营销主管运营表(10分) | | |
| 5. 订单登记表(10分) | | |
| 6. 产品核算统计表(10分) | | |
| 7. 综合费用明细表(10分) | | |
| 8. 利润表(10分) | | |
| 9. 资产负债表(10分) | | |

## "模拟企业的记录表及财务报表"实作评量标准

此次评量是针对本单元学习成果的实作评量,评量主要的学习成果——"能准确填列模拟企业的记录表及财务报表"

| 项 目 | A | B | C | D | E |
|---|---|---|---|---|---|
| 1. 总经理、财务主管运营表(20分) | 用户表填写完全正确 | 用户表填写出现1~2处错误 | 用户表填写出现3~4处错误 | 用户表填写出现5处以上错误 | 用户表填写不正确或未提交 |
| 2. 采购主管运营表(10分) | 采购主管运营表填写完全正确 | 采购主管运营表填写1~2处错误 | 采购主管运营表填写3~4处错误 | 采购主管运营表填写5处以上错误 | 采购主管运营表填写不正确或未提交 |
| 3. 生产主管运营表(10分) | 生产主管运营表填写完全正确 | 生产主管运营表填写1~2处错误 | 生产主管运营表填写3~4处错误 | 生产主管运营表填写5处以上错误 | 生产主管运营表填写不正确或未提交 |
| 4. 营销主管运营表(10分) | 营销主管运营表填写完全正确 | 营销主管运营表填写1~2处错误 | 营销主管运营表填写3~4处错误 | 营销主管运营表填写5处以上错误 | 营销主管运营表填写不正确或未提交 |
| 5. 订单登记表(10分) | 订单登记表填写完全正确 | 订单登记表填写1~2处错误 | 订单登记表填写3~4处错误 | 订单登记表填写5处以上错误 | 订单登记表填写不正确或未提交 |
| 6. 产品核算统计表(10分) | 产品核算统计表填写完全正确 | 产品核算统计表填写1~2处错误 | 产品核算统计表填写3~4处错误 | 产品核算统计表填写5处以上错误 | 产品核算统计表填写不正确或未提交 |
| 7. 综合费用明细表(10分) | 综合费用明细表填写完全正确 | 综合费用明细表填写1~2处错误 | 综合费用明细表填写3~4处错误 | 综合费用明细表填写5处以上错误 | 综合费用明细表填写不正确或未提交 |
| 8. 利润表(10分) | 利润表填写完全正确 | 利润表填写1~2处错误 | 利润表填写3~4处错误 | 利润表填写5处以上错误 | 利润表填写不正确或未提交 |
| 9. 资产负债表(10分) | 资产负债表填写完全正确 | 资产负债表填写1~2处错误 | 资产负债表填写3~4处错误 | 资产负债表填写5处以上错误 | 资产负债表填写不正确或未提交 |
| 说 明 | 各项目之 A、B、C、D、E 依据占配分的 100%、80%、60%、40%、0 | | | | |

## "企业战略管理"作业评量表

班级:　　　　　　　　　　组别:　　　　　　　　　　成员:

各位同学:
　　此次评量是针对本单元学习成果的作业评量,根据资料及企业中高层会议决议书写企业战略规划;依据规划简表,做具体年度预算(共6年),评量主要的学习成果——"能依据调研及决议准确进行战略制定及各年度财务预算"。
　　针对下列评量向度并依据"评量规准",以小组为单位,由教师给出各小组的评量分数

| 评量项目 | 教师评量(填写具体分数) | 合 计 |
|---|---|---|
| 1. 完成企业战略规划简表(20分) | | |
| 2. 依据规划简表,做具体年度预(80分) | | |

## "企业战略管理"作业评量规准

| 等级及分值<br>项目 | A<br>【100~90】 | B<br>【90~80】 | C<br>【80~70】 | D<br>【70~60】 |
|---|---|---|---|---|
| 1. 企业战略规划简表（20分） | 依据小组综合意见书写企业战略规划，目标详尽，策略清晰 | 讨论后可统一意见，按时完成战略规划 | 讨论后意见不统一，需在老师指导下完成战略制定 | 讨论后意见不统一，需在老师指导下完成战略制定，延时上交 |
| 2. 依据规划简表，做具体年度财务预算（80分） | 依据战略规划简表，完成各年度预算表，表格数据填写正确，与战略规划简表保持一致 | 依据战略规划简表，完成各年度预算表，表格数据填写正确，与战略规划简表思路不一致，但能在教师指导下，进行战略简表或预算表的调整 | 依据战略规划简表，完成3年以上（包括3年）预算表，填写正确，与规划简表思路一致 | 在老师指导下，能完成前两年预算表，填写正确，与规划简表思路一致 |
| 说 明 | 上述项目均需在规定时间完成，延时提交组别，由教师依据具体情况酌情给予评量 | | | |

## "企业运营与成果分析"作业评量表

班级：　　　　　　　　　　组别：　　　　　　　　　　成员：

各位同学：
　　此次评量是针对本单元学习成果的实作评量，根据资料及运营数据书写生产计划、采购计划、水平利润表及"五力"指标，评量主要的学习成果——"能准确进行各策略调整及成果评价"。
　　针对下列评量向度并依据"评量尺规"，以小组为单位，由教师给出各小组的评量分数

| 评量项目 | 教师评量 | 合 计 |
|---|---|---|
| 1. 企业战略规划(10分) | | |
| 2. 各年生产计划(30分) | | |
| 3. 各年采购计划(30分) | | |
| 4. 利润表水平分析(20分) | | |
| 5. 偿债能力、营运能力、盈利能力指标分析及杜邦分析(10分) | | |

## "企业运营与成果分析"作业评量规准

| 评量项目 | A | B | C | D |
|---|---|---|---|---|
| 1. 企业战略规划(10分) | 依据小组综合意见书写企业战略规划，目标详尽，策略清晰，预算表填写完整 | 讨论后可统一意见，按时完成战略规划，预算表填写错误 | 讨论后意见不统一，需在老师指导下完成战略制定和预算 | 在老师指导下，能完成3年以上规划和预算 |
| 2. 各年生产计划(30分) | 各年(6年)计划清晰，根据生产计划，准确计算产能，表格填写正确，书写规范 | 各年计划清晰，个别年度(低于2个年度)产能计算错误，书写有条理，无错字等低级错误 | 各年(6年)计划不清晰，不能准确计算产能，需要在老师指导下完成表格填写 | 在老师指导下，能完成3年以上生产计划表 |
| 3. 各年采购计划(30分) | 各年(6年)计划清晰，根据生产计划，准确计算采购时间和数量，表格填写正确，书写规范 | 各年计划清晰，个别年度(低于2个年度)采购时间或数量计算错误，书写有条理，无错字等低级错误 | 各年(6年)计划不清晰，不能准确计算采购时间和数量，需要在老师指导下完成表格填写 | 在老师指导下，能完成3年以上采购计划表 |
| 4. 利润表水平分析(20分) | 两次水平分析表数据均填写准确，对企业现存问题分析恰当，并给出建议 | 两次水平分析表数据填写准确，但对企业现存问题分析不准确，且未给出建议 | 两次水平分析表数据均填写错误，需在老师指导下完成表格填写，并独立分析 | 在老师指导下，能完成1次表格填写 |

(续表)

| 评量项目 | A | B | C | D |
|---|---|---|---|---|
| 5. 偿债能力、营运能力、盈利能力指标分析及杜邦分析(10分) | 两张表数据均填写准确，对企业现存问题分析恰当，并给出建议 | 两张表数据均填写准确，但对企业现存问题分析不准确，且未给出建议 | 两张表数据均填写错误，需在老师指导下完成表格填写，并独立分析 | 在老师指导下，能完成1次表格填写 |
| 说明 | 各项目之A、B、C、D依据占配分的100%、80%、60%、40% | | | |

## "模拟企业经营"实作评量表

班级： 组别： 成员：

各位同学：

　　此次评量是针对本单元学习成果的实作评量，评量主要的学习成果——"能操作手工沙盘和电子沙盘"。我们采用教师评量方式。

　　针对下列评量向度并依据"评量尺规"，以小组为单位，由教师给出各小组的评量分数

| 评量项目 | 教师评量 | 合计 |
|---|---|---|
| 1. 模拟比赛排名(50分) | | |
| 2. 记录表及财务表填写准确(30分) | | |
| 3. 团队合作性(20分) | | |

备注：

## "模拟企业经营"实作评量标准

此次评量是针对本单元学习成果的实作评量，评量主要的学习成果——"能操作手工沙盘和电子沙盘"

| 评量项目 | A | B | C | D |
|---|---|---|---|---|
| 1. 模拟比赛排名(50分) | 排名在前2名 | 排名在3~4名 | 排名在第5名 | 排名在第6名 |
| 2. 记录表及财务表填写准确(30分) | 5年记录表及财务表填写出现错误不超过5处 | 5年记录表及财务表填写出现错误不超过8处 | 5年记录表及财务表填写出现错误不超过10处 | 5年记录表及财务表填写出现错误在10处以上 |
| 3. 团队合作性(20分) | 各成员均能做到团队合作意识强，主动完成自己岗位工作且没有出现重要失误 | 大部分成员能做到团队合作意识强，主动完成自己岗位工作且出现失误较少 | 少部分成员能做到团队合作意识强，能在督促下完成自己岗位工作且出现失误较少 | 少部分成员能做到团队合作意识强，能在督促下完成自己岗位工作且出现失误较多 |
| 说明 | 各项目之A、B、C、D依据占配分的100%、80%、60%、40% | | | |